古典文獻研究輯刊

二一編

潘美月・杜潔祥 主編

第 6 冊

唐宋名家唱和彙編——元白唱和集

唐宋名家唱和彙編——劉白唱和集

江澄格 編

國家圖書館出版品預行編目資料

唐宋名家唱和彙編——元白唱和集／唐宋名家唱和彙編——
劉白唱和集 江澄格 編 -- 初版 -- 新北市：花木蘭文化出版社，
2015〔民 104〕
目 26+234 面；19×26 公分；19×26 公分
（古典文獻研究輯刊 二一編；第 6 冊）
ISBN 978-986-404-344-6（精裝）
1.（唐）元稹 2.（唐）白居易 3.唐詩 4.詩評
011.08   104014541

ISBN- 978-986-404-344-6

古典文獻研究輯刊
二一編 第 六 冊   ISBN：978-986-404-344-6

唐宋名家唱和彙編——元白唱和集
唐宋名家唱和彙編——劉白唱和集

編　　者　江澄格
主　　編　潘美月　杜潔祥
總 編 輯　杜潔祥
副總編輯　楊嘉樂
編　　輯　許郁翎
企劃出版　北京大學文化資源研究中心
出　　版　花木蘭文化出版社
社　　長　高小娟
聯絡地址　235 新北市中和區中安街七二號十三樓
　　　　　電話：02-2923-1455／傳真：02-2923-1452
網　　址　http://www.huamulan.tw 信箱 hml810518@gmail.com
印　　刷　普羅文化出版廣告事業
初　　版　2015 年 9 月
全書字數　127591 字
定　　價　二一編 16 冊（精裝）新台幣 30,000 元

唐宋名家唱和彙編
——元白唱和集

江澄格　編

作者簡介

江澄格，一九三二年生於四川，一九四九年隨政府遷臺灣。曾畢業於中國文化學院暨韓國成均館大學文學碩士。歷任駐韓大使館參事處一等祕書、駐韓國代表部新聞組長。在台北老人社會大學及新北市崇光社區大學開課講授「古典文學的諧趣藝術」，現任四川大學客座教授，並在溫哥華嶺南長者學院講授「漢字的奇情妙趣」著有《奇文妙字說不完》、《歷史小說巨擘高陽》、《古詩的軼聞傳奇》、《高陽評傳》等書，先後曾應邀在台灣師範大學、上海復旦大學、同濟大學、天津南開大學、卑詩大學亞研圖書館發表演講。長時從事於漢字組織結構與排列組合的研究，從古籍文獻中證明漢字是全世界唯一僅有、獨一無二、使用人口最多、分布地域最廣、創作年代最久、現在仍通用、流行最古老的表義文字。對字型的發展作過深入細密的爬梳，由幹而枝的索求，有推廣實用的發現，也有獨特的創見，主張「沿形識音衍義」。可以說是循新的蹊徑，發展中文漢字教育的新方向。

提　　要

　　在古典藝文之中，唐詩之所以「一枝獨秀」，乃是由於自唐高祖李淵登基以來，勵行一連串的政治革新。除「租調庸」等法之外，另在朝廷甄優選才授職任官的政策方面，作了大幅度的調整，有了不同於前的改變，就是將過去漢代例行的「九品中正」但憑「薦舉」授職任官的陳例，改變成為「擇其所長」，而用「科舉」。這一改革非但創建了符合公平正義的精神與適應朝政所需的科目，據以評鑑出真才實學的人才，再授官任職，明訂了一個客觀的標準。

　　更重要的是為官府選吏任官訂立下一個必須共同遵守的規約，並且為讀書人開拓出一條出路，給知識份子指示出一個未來的方向：「學而優則仕」。同時也為後世豎立了一個人生的指標，讓學子、文士、社群有了一個共同的目標，一致的觀點。「萬般皆下品，唯有讀書高」。

　　元積與白居易出生於不同的年代。白生於唐代宗大曆七年歲在壬子（西元 772）正月廿日。元生於大曆十四年歲在己未（西元 779）。先後成名於不同的時代。元積十五歲貞元九年明經及第，白居易貞元十六年進士及第，卻同官於一個外敵環視，而又內爭不已的朝代。貞元十八年歲次壬午吏部侍郎鄭珣瑜主試書判拔萃科，元積、白居易、崔玄亮等人均及第。元白訂交約始於此。社會一般文士相交往還非獨看重於「禮尚往來」回贈返饋物資語言方面的禮俗，尤重不時主動發起賀節慶壽、祝婚問安、遷官晉爵的文字慶賀。文字信息的互通，彼此之間的書信往還，暢達了兩者多地的相思，也舒暢了多人牽掛的情懷。

　　唱和的詩歌，是深情呼喚所得到的回響，是痛苦呻吟所獲致的心靈撫慰，是詩人心中的內心世界，騷人墨客的夢囈耳語，其間料有不足為外人道的私密隱情，亦如元積在〈夢遊春〉題序所言「不可使不知吾者知，知吾者亦不可使不知。樂天知吾也，吾不敢不使吾子知之。」

目

次

《唐宋名家唱和彙編》前言

　　以白居易、元微之、劉禹錫、歐陽修、梅堯臣、蘇軾、蘇轍爲例，長時以來，在一般社會大眾的觀念之中，常以爲劉漢、李唐兩代，是屬於武功顯赫，開疆拓土，統合化外民族，聲威遠揚，國勢強盛的時期，因而時常將前後兩個不同時代的朝廷，相提並論，所以時常是：言必堯舜聖明，語多漢唐盛世。尤其是漢唐兩個各有功業的王朝，常被掛在嘴上，流於筆下。前後兩個王朝，誠然是可以同時相提，但不宜率然予以並論，乃由於漢是繼秦之後，統一天下的朝廷，是以肅叛平亂爲重，以開疆拓土爲要的王朝，版圖廣被，前所未有。王業雖然已經大定，可是劉家的內鬥則繼之而起，甚至漢初三傑也未獲善終，東漢之後過渡到魏晉南北朝。及至隋恭帝義寧元年（617）唐高祖李淵接受代王楊侑的禪讓，而即帝位，建立了李唐王朝。初唐是一個修文偃武的年代，中唐以後是難得的盛世，也是詩文的全盛時期，皇帝以詩自娛教民，朝廷據詩選優取士，學子因詩而顯名，市井小民則醉於鄉歌農調，無處不有詩的氣息氛圍，亦如《石林避暑錄話》所載：「凡有井水飲處，即能歌柳（永）詞」。由此可見流行之廣，數量之多，作品之精與民間愛好之深。根據《全唐詩》的例言所載：全書共計收錄唐代詩人留存詩作，可稽其姓名者計兩千兩百餘人，共計收錄入載其詩作，多達四萬八千九百餘首。不過這一數字，僅只是一個概數，並不是羅列了全部的作者，也並非是包括了所有的作品，當然不是精確的統計，只是提供參考的數據而已，與實際的成果是有相當程度的差距，考其原因，可能是編輯者的疏失大意，也可能是能力所不及，但最主要的限制因素：則是爲情勢所不許，纂編彙整前聖先賢的作品遺墨，誠然有其必要，當然有其價值，也有其不容忽視的貢獻，同樣的，也有

許多無法避免的困難，和不少無從解決的難題，最主要的是所從事的是：在爲作者做收尾善後的工作，是屬於間接性整理彙編於系統化的整頓所得的資料，除少數爲原始的原作，大多數都是出自二手的轉載，難免不了有所誤差遺漏，這是集成、彙編，叢書的通病同瑕，若是由作者自己著手在當時就加彙輯整編，情況當然就完全兩樣了。或者是由作者的至親好友代勞，也會益臻完整少有疏漏，維持作品能保有相當程度的完整性，與一定水平的正確度，是一件難能可貴，也值得文化與學術界一致肯定的雅事，對於文化遺產古籍文獻的留傳保存，也是一種極富正面作用的貢獻，這種自發於個人，倡行於民間維護文化資產的工程，大致分爲兩個不同的時段，區劃爲前後兩個階層：是先期前段的蒐集訪求，編輯彙整，然後才是後續的庋藏保存與維護珍儲，沿線進行下來，纔能產生完整無誤的典籍。

當時的時代背景朝廷實況

中唐從開元之後，自天寶以來，應該算是一個文人崛起詩家輩出，曠世名著累見，文藝學術大行其道，文風普遍盛行的崇文尊儒的時期，但也是一段內宮閹官宦侍，與藩鎮驕兵悍將相互勾結，非但暗中爭寵，亦且公然擁兵奪權，在王都京師居然喋血街頭，朝廷之上也是唇槍舌劍針鋒相對，更是不惜兵刀相見，內鬥激烈的動亂年代，爲衛護民命延續國脈，有武藝在身而又能知兵用兵者，則揮旌出師率兵勤王，前如郭汾陽子儀，後有李少保愬，均立有安邦定國顯赫的武功而又富於文采，胸懷有卓識遠見，筆足以掃千軍萬馬，文可以泣鬼神的文士，也提筆上陣，予以文誅筆伐，一時風起雲湧，惟少有高聲的歡呼，但聞〈賣炭翁〉的哀怨，〈折臂翁〉的嘆息，與〈胡旋女〉的哭泣，以及〈縛戎人〉的嗚咽，是以血和淚滲和著沙場戰塵，荒野屍土所寫成的文字，若說是詩，那也是哭喪悼亡的哀號悲嗆，而非歌功頌德的歡唱，讀之令人淚下，聞之使人鼻酸，寫作者更是腸斷心碎，姑且不論別人是否重視，但這些寫繪蒼生痛苦，記述民族苦難的文字，總不能任其隨風消散，讓它日被蒸發，作者自己理當予以愛護珍惜，像是親手所種的樹所栽的花一樣，培養其長大開花，至於是否結果則是其次，白居易自纂其集的心歷路程，就是如此，而對於他一生影響最大，促使其後半生趨向於右文學佛，乃是武元衡宰相被刺殺於京師街頭，這一震驚朝廷上下，但未啓天聰的喋血事件。

武元衡：中唐河南緱氏（今河南偃師南）人，字伯蒼，建中四年進士及

第，德宗李適甚為賞識器重，視為難得的幹材循吏，曾經一歲予以三次遷升，不次拔擢，官至御史中丞。至憲宗元和二年，拜門下侍郎平章事，未幾，出放為劍南節度使，統軍鎮西羌，駐守益荊西川，威鎮西南邊疆。唐代節度使制度的設立，當初的構想，是在邊塞要地，選派方面大臣，授以靖邊禦外之責、用人徵租的軍政大權，以便馳應邊疆各要塞藩鎮，突發事件與突變災害發生之際不時之需，以便其能採取適事赴時的適當對應，作全權處理可獨斷專行，而不致延誤戎機，得以便利行事。所任藩鎮疆吏，多為朝中重臣與當地舊吏，位高權重，儼如賜地封土的諸侯。最早是以親王內戚任大使，但不就職赴任，僅受爵享祿，身在京師居於千里之外，其實是化外之「署」，遙而不控。遠帥邊將，循例由副使承命受任，執掾知節度事，嘗居署衙官府大堂正座，執朝授官印關防，掌兵馬調度虎符，獨當一面，遇事專決，與正使無統率管轄關係，並非部從隸屬，乃直接受皇帝與宰輔的節制與任免，所以例無正副之分，一般通稱之為節度使，應該是屬於「位極人臣」的高官顯吏。所以其間有些賢能之士，每有位高權重之自覺，惕勵於朝廷付託，蒼生所寄之重，而能盡忠職守捍衛疆土，以維護社稷宗廟。諸如從武舉出身，被任為左衛長史，繼又遷為朔方（今綏遠境內鄂爾多斯地區）節度使郭子儀，就是一個具有代表性的典型人物：當平盧節度使兼范陽節度使的安祿山，於天寶十四年歲在乙未（755）十一月初一，以「清君側，除國賊，誅楊國忠」為名，在范陽（今河北涿縣）舉兵二十萬公開叛唐，揮軍南下，叛軍勢如破竹、望風披靡，很快地攻下了東都，佔領了洛陽，自封「大燕皇帝」，並且乘勝直攻京師以東的大門潼關。

　　長安動盪不安，危在旦夕，不得已唐玄宗命駕四川避亂，途中又發生了「馬嵬驛」兵變，被迫殺隨行極力主張討伐安祿山，位居右相的楊國忠，賜死引國忠入朝為官，近幸玄宗的寵妃楊玉環。幸賴郭子儀及時率兵勤王平亂，連連獲勝，步步進逼，遂釀成安慶緒殺父安祿山，史朝義屠父史思明逆倫血案。亂平後肅宗慰勞郭子儀時曾以：「大唐江山，實有賴卿得以再造」賜封為汾陽王。自此之後於肅宗在位七年，代宗執政十七年之間，各藩鎮暫且相安一時無事。但至德宗建中二年歲在辛酉夏六月，郭子儀以八十五歲高齡去世之後，就在次年發生了淮西節度使李希烈造反，建中四年，朱泚擁立叛唐，進軍京師長安城，次年興元元年，又有歷任寧、慶、晉、絳、慈、隰等州節度使的李懷光，也稱兵叛變。在郭子儀這位元老重臣謝世後的三年之間，

節度使叛變的事件，先後就曾經發生三起。

及待憲宗李純登基後，改年號爲元和歲在丙戌（806）。這年西川節度副使劉闢隨即興兵反叛朝廷，第二年也就是元和二年，鎮海節度使李錡也相繼叛變，雖然先後均相機適時予以敉平，但天下並未趨於太平，動亂如故，且有愈趨劇烈的傾向，大有延爲燎原不堪收拾之勢。元和四年成德節度使，兼恒、冀、深、趙等州觀察使的王承宗，竟居然公開抗命，拒不受詔，乃削去其官爵，並派左神策護軍中尉吐突承璀爲諸道行營兵馬使，兼招討指揮使，領軍進討，但朝中諫官，均力言不宜以宮內中官宦吏爲統帥，遂改爲宣慰使，猶行招討之命，其間，白居易也曾經呈疏上奏，言其不宜，所呈奏狀略謂：

右，緣承璀職名，自昨日來，臣與李絳等已頻論奏；又奉宣，令依前定者。臣實深知不可，豈敢順旨便休。伏望聖慈，更賜詳察。臣伏以國家故事：每有征伐，專委將帥，以責成功。近年已來，漸失舊制，始加中使，命爲都監。頃者韓全義討淮西之時，以賈良國爲都監；近日高崇文討劉闢之時，以劉貞亮爲都監；此皆權宜，且爲近例。然則興王者之師，徵天下之兵，自古及今，未有令中使專統領者。今神策軍既不置行營節度使，即承璀便是制將；又充諸軍招討處置使，即承璀便是都統。豈有制將、都統，而使中使兼之？臣恐四方聞之，必輕朝廷；四夷聞之，必笑中國；王承宗聞之，必增其氣。國史記之，後嗣何觀？陛下忍令後代相傳，云以中官爲制將、都統自陛下始？伏乞聖慮，以此思之。臣又兼恐劉濟、茂昭及希朝、從史，乃至諸道將校，皆恥受承璀指麾。心既不齊，功何由立？此是資承宗之計，而挫諸將之勢也。伏乞聖慮，又以此思之。臣伏以陛下自春宮以來，則曾驅使承璀，歲月既久，恩澤遂深。望陛下念其勤勞，貴之可也；陛下憐其忠赤，富之可也。至於軍國權柄，動關於治亂；朝廷制度，出自於祖宗：陛下寧忍徇下之情，而自隳法制；從人之欲，而自損聖明？何不思於一時之間，而取笑於萬代之後？今臣忘身命，瀝肝膽，爲陛下痛言者，非不知逆耳，非不知危身；但以螻蟻之命至輕，社稷之計至重。伏乞聖慮，又以此思之。陛下必不得已，事須用之，即望改爲都監，且徇舊例。雖威權尚重，而制度稍存。天下聞之，不甚驚聽。如蒙允許，伏望速宣

　　與中書，改爲諸軍都監。臣不勝憂迫懇切彷徨之至！

這是白居易所撰呈〈諫詔吐突承璀率師出討王承宗疏〉之中的諍言。

　　舉此可見，朝廷上下滿朝文武百官，對於藩鎮屢生兵變，節度使竟然揮戈指向中州帝闕的亂禍，不是沒有覺察到已然危及天子，禍延蒼生的嚴重性，而是提不出適切有效的處理方案，沒有具體可行的應變措施，尤其令人費解的是：面對動亂首當其衝，權勢地位直接受到挑戰的當事人唐憲宗李純，他不但完全無視於前曾發生在玄宗李隆基天寶十四年，藩鎮與內侍奪權鬥爭，因而激反邊疆守將，擁立造反揮軍京師直叩帝闕的前車之鑑，也不顧大唐社稷宗廟的安危存廢，與蒼生民命的存亡絕續，師心自用，固執成見，而將負有討逆平亂神聖使命的王師，與剿賊清寇的勁旅大軍的指揮權，竟然極其輕率地，詔授予未曾接受過任何正規軍事教習演練，也不曾參加任何戰役，參加過眞刀眞槍的戰鬥，毫無作戰經驗，只能是長年在內宮之中以服侍皇上日常起居，聽候皇上使喚爲務的閹官太監，則又何可望其率千騎萬卒，執長戟短劍勇往直前，身先士卒馳騁於疆場之上？或者是不惜冒九死一生，出入於箭矢如雨，血流成渠的戰陣之中，當然也不曾見過橫屍遍野，戰後疆場的實況景象。可是憲宗卻執意任命承璀，非他統軍率師不可，基於良心與忠忱，白居易不惜著冒危及身家之罪，逆拂龍鱗並且再三上疏呈表，前後爲時月餘，相繼上奏三狀，同言罷討恆州節度使王承宗之兵，由於言懇意誠情眞義切，所以雖然不爲憲宗所接受，但也不被作爲逆上罪名之把柄，反而是極具確切精準地爲憲宗皇帝，預告了一個具有高度可靠性的預判，而又具有暗示作用的警訊。果不其然在時過十年之後；於元和十五年歲在庚子（820）元月，憲宗在毫無防備的狀況之下，被宮中閹官宦侍陳弘志所弒身亡。這又豈能說不是「養虎爲患」、「自作其孽」的結果，最終的下場，這並非是興災樂禍的咀咒，而是世人當引以爲殷鑑的龜戒。

　　其實這件震驚朝野上下，也是歷史上稀有罕見事件的釀成，乃是種因於七年之前，在元和八年歲在癸巳（813）時值前宰相李吉甫，這位曾久在州府牧民，深知地方疾苦；患在藩鎮，強取豪奪撴歛不休胡作非爲，蒼生痛苦無告，所以當其歸朝拜相之後，爲時僅不過歲餘，便更易調動了三十六個藩鎮，大力整頓邊防疆臣人事風紀，曾經在節度使之間刮起一陣旋風，也掀起了無從預測其後果的巨浪。無如整飭藩鎮史制開始進行不久，這位無畏於權勢，膽敢在「老虎嘴巴上拔鬍髭」的勇士，便突然撒手過世了。憲宗一時眞還難

以找到像李吉甫這樣勇往直前的後繼者，就在推手難覓，後繼無人的窘況之下，憲宗偶聞御史斐度評述劍南節度使武元衡的行事風格，確是與李吉甫約略相似，而有不少雷同之處，私下也認爲他是李吉甫最適合的接班人，更何況他自京官外放地方政府牧民，也已長達五、六年之久，也是應該調回京師任職的時候了，同時這些年來在地方上的政績與風評都不錯，而爲其他藩鎮所不及，特別是以民生爲重，對朝廷更是赤膽忠心，尤足稱其爲典範，堪許爲憑式，於是即親下御詔召回，同時還下御詔頒發了〈除武元衡門下侍郎平章事制〉：

> 朕嗣守丕業，行將十年，實賴一二輔臣，與之共治。故外鎮方域，則仗以爲將，有絳侯厚重之質，有邴吉寬大之風。自登台司，克厭人望。頃屬巴蜀，軍後人殘，權委節旄，俾往鎮撫。信及夷貊，恩加疲瘵：每因利以施惠，不易俗而修教。政無苟得，人用便安；惠茲一方，時乃之績。報政既久，屬望益深。宜歸左輔，以參大政。夫坦然公道，可以敍眾才；曠然虛懷，可以應群務。弼違救失，不以尤悔爲慮；進善懲惡，不以親讎自嫌：用此輔君，足爲名相。欽率是道，往復乃官。可門下侍郎，同中書門下平章事。

隨同詔書，另附兩件禮物勗勉，賞賜名寶刀龍廄馬，武元衡在拜領謝恩之餘，寫下了一首五言排律：

途次近蜀驛蒙恩賜寶刀及飛龍廄馬使還奉寄李鄭二中書

> 草草事行役，遲遲出故關。碧幢遙隱霧，紅斾漸依山。
> 感激慚恩淚，星霜去國顏。捧刀金錫字，歸馬玉連環。
> 咸鳳翔雙闕，征夫縱百蠻。應憐宣室召，溫樹不用攀。

在拜領召返京師及聖上恩賜寶刀御馬，這兩件不同於一般賞賜而別有他種更深一層涵義的御用珍物之後，武元衡的內心之中，深自體察得到此番返京之後責任的重大，是以皇上在其返京之前，有如此前所未見的隆恩厚賜，享有國杜皇戚都不曾蒙受過的渥遇，感懷之餘，返途之中，寫〈題嘉陵驛〉七言絕句一首：

> 悠悠風斾遠山川，山驛空濛雨似煙。
> 路半嘉陵頭已白，蜀門西更上青天。

這首詩的下聯最後兩句：前句「路半嘉陵頭已白」是他內心之中自覺韶華易逝青春不再的感慨，末了一句「蜀門西更上青天」，這是他對自己未來事業前

途的展望與期盼；能回到京師，側身帝闕，近親聖顏，何異平步青雲，直上青天，乃借以之寫述他滿懷的喜悅，但也不幸竟成為送終陪葬的詩讖，果然命喪黃泉，身遭橫禍。

時值元和九年歲在甲午（814）夏間，位居宰輔執掌國柄有年，著有卓越政績，為朝中國極重臣一致所推崇的李吉甫宰相，曾經撰有題為〈夏夜北園即事寄門下武相公〉五言排律一首（輯載於〈唐詩拾遺〉卷之九）：

> 結構非華宇，登臨似古原，僻殊蕭相宅，蕪勝郡平園。
> 避暑依南廡，追涼在北軒，煙霞爾外靜，草露月中繁。
> 鵲繞驚還止，蟲吟思不喧，懷君欲有贈，宿昔貴忘言。

武元衡於元和八年秋間接詔奉召回京，在門下省任黃門侍郎，所以詩題有「寄門下武相公」，詩成寄贈武元衡之後，不久突然暴斃，還沒有來得及見到武元衡酬答應和之作，便與世長辭。李吉甫身後留下頗獲武元衡賞識，而為裴度所推薦，卻受牛僧孺排擠，先後於太和七年、開成五年兩度為相的兒子李德裕，和一時無法解釋，或許是永遠也找不出答案，有關死因的疑團。基於與李吉甫素有密切的往還，一向契合無間的友誼，與來詩倒數第二句「懷君欲有贈」有索取應和酬答的殷切期望，就不宜既不相應也不予理會的作「冷」處理，擱置一邊不聞不問，理當適時予以應和才是，可是當武元衡的唱和詩完稿之後，李吉甫卻突然謝世，因此急忙趕寫了一首酬唱弔念兩意兼而有之的五言排律，具有序言意味的詩題是：〈甲午歲相國李公有北園寄贈之作吟翫歷時累促酬答機務不暇未及報章今古遽分電波增感留墓劍於心許偶鄰笛而意傷寓哀冥寞以廣遺韻云〉：

> 機事勞西掖，幽懷寄北園。鶴巢深更靜，蟬噪斷猶喧。
> 仙醞百花馥，艷歌雙袖翻。碧雲詩變雅，皇澤葉流根。
> 未報雕龍贈，俄傷淚劍痕。佳城關白日，哀挽向青門。
> 禮命公台重，煙霜隴樹繁。天高不可問，空使輔星昏。

天人永隔的冥酬和哀思，慟呼哭應之外，在這首詩開頭的第一句，便點破了李吉甫相國心中所繫念牽掛的是西掖的兵亂，而寄語於北園的夏夜。但看西掖有何大事令相國繫心勞神縈思縈懷？詩中所言「西掖」是指淮河以西地區，包括申州（今河南信陽）、蔡州（今河南汝南）、光州（今河南潢川）等地，早在德宗李適建中年間淮西節度使李希烈反唐，其時曾為庾準部將的吳少誠發兵，率部協力敉變有功，德宗擢授少誠為申、蔡、光等州彰義節度

使，曾與吳少陽相友善，以同宗兄弟相尊從，並且力保薦舉少陽為申州刺史，少誠之後少陽接掌兵權任節度使，然而時常抗命不受朝廷指揮，致朝中深感難以駕御，每有尾大不掉的故礙，德宗則主張微罪不舉小過不究予以寬容，甚至放任其縱兵殃民，擄掠防區鄰近城鎮，終於釀成享有朝廷封號，領受官爵俸祿，父子兩代為守疆重臣，位居藩鎮要職的淮西節度使，吳元濟竟然在父死之後，謊報父病，表奏其主兵代政，匿喪不報，為時長達十一個月之久，朝廷乃任李光顏為節度使，嚴綬為申、光、蔡諸州招撫使，督諸道兵馬，招討吳元濟，戰火將一觸即發，時為元和十年春間，前相李吉甫過世不久，武元衡受命接掌相印，為時尚不及百日，正處於權力交替新舊體系轉換，行政軍事指揮的空窗期，事態自然嚴重而不容忽視。前相既已奉旨決定發兵討伐，當然不可以半途而廢，就地偃旗息鼓，武元衡按照前任宰相所訂策略照案執行，誠不宜有所變動。在朝中一向以藩鎮武力自重的李師道，在殿上御前多方為吳元濟的不馴緩頰說項，並在暗中盡力阻止發兵進討，但以箭已在弦上，劍已出於鞘外，已是非發不可的臨界點，新任宰相武元衡的態度更為堅決，以「皇上已有御旨，聖命難違」，拒絕了李師道所提：「懲罰可以執行，征討則大可不必」勸朝廷罷兵息事的遊說勸告。李師道還扔下一句：「千萬不可因小衍，惹起一場大禍」明顯具有威脅意味的狠話，也是另外一種非正式，卻深富脅逼語氣的警告。

在說項不成，威脅無效的窘境下，李師道動了殺機，決意採取激烈手段，進行暗殺，除去這個堅決反對罷兵，一意主張進軍討伐，強硬派的主導者武元衡。念之所及，步亦踵至，於是便著手安排布置，馴至一場腥風血雨，狙擊奇襲在朝位居宰輔相職的國柱重臣，在王都帝京，於上朝赴闕途中，居然被害於通衢大道之上，逞兇暴徒竟然以行刑方式，取武元衡項上首級，奪頭顱而去，其犯行之大膽與旋暴手段之殘酷，確是莫此為甚，無有過之，而令人神共憤。對於這樣一件宰輔在上朝之時遇刺，血灑帝京王都，橫屍通衢街頭的謀殺凶案，其發生經過大略概況，宋代的鴻儒司馬光，在《資治通鑑》中，就有明確的記載，不失詳實的寫述，據此線索，或許能大致見其輪廓，略知其梗概；《資治通鑑》卷二百三十九載云：

> 上自李吉甫薨，悉以用兵事委諸武元衡。李師道所養客說李師
> 道曰：「天子所以銳意誅蔡者，元衡贊之也，請密往刺之。元衡死，
> 則他相不敢主其謀，爭勸天子罷兵矣。」師道以為然，即資給遣

之。……六月，癸卯，天未明，元衡入朝，出所居靖安坊東門；有
賊自暗中突出射之，從者皆散走，賊執元衡馬行十餘步而殺之，取
其顱骨而去。又入通化坊擊裴度，傷其首，墜溝中，度氈帽厚，得
不死；……京城大駭，於是詔宰相出入，加金吾騎士張弦露刃以衛
之……。

或請罷度官，以安恆、鄆之心，上怒曰：「若罷度官，是奸謀
得成，朝廷無復綱紀。吾用度一人，足破二賊。」……乙丑，以度
為中書侍郎、同平章事。度上言：「淮西，心腹之疾，不得不除；且
朝廷業已討之，兩河藩鎮跋扈者，將視此為高下，不可中止。」上
以為然，悉以用兵事委度，討賊甚急。

就以上所述發生在帝都王闕的通衢大道上，當街屠殺相國的暴行喋血事
件，來作更深一層的探索，不難看出：朝廷之中的權力鬥爭，儘管戎兵叛於
邊城外邑，可是爭權奪利的刀光劍影，卻閃爍在皇帝的面前睫下，對邊城藩
將飛揚跋扈目無王法的張狂妄為，已經達到了熟可忍熟不可忍，令見者目不
忍睹，聞者莫不髮指，人神共憤的沸點，可見朝廷中有權者不聞，有責者又
不問，已緘默久矣，多抱明哲保身的觀望態度，自視袖手旁觀為守分，持事
不關己不勞心的冷漠立場，所以才使野火燎原燒到了京城並及於皇宮大內，
衍致憲宗也被宦官所毒害。

武元衡雖然被殺犧牲了一己的性命，卻分別成就了李愬與白居易二人的
事功；李愬寫下了戰史自古以來前所未有的新頁，白居易留下了流傳千古遠
傳異域的詩篇。

先回顧一下，因武元衡宰相在上朝途中被刺，主張緝兇究辦最力而遭貶，
卻另有成就的詩人：白居易學粹品純，秉性溫厚善良，恤貧憫困，易於與人
共處，嘗有良好的社會互動，累積出異之於常，優質純正的人際關係，尤為
難能可貴的是：白居易廣交各界，高僧、顯宦、名士不乏其人，但彼此都共
同嚴守著社會規範所從遵循的道德界線，絕對尊重著對方的觀點和見解，並
且盡量避免原本就應該有所區隔，和理當予以迴避的對象，受到不必要的影
響，或者是莫須有的牽扯。北宋的戶部尚書葉夢得在他所著的《避暑錄話》
一書當中，提出了一些頗富參考價值的評述，略謂：

白樂天與楊虞卿為姻家，而不累於虞卿；與元稹、牛僧孺相厚
善，而不黨於元稹、牛僧孺；為裴晉公所愛重，而不因晉公以進；

李文饒素不樂，而不爲文饒所深害。處世者如是人，亦足矣。推其所由得，惟不汲汲於進，而志在於退，是以能安於去就愛憎之際，每裕然有餘也。

自刑部侍郎以病求分司，時年纔五十八，自是蓋不復出。中間一爲河南尹，期年輒去，再除同州刺史，不拜。雍容無事，順適其意而滿足其欲者十有六年。方太和、開成、會昌之間，天下變故，所更不一。元稹以廢黜死，李文饒以讒嫉死。雖裴晉公猶懷疑畏，而牛僧孺、李宗閔，皆不免萬里之行。所謂李逢吉、令狐楚、李珏之徒，泛泛非素與遊者，其冰炭低昂，未嘗有虛日，顧樂天所得豈不多哉。

從這段相去樂天不遠，前後爲時約略三百年的文字來看，白居易他從二十九歲中進士，三十二歲貞元十九年授校書郎以來，至六十二歲以病免河南尹止，前後三十年的歲月在官場中時起時落，於宦海裡載浮載沉，得道時認真作事，失意間怡情寫詩，誠如古人所謂：「達則兼善天下，窮則獨善其身」進退有據的人生理念，「知足寡求」則是他最明顯的人格特質，「安分樂道」是他面對生活的態度，既不積極進取，也不消極悲觀，不刻意營謀求成，也不推諉規避，由於他能逆來順受，所以他與人相處無所扞格，遇事也鮮有橫逆，他寬於待人，卻不自薄於己，應該說是：白居易是一位懂得進退，知善識惡，也知道自己該做些甚麼？應如何做？深知自處之道的前賢，體察世情入微的先哲，且看他一路走來，何其從容，多麼灑脫，最主要的是他具有異之於常人的特質，和超乎一般俗士的悟達：因此，他雖然是寄身於朝廷，但也寄情於文學，故能寄心於安靜，從而寄命於天意，在思想上塑造出順勢、應境、知足、守分、感恩的模式，而在生活方面，也爲自己樹立了一個既崇高也宏偉，卻是伸手可及，舉足可就，而也是有待其終生努力，但也能日見著手集詩、輯文、寫書、藏書其功的努力目標：就是進學、求知、輯文、藏書。

纂文輯詩成集的動機及肇始歷程

他之所以有此襟懷，乃是由於元和十年歲在乙未（815）六月，因執政宰相武元衡於上朝途中被狙擊身亡之後，首先上疏請緊急緝兇查辦追究幕後主使者，乃遭時任吏部尚書同平章事（相當於宰相職務）張弘靖劾奏，謫其「越

職而言事」被貶官，外放江州刺史，繼又被吏部尚書王涯，以白居易所寫〈賞花〉〈新井〉二詩，有損名教再貶，改授爲司馬。這是白居易人生歷程上的一大轉折，改其原有的鋒芒而爲內斂，其詩作風格也隨之轉變：從諷諫，而趨向於清閑，到任後，即自編詩集，完成之後，附詩寄元、李：

編集拙詩成一十五卷因題卷末戲贈元九李十二

一篇長恨有風情，十首秦吟近正聲。

每被老元偷格律〔註一〕，苦教短李伏歌行〔註二〕。

世間富貴應無分，身後文章合有名。

莫怪氣粗言語大，新排十五卷詩成。

〔註一〕：元九向江陵日，嘗以拙詩一軸贈行，自後格變。

〔註二〕：李十二常自負歌行，近見予樂府五十首，默然心伏。

白居易在江州（今江西九江縣）任司馬，先後共計四個年頭，從元和十年到元和十四年，此其間寫過不少的詩作，嘗爲後世及當時大眾所熟知的作品，就是〈琵琶行〉這首七言長詩，字數多達六百一十二字，常被一般社會大眾掛在口上的句子諸如：「同是天涯淪落人，相逢何必曾相識」、「就中泣下誰最多？江州司馬青衫濕！」之類的詩句，現代人有所感動，宋朝人也有所共鳴：鴻儒葛立方，在《韻語陽秋》卷九，對唐相武元衡當街被暴徒所殺，白居易因首先上請緝兇而遭貶謫外放一事，稱其父葛勝仲在生前，曾撰詩評江州白樂天云：

盜殺武元衡也，白樂天爲京兆掾，初非言責，而請捕盜，以必得爲期。時宰惡其出位，坐賦〈新井篇〉逐之九江，故因聞琵琶，乃有天涯淪落之感。至於淚濕青衫之上，何憊如此哉？余先文康公有嘗詩云：「平生趣操號安恬，退亦怡然進不貪。何事潯陽恨遷謫，輕將清淚濕青衫。」

再看白居易最初完成彙整編輯而成的一本詩集，乃是日後相繼而成文集的張本，也引起了一連串的反應，與外界相對的回應，因而纔孕育了日後的《白氏長慶文集》，前後多達七十五卷，近四千首的專集巨著。究其成因，索其源頭，應該是緣自元稹被謫外放江陵，白居易贈詩一軸開始。

時間回溯到憲宗元和五年歲在庚寅（810）元稹時任監察御史，掌肅清朝廷風紀檢舉不法污吏，因劾奏時任河南府尹房式不法貪污，元稹爲防範其續有不軌，乃暫停其職，可是執政同夥深恐誅連，但相結奏劾元稹專擅，「未

奉准即逕自罷職朝廷命官殊屬不當」將元稹調回京師，罰俸一月，以致貪官
未辦，先罰御史。尤有甚者，元稹在返回京師的途中，路過華州敷水驛，投
宿歇息於驛站，不巧巨奸宦官仇士良時任內外五坊使，以兇暴跋扈橫行朝
野，代宗時，統左右（御林）二軍，嘗殺二王一妃四宰相，貪酷殘虐二十年，
攜同劉士元夜深抵達，強行要求已然就寢的元稹，讓出上房正廳，發生爭執，
仇士良竟然出手揮鞭擊傷元稹面頰，劉士元更踢破房門，奪取鞍馬，以弓
箭恐嚇。但宰相則以元稹輕仗言官權威，有辱朝臣大禮，辜負聖恩，貶爲江
陵府士曹參軍，白居易曾經三上奏狀，爲元稹申訴辯護不果，仍遭貶謫外放，
白居易臨行前贈詩一軸，用抒胸中不平之氣，借匡宦官拔扈歪風，於焉才胚
胎出後續《白氏文集》的萌芽誕生。

　　爲元稹申訴辯誣，而上疏呈奏的朝臣，先後就有翰林學士李絳、崔群等
人，其中尤其憤憤不平，而爲元稹鳴屈呼冤者，便是與元稹同榜同院而又同
事的白居易，他不怕冒犯聖上，無畏權勢在握的佞臣閹官，挺身而出三度呈
奉奏狀替元稹申冤，前兩狀未見載於文集，收入集中的是第三狀，其間大致
述明事件的經過，也建議不宜貶謫元稹而又外放地方，爲維護朝綱，避免僥
尤，伏望皇上細察，原狀是：

論元稹第三狀，監察御史元稹貶江陵府士曹參軍

　　右，伏緣元稹左降事宜，昨李絳、崔群等再已奏聞，至今未蒙
宣報。伏恐愚誠未懇，聖慮未迴，臣更細思，事有不可，所以塵黷，
至於再三。臣內察事情，外聽眾議，元稹左降，不可者三。何者？
元稹守官正直，人所共知。自授御史已來，舉奏不避權勢。只知奏
李公佐等之事，多是朝廷親情。人誰無私？因以挾恨。或假公議，
將報私嫌，遂使誣謗之聲，上聞天聽。臣恐元稹左降已後，凡在位
者，每欲舉事，先以元稹爲戒：無人肯爲陛下當官執法，無人肯爲
陛下嫉惡繩愆。內外權貴，親黨縱橫，有大過大罪者，必相容隱而
已。陛下從此，無由得知。其不可者一也。昨者，元稹所追勘房式
之事，心雖奉公，事稍過當，既從重罰，足以懲違。況經謝恩，旋
又左降，雖引前事以爲責詞，然外議諠諠，皆以爲元稹與中使劉士
元爭廳，自此得罪。至於爭廳事理，已具前狀奏陳。況聞劉士元踏
破驛門，奪將鞍馬，仍索弓箭，嚇辱朝官。承前已來，未有此事。
今中官有罪，未見處置；御史無過，卻先貶官。遠近聞知，實損聖

德。臣恐從今已後，中官出使，縱暴益甚；朝官受辱，必不敢言。縱有被凌辱毆打者，亦以元稹爲戒，但吞聲而已。陛下從此，無由得聞。其不可者二也。臣又訪聞，元稹自去年已來，舉奏嚴礪在東川日，枉法收沒平人資產八十餘家。又奏王紹違法給券，令監軍神樞及家口入驛。又奏裴玢違勒旨徵百姓草。又奏韓皋使軍將封杖，打殺縣令。如此之事，前後甚多。屬朝廷法行，悉有懲罰。計天下方鎮，皆怒元稹守官。今貶爲江陵判司，即是送與方鎮。從此方便報怨，朝廷何由得知？臣聞德宗時，有崔善貞密告李錡必反。德宗不信，送與李錡。李錡大怒，遂掘坑縱火，燒殺崔善貞。未數年，李錡果反；至今天下爲之痛心。臣恐元稹左降後，方鎮有過，無人敢言，皆欲惜身，永以元稹爲戒。如此，則天下有不軌不法之事，陛下無由得知。此其不可者三也。若無此三不可，假如朝廷誤左降一御史，蓋是小事，臣何敢煩瀆聖聽，至於再三乎？誠以所損者微，所關者大，以此思慮，敢不極言？陛下若以臣此言爲忠，又未能別有處置，必不得已，則伏望且令追制，改與一京司閑官，免令元稹卻事方鎮。此乃上裨聖政，下愜人情。伏望細察事情，斷在聖意。謹具奏聞。謹奏。

（這是連續三本奏狀，最後一狀的原文錄陳）

先後三本出自白居易一手的奏狀，相繼不斷遞進宮裡再呈了上去，也都經過皇上御覽，但未立即朱批，原因是憲宗也覺得狀中所陳各節言之成理，的確是顯見本案罰有未當，罪不致此，完全出自意氣，以致本末顛倒是非錯置，根本就是流於荒唐的羅織，借以陷害忠良，所以下不了筆。

然而格於權臣閹官相結的威逼，又受制於目前宮中「手無寸鐵」也可以說是長時以來的不利形勢，連天理都已經沒有了，還用談甚麼道理，更何況：一旦連自己項上的人頭也保不住，又拿甚麼去保衛大唐江山？基於多方面的考量和顧忌，所以憲宗只得委屈元稹去做地方官，以保全自己的皇位，這是棋局之中「棄卒保帥」常見的路術，卻擺脫不了「以羊易牛」的嫌疑譏諷。於是元稹只得以逐臣帶罪之身，奉難違之皇命聖旨，於元和五年春間，自京師啓程，赴湖北江陵府，就任士曹參軍之貶職，行前無熱鬧的餞別宴席，也不見盛大的送行人群，當天白居易在翰林院值班，退勤後逕赴元府，但元稹已束裝就道，只是上路未久，白居易急忙追趕，希望能不失臨去話別還來

得及說一聲珍重再見，道一句後會有期，馬蹄不失快捷，總算是不負主人期望在中途追及，因而有了臨別的一握手，告辭的一席話，同時也奉上了一軸詩，以備沿途之上銷閑遣興，共二十首也就是文集的首章詩集的前唱。元積一路翻山越嶺，涉水渡津，除馬不停蹄之外，自己更是筆不停揮，及其到達江陵任所，檢視行篋旅囊，計得沿途投宿歇驛，馬上舟中旅次所作的詩詞，共十七章約五、六千言，再檢付白居易行前所贈一軸二十首的唱和詩作，一同寄給白居易。用以爲酬的意義到是在其次，以免懸念牽掛孤寂思懷，則是原意之所在。詩句中眞情流露，感人神魂，動人心絃，嘗使閱者眩然，歌者嗚咽，多所肺腑之言，少有應酬游詞，讓讀者一眼就能看出友情的可貴，足以解釋清楚「情爲何物」。且看：

> 寄樂天（七言律詩）　　　元微之
>
> 閑夜思君坐到明，追尋往事倍傷情。
>
> 同登科後心相合，初得官時髭未生。
>
> 二十年來諳世路，三千里外老江城。
>
> 猶應更有前途在，知向人間何處行？

白居易所寫的和詩，是一首同韻的七言絕句：

> 夜坐　　　白居易
>
> 庭前盡日立到夜，燈下有時坐徹明。
>
> 此情不語何人會？時復長吁一兩聲。

往還之間，白居易在應和之餘，也有主動的題詩寄贈：

> 憶微之　　　白居易
>
> 與君何日出屯蒙，魚戀江湖鳥厭籠。
>
> 分手各抛滄海畔，折腰俱老綠衫中。
>
> 三年隔闊音塵斷，兩地飄零氣味同。
>
> 又被新年勸相憶，柳條黃軟欲春風。

這是詩人受到王維「每逢佳節倍思親」的影響，在年令佳節下一般的通問致意，可是出自前兩聯貼心的關懷，以池魚籠禽切身相同的感受，道出了對方的鬱卒與無奈，又豈能不說是難得的知己？不可多得的知音？元積的和詩，是按原韻也取其原意：

> 酬樂天「春寄微之」　　　元微之
>
> 鸚心明點雀幽蒙，何事相將盡入籠？

君避海鯨驚浪裡，我隨巴蟒瘴煙中。

千山塞路音書絕，兩地知春歷日同。

一樹梅花數升酒，醉尋江岸哭東風。

　　兩人兩地千里相隔，朝思夜想，夢晤神會，是一般人也會有之的常事，至親好友一旦分手遠離，自是難免，惟文人雅士的夢境，或許另有情調別富雅趣。

　　記夢詩　　　元微之

夢君兄弟曲江頭，也向慈恩院裡遊。

驛吏喚人排馬去，忽驚身在古梁州。

　　白居易循著故人離別後的惆悵繫念，先是預料遷客的腳步行程，繼而是計算別後的時日，用之遣懷釋念，白居易別後以懷望牽掛，也是在推算元稹的路程，依韻題了一首七絕：

　　同李十一醉憶元九　　　白居易

花時同醉破春愁，醉折花枝作酒籌。

忽憶故人天際去，計程今日到梁州。

另外又有：

　　夢微之　十二年八月二十日夜　　　白居易

晨起凌風一惆悵，通川溢水斷相聞。

不知憶我因何事，昨夜三廻夢見君。

　　這種魂縈夢繫的牽掛，一夜數起的驚夢，是一般常人所不常有的異常現象，也是常人所不能承受的精神負擔，有此徵兆不認為有病，才是真的有病，長此以往不成精神病，也會患上神經病，試看元稹所寫：

　　酬樂天頻夢微之　　　元微之

山水萬重書斷絕，念君憐我夢相聞。

我今因病魂顛倒，唯夢閒人不夢君。

　　囈語夢話，原本就是在睡眠之中無意識的狀態下，沒有意義也不發生實際效應的語言，可是當一個人的名字，一件渴望的事物，反覆出現在夢話囈語裡的時候，就肯定地是對他別具涵義：於人是魂縈夢繫的惦念，於事則是夢寐以求的渴望，是日間辦不到的遺憾，在夜間得到暫時的滿足，而有「身無彩鳳雙飛翼，心有靈犀一點通」的快感與安慰，存在於希望之中的目標，能實現的是理想，無法實現的則是夢想，懷念是引故人入夢的基本因素，

「饑者常夢食，渴者多夢飲」，則是生理的反應，亦屬心馳神往心理的補償寄情，在夢境中暫時獲得的精神撫慰。

當元稹謫貶外放之後，遠去江陵山水阻隔，與白居易之間常有書信通問致意，有時詩作與書信同寄，有時也以詩代書，在短句長詩中，述說兩地的相思，細訴彼此的心事，談現實的生活狀況，也描繪夢中的幻遊境遇，用為生活的寄託，也是精神的鼓勵，元稹寄給白居易一首：

夢遊春七十韻　　　　元稹

昔君夢遊春，夢遊何所遇？夢入深洞中，果遂平生趣。清泠淺漫溪，畫舫蘭篙渡。過盡萬株桃，盤旋竹林路。長廊抱小樓，門牖相回互。樓下雜花叢，叢邊繞鴛鷺。池光漾彩霞，曉日初明煦。未敢上堦行，頻移曲池步。烏龍不作聲，碧玉曾相慕。漸到簾幕間，徘徊意猶懼。閑窺東西閤，奇玩參差布。隔子碧油糊，駝鈎紫金渡。逶迤日漸高，影響人將寤。鸚鵡飢亂鳴，嬌娃睡猶怒。簾開侍兒起，見我遙相論。鋪設繡紅茵，施張鈿妝具。潛褰翡翠帷，瞥見珊瑚樹。不見花貌人，空驚香若霧。回身夜合偏，斂態晨霞聚。睡臉桃破風，汗妝蓮委露。叢梳百葉髻，金蹙重臺屨。紕軟殿頭裙，玲瓏合歡袴。鮮妍脂粉薄，闇澹衣裳故。最似紅牡丹，雨來春欲暮。夢魂良易驚，靈境難久寓。夜夜望天河，無由重沿泝。結念心所期，返如禪頓悟。覺來八九年，不向花廻顧。雜洽兩京春，喧闐眾禽護。我到看花時，但作懷仙句。浮生轉經歷，道性尤堅固。近作夢仙詩，亦知勞肺腑。一夢何足云，良時自婚娶。當年二紀初，嘉節三星度。朝蕣玉珮迎，高松女蘿附。韋門正全盛，出入多歡裕。甲第漲清池，鳴騶引朱輅。廣榭舞萋萋，長筵賓雜厝。青春詎幾日，華實潛幽蠹。秋月照潘郎，空山懷謝傅。紅樓嗟壞壁，金谷迷荒戍。石壓破欄干，門摧舊槸枑。雖云覺夢殊，同是終難駐。悄緒竟何如？棼絲不成絇。卓女白頭吟，阿嬌金屋賦。重璧盛姬臺，青塚明妃墓。盡委窮塵骨，皆隨流波注。幸有古如今，何勞縑比素？況余當盛時，早歲諧如務。詔冊冠賢良，諫垣陳好惡。三十再登朝，一登還一仆。寵榮非不早，邅廻亦云屢。直氣在膏肓，氛氳日沉痼。不言意不快，快意多忤。忤誠人所賊，性亦天之付。乍可沉為香，不能浮作瓠。誠為堅所守，未為明所措。事事身已經，營營計何誤。美玉琢文珪，良金填武庫。徒謂自堅貞，

安知受羈鑄？長絲羈野馬，密網羅陰兔。物外各迢迢，誰能遠相錮？
時來既若飛，禍速當如鶩。衷意自未精，此行何所訴？努力去江陵，
笑言誰與晤。江花縱可憐，奈非心所慕。石竹逞奸黠，蔓菁誇歃數。
一種薄地生，淺深何足妒。荷葉水上生，團團水中住。瀉水置葉中，
君看不相污。

這首題意廣泛的五言長詩〈夢遊春〉，其內容所描述的是夢中的幻境，流
於即興的紙上遊歷，多出自假構虛擬，捏造幻想，前段著重在寫述場景境況，
中間偏向於人物舖陳，末了則是往後的趨從方向：「努力去江陵」。其七十
韻，合計七百言，寫盡在懷的灑脫。在序中元稹首先提醒白居易說是：

斯言也「不可使不知吾者知：知吾者亦不可使不知」。樂天知
吾也，吾不敢不使吾子知。(《全唐詩》無序)

白居易細閱詳覽再三解讀堪稱深入，體察也甚切貼，綜觀全篇，大致是
追悔既往之非過，而省悟將來之趨從。所以白居易極其用心地題了一首和詩
增為一百韻，合計共一千言，另又撰附序言一篇回寄元稹：

和夢遊春詩一百韻　並序　　白居易

微之既到江陵，又以《夢遊春》詩七十韻寄予，且題其序曰：
「斯言也，不可使不知吾者知；知吾者亦不可使不知。樂天知吾
也，吾不敢不使吾子知。」予辱斯言，三復其旨，大抵悔既往而悟
將來也。然予以為苟不悔不寤則已，若悔於此，則宜悟於彼也；反
於彼而悟於妄，則宜歸於真也。況與足下外服儒風，內宗梵行者有
日矣。而今而後，非覺路之返也，非空門之歸也，將安反乎？將安
歸乎？今所和者，其卒章指歸於此，夫感不甚則悔不熟，感不至則
悟不深；故廣足下七十韻為一百韻，重為足下陳夢遊之中，所以甚
感者；敘婚仕之際，所以至感者，欲使曲盡其妄，周知其非，然後
返乎真，歸乎實，亦猶《法華經》序火宅、偈化城，《維摩經》入淫
舍、過酒肆之義也。微之，微之，予斯文也，尤不可使不知吾者知，
幸藏之爾云。

昔君夢遊春，夢遊仙山曲。恍若有所遇，似愜平生欲。因尋昌
蒲水，漸入桃花谷。到一紅樓家，愛之看不足。池流渡清泚，草嫩
蹋綠蓐。門柳闇全低，簷櫻紅半熟。轉行深深院，過盡重重屋。烏

龍臥不驚，青鳥飛相逐。漸聞玉珮響，始辨珠履躅。遙見窗下人，娉婷十五六。霞光抱明月，蓮艷開初旭。縹緲雲雨仙，氛氳蘭麝馥。風流薄梳洗，時世寬裝束。袖軟異文綾，裾輕單絲縠。裙腰銀線壓，梳掌金筐蹙。帶纈紫葡萄，袴花紅石竹。凝情都未語，付意微相矚。眉斂遠山青，鬟低片雲綠。帳牽翡翠帶，被解鴛鴦襆。秀色似堪餐，穠華如可掬。半卷錦頭席，斜鋪繡腰褥。朱脣素指勻，粉汗紅綿撲。心驚睡易覺，夢斷魂難續。籠委獨棲禽，劍分連理木。存誠期有感，誓志貞無黷。京洛八九春，未曾花裏宿。壯年徒自棄，佳會應無復。鸞歌不重聞，鳳兆從茲卜。韋門女清貴，裴氏甥賢淑。羅扇夾花燈，金鞍攢繡轂。既傾南國貌，遂坦東床腹。劉阮心漸忘，潘楊意方睦。新修履信第，初食尚書祿。九醞備聖賢，八珍窮水陸。秦家重簫史，彥輔憐衛叔。朝饌饋獨盤，夜醪傾百斛。親賓盛輝赫，妓樂紛曄煜。宿醉纔解酲，朝歡俄枕麴。飲過君子爭，令甚將軍酷。酩酊歌鷓鴣，顛狂舞鴝鵒。月流春夜短，日下秋天速。謝傅隙奔光，蕭娘風過燭。全凋蕣花折，半死梧桐禿。闇鏡對孤鸞，哀弦留寡鵠。淒淒隔幽顯，冉冉移寒燠。萬事此時休，百身何處贖？提攜小兒女，將領舊姻族。再入朱門行，一傍青樓哭。櫪空無廐馬，水涸失池鶩。搖落廢井梧，荒涼故籬菊。莓苔上几閣，塵土生琴筑。舞榭綴蟏蛸，歌梁聚蝙蝠。嫁分紅粉妾，賣散蒼頭僕。門客思徬徨，家人泣咿噢。心期正蕭索，宦序仍拘跼。懷策入崤函，驅車辭郟鄏。逢時念既濟，聚學思大畜。端詳筮仕蓍，磨拭穿楊鏃。始從讎校職，首中賢良目。一拔侍瑤墀，再升紆繡服。誓酬君主寵，願使朝庭肅。密勿奏封章，清明操憲牘。鷹韝中病下，豸角當邪觸。糺謬靜東周，申冤動南蜀。危言詆閽寺，直氣忤鈞軸。不忍曲作鉤，乍能折爲玉。捫心無愧畏，騰口有謗讟。只要明是非，何曾虞禍福？車摧太行路，劍落酆城獄。襄漢問修途，荊蠻指殊俗。謫爲江府掾，遣事荊州牧。趨走謁麾幢，喧煩視鞭撲。簿書常自領，縲囚每親鞫。竟日坐官曹，經旬曠休沐。宅荒渚宮草，馬瘦畬田粟。薄俸等涓毫，微官同桎梏。月中照形影，天際辭骨肉。鶴病翅羽垂，獸窮爪牙縮。行看鬢間白，誰勸杯中綠？時傷大野麟，命問長沙鵩。夏梅山雨漬，秋瘴江雲毒。巴水白茫茫，楚山青簇簇。吟君七十韻，是我心所蓄。既去誠莫追，將來幸前勗。欲除憂惱病，

當取禪經讀。須悟事皆空，無令念將屬。請思遊春夢，此夢何悶倏！
艷色即空花，浮生乃焦穀。良姻在嘉偶，頃剋為單獨。入仕欲榮身，
須臾成黜辱。合者離之始，樂兮憂所伏。愁恨僧祇長，歡榮剎那促。
覺悟因傍喻，迷執由當局。膏明誘闇蛾，陽焰奔癡鹿。貪為苦聚落，
愛是悲林麓。水蕩無明波，輪迴死生輻。塵應甘露灑，垢待醍醐浴。
障要智燈燒，魔須慧刀戮。外薰性易染，內戰心難衄。法句與心王，
期君日三復！微之常以《法句》及《心王頭陀經》相示，故申言以卒其意也。

　　以上這一唱一和允稱繁富華瞻的兩首長詩：是當白居易與元微之兩人都
因案遭到貶謫遠放在外，同為逐客放臣，被驅逐遠離帝都京師；白在江西江
州任司馬，元去湖北江陵為士曹，時為憲宗元和十二年歲在丁酉（817）的冬
月，白居易年已四十有六，已過不惑之年，在唱和之際的字裡行間，流露出
兩人深厚的友誼，也可以顯然地看出兩位作者，在內心之中都有各自的內省
與反思，以及互相的勉勵和鼓舞，既然是有勵志勸學作用，而又出自於至親
好友發自肺腑的嘉言，誠不宜一讀了事，任意束之高閣，所以白居易便擇其
精萃，選摘佳句，書寫成字屏，置於座右，以便朝弘誦讀銘記，並慰遠思，
他曾經寫有：

　　　題屏風絕句　並序　　　**白居易**

　　十二年冬，微之獨滯通州，予亦未離溢上，相去萬里，不見三
年，鬱鬱相念，多以吟詠自解。前後辱微之寄示之什，殆數百篇，
雖藏於篋中，永以為好，不若置之座右，如見所思。由是掇錄句中
短小麗絕者，凡一百首，題錄合為一屏風，舉目會心參，若其人在
於前矣。前輩作事，多出偶然，則安知此屏，不為好事者所傳，異
日作九江一故事爾，因題絕句，聊以獎之。

　　　相憶采君詩作鄣，自書自勘不辭勞。
　　　鄣成定被人爭寫，從此南中紙價高。

　　　按：南中，泛指南方之地，亦指嶺南而言。《晉書・石崇傳》
云崇在南中得鴆鳥，以與後軍將軍王愷。

　　這年的冬天，是一個嚴寒酷凍的冷冬：李愬雪夜襲蔡州，擒淮西叛唐節
度使吳元濟檻囚回朝究辦，也正是在這個冬天，容後詳述。

　　白居易之所以將元稹的來詩，摘錄書於屏風置諸座右，引之為銘，用慰

思懷之外，另一主要原因就是元微之在此之前，當其遊四川閬州古剎開元寺的時候，曾經將白居易的詩作，題於該寺的牆壁之上，並且撰詩一首寄白居易，原詩是這樣寫的：

閬州開元寺壁題樂天詩

憶君無計寫君詩，寫盡千行說向誰？

題在閬州東寺壁，幾時知是見君時？

　　元微之把這首因懷念遠在他鄉的摯友，而將朋友所作的詩篇書寫在寺廟的牆壁上，詩述其事寄給白居易，當白居易收到後便引發了他輯元詩精作題屏風的動機，當其完成屏風題詩之後，他便寫了〈答微之〉這首七言絕句寄給元稹：

君寫我詩盈寺壁，我題君句滿屏風。

與君相遇知何處？兩葉浮萍大海中！

　　元微之和白居易兩人，不約而同地；在不同的時間和地點，分別在遊覽的古剎，路過的寺廟牆壁之上樑柱之間，與居家陳設的屏風常用的扇面燈籠上，書題對方的詩作，其主要的用意與涵義：一則是表示他們自己對於這些作品的欣賞和重視，為求便於日常能寓之於目銘之於心，從而能分享及他，推己予人，故存詩於廟宇堂壁廊牆之上，借供善男信女欣賞，這是兩者當初共懷的原意初衷，同有的寄興情懷。再則也顯示出二位先賢曾經同抱有將兩人之間往還的唱和酬答佳作，共同欣賞的名著，典而存之於書篋，獨受於已享僅於私，何不公諸於世，分饗予人，從交相流傳口誦心授的延續，而能流傳予後世的共識；所以早在元稹貶放江陵三年之後轉任唐州從事，白居易亦遭貶江州司馬之時，白居易就曾以《自編詩》十五卷相贈，引發了元稹於長慶四年為白居易編輯《白氏長慶集》五十卷的動機。更難能的是由他們自己著手，親自而為，並共襄其成的壯舉。

　　從以上這些舉措行事很明顯地看得出，在元、白彼此之間，非獨交深誼厚，情投意合，而且是相互尊重共同珍惜，其間包括了對方的人格、才具，甚而致於出自他們手筆的著作詩文，因而常有「愛屋及烏」的情懷，流露於筆下出現在字裡行間，更為難能，尤屬可貴的是，他們彼此都出於自動自願地為對方輯詩存文而努力不懈，並且也都著有績效蔚為巨觀。保存庋藏遺留下來，便成為極具可貴的文化遺產的一部分。若是能予以爬梳抽出，加以整合編排、據唱和酬答纂輯成集，或許能更顯其初衷原旨，深見詩作的蘊情本

意，從對照比較的角度來看，首唱繼和，一來一往的詩作，也可能會對詩人的內心世界，與詩作描寫的境界，有更深入的視野、較深刻認識與更切合實際的意念與判斷，而能有更符合當時現實情況的觀點及理念。或許有助於對當時事實與實際情景狀況的呈現，能有全般性的瞭解。

繼《自編詩》、《白氏長慶集》、《元白唱和集》、《劉白唱和集》這些由詩人自撰自輯的文獻面世之後，曾因這些文獻先後相繼出版發行，引起學界及社會人士廣大的回應，國際間亦有更多熱烈反應，尤其是深受中華文化影響，同為通用漢字，東北亞地區的日韓，對白、元、劉崇拜有嘉，而有「尊崇其人，焉能不誦其詩，豈可不讀其文」之諺語家訓，同認為頗富參考價值，故筆者不喘譾陋，就白、元、劉唐代三位名家唱和之作，對答酬應之詩加以編排整理，承花木蘭文化出版社允予列入《古典文獻研究輯刊》予以出版，謹此申謝。至於有關後續「歐陽修、梅堯臣、蘇軾、蘇轍」之間的唱和回應，亦將列入日後賡續付印考量，用以形成系列，而見文運衍流，暨詩家之過從關係之一斑。

江澄格　謹識於台灣新北市中和區寓所

103.11.21　時年八十有三

元白唱和集

《白氏長慶集》序　　元稹

《白氏長慶集》者，太原人白居易之所作。居易，字樂天。樂天始言，試指「之」、「無」二字，能不誤。具樂天與予書。始既言，讀書勤敏，與他兒異。五六歲識聲韻，十五志詩賦，二十七舉進士。貞元末，進士尙馳競，不尙文，就中六籍尤擯落。禮部侍郎高郢始用經義爲進退，樂天一舉擢上第。明年，拔萃甲科。由是〈性習相近遠〉、〈求玄珠〉、〈斬白蛇〉等賦，及百道判，新進士競相傳於京師矣。會憲宗皇帝冊召天下士，樂天對詔稱旨，又登甲科。未幾，入翰林，掌制誥，比比上書言得失。因爲〈賀雨〉、〈秦中吟〉等數十章，指言天下事，時人比之《風》、《騷》焉。

予始與樂天同校秘書之名，多以詩章相贈答。會予譴掾江陵，樂天猶在翰林，寄予百韻律詩及雜體，前後數十章。是後，各佐江、通、復相酬寄。巴蜀江楚間泊長安中少年，遞相倣傚，競作新詞，自謂爲「元和詩」。而樂天〈秦中吟〉、〈賀雨〉諷諭等篇，時人罕能知者。然而二十年間，禁省、觀寺、郵候牆壁之上無不書，王公妾婦。牛童馬走之口無不道。至於繕寫模勒，衒賣於市井，或持之以交酒茗者，處處皆是。揚、越間多作書模勒樂天及予雜詩，賣於市肆之中也。其甚者，有至於盜竊姓名，苟求自售，雜亂間厠，無可奈何！予於平水市中，鏡湖旁草市名。見村校諸童競習詩，召而問之，皆對曰：「先生教我樂天、微之詩。」固亦不知予爲微之也。又雞林賈人求市頗切，自云：「本國宰相每以百金換一篇。其甚僞者，宰相輒能辯別之。」自篇章已來，未有如是流傳之廣者。

長慶四年，樂天自杭州刺史以右庶子詔還。予時刺會稽，因得盡徵其文，手自排續，成五十卷，凡二千一百九十一首。前輩多以前集、中集爲名，予以爲陛下明年當改元，長慶訖於是，因號曰《白氏長慶集》。大凡人之文各有所長，樂天之長可以爲多矣。夫以諷諭之詩長於激，閑適之詩長於遣，感傷之詩長於切；五字律詩、百言而上長於贍；五字七字，百言而下長於情；賦贊箴戒之類長於當；碑記敘事制詔長於實；啓表奏狀長於直；書檄詞策剖判長於盡。總而言之，不亦多乎哉！至於樂天之官秩景行，與予之交分淺深，非敘文之要也，故不書。　長慶四年冬十二月十日微之序。

浙東觀察使元稹字微之述

讀張籍古樂府　　白居易

張君何為者，業文三十春。尤工樂府詩，舉代少其倫。為詩意如何，六義互鋪陳。風雅比興外，未嘗著空文。讀君學仙詩，可諷放佚君。讀君董公詩，可誨貪暴臣。讀君商女詩，可感悍婦人。讀君勤齊詩，可勸薄夫敦。上可裨教化，舒之濟萬民。下可理情性，卷之善一身。始從青衿歲，迨此白髮新。日夜秉筆吟，心苦力亦勤。時無采詩官，委棄如泥塵。恐君百歲後，滅沒人不聞。願藏中秘書，百代不湮淪。願播內樂府，時得聞至尊。言者志之苗，行者文之根。所以讀君詩，亦知君為人。如何欲五十，官小身賤貧。病眼街西住，無人行到門。

贈元稹　　白居易

自我從宦遊，七年在長安。所得唯元君，乃知定交難。豈無山上苗，徑寸無歲寒。豈無要津水，咫尺有波瀾。之子異於是，久處誓不諼。無波古井水，有節秋竹竿。一為同心友，三及芳歲闌。花下鞍馬遊，雪中杯酒歡。衡門相逢迎，不具帶與冠。春風日高睡，秋月夜深看。不為同登科，不為同署官。所合在方寸，心源無異端。

贈樊著作　　白居易

陽城為諫議，以正事其君。其手如屈軼，舉必指佞臣。卒使不仁者，不得秉國均。元稹為御史，以直立其身。其心如肺石，動必達窮民，東川八十家，冤憤一言伸。劉闢肆亂心，殺人正紛紛。其嫂曰庾氏，棄絕不為親。從史萌逆節，隱心潛負恩。其佐曰孔戡，捨去不為賓。凡此士與女，其道天下聞。常恐國史上，但記鳳與麟。賢者不為名，名彰教乃敦。每惜若人輩，身死名亦淪。君為著作郎，職廢志空存。雖有良史才，直筆無所申。何不白著書，實錄彼善人。編為一家言，以備史闕文。

和樂天贈樊著作　　元稹

君為著作詩，志激詞且溫。璨然光揚者，皆以義烈聞。千慮竟一失，冰玉不斷痕。謬予頑不肖，列在數子間。因君譏史氏，我亦能具陳。羲黃眇云遠，載籍無遺文。煌煌二帝道，鋪設在典墳。堯心唯舜會，因著為話言。皋夔益稷禹，粗得無間然。緬然千載後，後聖曰孔宣。迴知皇王意，綴書為百篇。是時游夏輩，不敢措舌端。信哉作遺訓，職在聖與賢。如何至近古，史氏為閑官。但令識字者，竊弄刀筆權。由心書曲直，不使當世觀。貽之千萬代，疑信相並傳。人人異所見，各各私所偏。以是曰褒貶，不如都無焉。況乃丈夫志，用捨貴當年。顧子有微尚，願以出處論。出非利吾已，其出貴道全。全道豈虛設，道全當及人。全則富與壽，虧則飢與寒。遂我一身逸，不如萬物安。解懸不澤手，拯溺無折旋。神哉伊尹心，可以冠古先。其次有獨善，善己不善民。天地為一物，死生為一源。合雜分萬變，忽若風中塵。抗哉巢由志，堯舜不可遷。捨此二者外，安用名為賓？持謝著書郎，愚不願有云。

折劍頭　　白居易

拾得折劍頭，不知折之由。一握青蛇尾，數寸碧峰頭。疑是斬鯨鯢，不然刺蛟虬。缺落泥土中，委棄無人收。我有鄙介性，好剛不好柔。勿輕直折劍，猶勝曲全鉤。

和樂天折劍頭　　元稹

聞君得折劍，一片雄心起。詎憶鐵蛟龍，潛在延津水。風雲會一合，呼吸期萬里。雷震山嶽碎，電斬鯨鯢死。莫但寶劍頭，劍頭非此比。

登樂遊園望　　白居易

獨上樂遊園，四望天日曛。東北何靄靄，宮闕入雲煙。愛此高處

立，忽如遺垢氛。耳目暫清曠，懷抱鬱不伸。下視十二街，綠樹間紅塵。車馬徒滿眼，不見心所親。孔生死洛陽，元九謫荊門。可憐南北路，高蓋者何人？

編者按：「元九謫荊門」據《舊唐書·元稹傳》：「元稹，河南人，字微之，元和初對策舉制科第一，拜左拾遺當路者惡之，出爲河南尉，拜監察御史。以途經華陰敷水驛，元先至投宿中官劉士元後至強迫元讓出正廳上房，稹不從，士元怒，破其戶，稹襪走廳外，士元追之，以鞭箠擊稹傷面，執政以稹少年後輩，務作威福，元和五年三月，元稹自監察御史，貶爲江陵府士曹參軍」。荊門即江陵府。

酬樂天登樂遊園見憶　　元稹

昔君樂遊園，悵望天欲曛。今我大江上，快意波翻雲。秋空壓澶漫，瀕洞無垢氛。四顧皆豁達，我眉今日伸。長安隘朝市，百道走埃塵。軒車隨對列，骨肉非本親。誇遊丞相第，偷入常侍門。愛君直如髮，勿念江湖人。

種竹　　元稹

昔樂天贈余詩云：「無波古井水，有節秋竹竿。」予秋來種竹廳下，因而有懷，聊書十韻。

昔公憐我直，比之秋竹竿。秋來苦相憶，種竹廳前看。失地顏色改，傷根枝葉殘。清風猶淅淅，高節空團團。鳴蟬聒暮景，跳蛙集幽欄。塵土復晝夜，梢雲良獨難。丹丘信云遠，安得臨仙壇。瘴江冬草綠，何人驚歲寒？可憐亭亭幹，一一青琅玕。孤鳳竟不至，坐傷時節闌。

酬元九對新栽竹有懷見寄　　白居易

頃有贈元九詩云：「有節秋竹竿」，故元感之，因重見寄。

昔我十年前，與君始相識。曾將秋竹竿，比君孤且直。中心一以合，外事紛無極。共保秋竹心，風霜侵不得。始嫌梧桐樹，秋至先改

色。不愛楊柳枝，春來軟無力。憐君別我後，見竹長相憶。常欲在眼前，故栽庭戶側。分首今何處，君南我在北。吟我贈君詩，對之心惻惻。

感鶴　　<small>白居易</small>

鶴有不群者，飛飛在野田。飢不啄腐鼠，渴不飲盜泉。貞姿自耿介，雜鳥何翩翾。同遊不同志，如此十餘年。一興嗜慾念，遂為矰繳牽。委質小池內，爭食羣雞前。不惟懷稻粱，兼亦競腥羶。不唯戀主人，兼亦狎烏鳶。物心不可知，天性有時遷。一飽尚如此，況乘大夫軒。

和樂天感鶴　　<small>元稹</small>

我有所愛鶴，毛羽霜雪妍。秋望一滴露，聲洞林外天。自隨衛侯去，遂入大夫軒。雲貌久已隔，玉音無復傳。吟君《感鶴操》，不覺心惕然。無乃予所愛，誤為微物遷。因茲諭直質，未免柔細牽。君看孤松樹，左右蘿蔦纏。既可習為鮑，亦可薰為荃。期君常善救，勿令終棄捐。

和答詩十首　并序　　<small>白居易</small>

五年春，微之從東臺來，不數日，又左轉為江陵士曹掾。詔下日，會予下內直歸，而微之已即路，邂逅相遇於街衢中，自永壽寺南，抵新昌里北，得馬上語別；語不過相勉保方寸外形骸而已，因不暇及他。是夕，足下次於山北寺，僕職役不得去，命季弟送行，且奉新詩一軸，至於執事，凡二十章，率有興比，淫文艷韻無一字焉。意者欲足下在途諷讀，且以遣日時、銷憂懣，又有以張直氣而扶壯心也。及足下到江陵，寄在路所為詩十七章，凡五六千言，言有為，章有旨，迨於宮律體裁，皆得作者風。發緘開卷，且喜且怪。僕思牛僧孺戒，不能示他人，唯與杓直、拒非及樊宗師輩三四人，時一吟讀，心甚貴重。然竊思之：豈僕所奉者二十章，遽能開足下聰明，使之然耶？抑又不知足下是行也，天將屈足下之道，激足下之心，使感時發憤而臻於此耶？

若兩不然者，何立意措辭，與足下前時詩如此之相遠也？僕既羨足下詩，又
憐足下心，盡欲引狂簡而和之。屬直宿拘牽，居無暇日，故不即時如意。旬
月來，多乞病假，假中稍閑，且摘卷中尤者，繼成十章，亦不下三千言。其
間所見，同者固不能自異，異者亦不能強同。同者謂之和，異者謂之答，并
別錄〈和夢遊春詩〉一章，各附於本篇之末，餘未和者，亦續致之。頃者在
科試間，常與足下同筆硯，每下筆時輒相顧，共患其意太切而理太周，故理
太周則辭繁，意太切則言激。然與足下為文，所長在於此，所病亦在於此。
足下來序，果有詞犯文繁之說。今僕所和者，猶前病也。待與足下相見日，
各引所作，稍刪其煩而晦其義焉。餘具書白。（元唱白和）

思歸樂　　　元稹

山中思歸樂，盡作思歸鳴。爾是此山鳥，安得失鄉名。應緣此山
路，自古離人征。陰愁感和氣，俾爾從此生。我雖失鄉去，我無失鄉
情。慘舒在方寸，寵辱將何驚。浮生居大塊，尋丈可寄形。身安即形
樂，豈獨樂咸京。命者道之本，死者天之平。安問遠與近，何言殤與
彭？君看趙工部，八十支體輕。交州二十載，一到長安城。長安不須
臾，復作交州行。交州又累歲，移鎮廣與荊。歸朝新天子，濟濟為上
卿。肌膚無瘴色，飲食康且寧。長安一晝夜，死者如隕星。喪車四門
出，何關炎瘴縈？況我三十二，百年未半程。江陵道途近，楚俗雲水
清。遐想玉泉寺，久聞峴山亭。此去盡綿歷，豈無心賞并。紅殍日充
腹，碧澗朝析酲。開門待賓客，寄書安弟兄。閑窮四聲韻，悶閱九部
經。身外皆委順，眼前隨所營。此意久已定，誰能求苟榮？所以官甚
小，不畏權勢傾。傾心豈不易，巧詐神之刑。萬物有本性，況復人性
靈。金埋無土色，玉墜無瓦聲。劍折有寸利，鏡破有片明。我可俘為
囚，我可刃為兵。我心終不死，金石貫以誠。此誠患不至，誠至道亦
亨。微哉滿山鳥，叫噪何足聽！

和思歸樂　　　白居易

山中不栖鳥，夜半聲嚶嚶。似道思歸樂，行人掩泣聽。皆疑此山
路，遷客多南征。憂憤氣不散，結化為精靈。我謂此山鳥，本不因人
生。人心自懷土，想作思歸鳴。孟嘗平居時，娛耳琴泠泠。雍門一言

感，未奏淚沾纓。魏武銅雀妓，日與歡樂并。一旦西陵望，欲歌先涕零。峽猿亦無意，隴水復何情？為入愁人耳，皆為腸斷聲。請看元侍御，亦宿此郵亭。因聽思歸鳥，神氣獨安寧。問君何以然，道勝心自平。雖為南遷客，如在長安城。云得此道來，何慮復何營？窮達有前定，憂喜無交爭。所以事君日，持憲立天庭。雖有迴天力，撓之終不傾。況始三十餘，年少有直名。心中志氣大，眼前爵祿輕。君恩若雨露，君威若雷霆。退不苟免難，進不曲求榮。在火辨玉性，經霜識松貞。展禽任三黜，靈均長獨醒。獲戾自東洛，貶官向南荊。再拜辭闕下，長揖別公卿。荊州又非遠，驛路半月程。漢水照天碧，楚山插雲青。江陵橘似珠，宜城酒如餳。誰謂譴謫去，未妨遊賞行。人生百歲內，天地暫寓形。太倉一稊米，大海一浮萍。身委《逍遙》篇，心付頭陀經。尚達生死觀，寧為寵辱驚？中懷苟有主，外物安能縈？任意思歸樂，聲聲啼到明。

陽城驛　　元稹

商有陽城驛，名同陽道州。陽公沒已久，感我淚交流。昔公孝父母，行與曾閔儔。既孤善兄弟，兄弟和且柔。一夕不相見，若懷三歲憂。遂誓不婚娶，沒齒同衾裯。妹夫死他縣，遺骨無人收。公令季弟往，公與仲弟留。相別竟不得，三人同遠遊。共負他鄉骨，歸來藏故丘。棲遲居夏邑，邑人無苟偷。里中競長短，來問劣與優。官刑一朝恥，公短終身羞。公亦不遺布，人自不盜牛，問公何聽爾，忠信先自修。發言當道理，不顧黨與讎。聲香漸翕習，冠蓋若雲浮。少者從公學，老者從公遊。往來相告報，縣尹與公侯。名落公卿口，湧如波薦舟。天子得聞之，書下再三求。書中願一見，天異旱地虯。何以持為聘？束帛藉琳球。何以持為御？駟馬駕安輈。公方伯夷操，事殷不事周。我實唐士庶，食唐之田疇。我聞天子憶，安敢專自由？來為諫大夫，朝夕侍冕旒。希夷惇薄俗，密勿獻良籌。神醫不言術，人瘼曾暗瘳。月請諫官俸，諸弟相對謀。皆曰親戚外，酒散目前愁。公云不有爾，安得此嘉猷？施餘盡酤酒，客來相獻酬。日旰不謀食，春深仍弊裘。人心良戚戚，我樂獨油油。貞元歲云暮，朝有曲如鈎。風波勢奔

蹙，日月光綢繆。齒牙屬為猾，禾黍暗生蟊。豈無司言者，肉食吞其喉。豈無司搏者，利柄扼其韇。鼻復勢氣塞，不得辨薰猶。公雖未顯諫，惴惴如患瘤。飛章八九上，皆若珠暗投。炎炎日將燬，積燎無人抽。公乃帥其屬，決諫同報仇。延英殿門外，叩閣仍叩頭。且曰事不止，臣諫誓不休。上知不可遏，命以美語酬。降官司成署，俾之為贅疣。姦心不快活，擊刺礪戈矛。終為道州去，天道竟悠悠。遂令不言者，反以言為訧。喉舌坐成木，鷹鸇化為鳩。避權如避虎，冠豸如冠猴。平生附我者，詩人稱好逑。私來一執手，恐若墜諸溝。送我不出戶，決我不迴眸。唯有太學生，各具糧與糇。咸言公去矣，我亦去荒陬。公與諸生別，步步駐行騶。有生不可訣，行行過閩甌。為師得如此，得為賢者不？道州聞公來，鼓舞歌且謳。昔公居夏邑，狎人如狎鷗。況自為刺史，豈復援鼓枹。滋章一時罷，教化天下遒。炎瘴不得老，英華忽已秋。有鳥哭楊震，無兒悲鄧攸。唯餘門弟子，列樹松與楸。今來過此驛，若弔汨羅洲。祠曹諱羊祜，此驛何不侔。我願避公諱，名為避賢郵。此名有深意，蔽賢天所尤。吾聞玄元教，日月冥九幽。幽陰蔽翳者，永為幽陰囚。

和陽城驛　　白居易

商山陽城驛，中有歎者誰？云是元監察，江陵謫去時。忽見此驛名，良久涕欲垂。何故陽道州，名姓同於斯？憐君一寸心，寵辱誓不移。疾惡若巷伯，好賢如緇衣。沉吟不能去，意者欲改為。改為避賢驛，大署於門楣。荊人愛羊祜，戶曹改為辭。一字不忍道，況兼姓呼之。因題八百言，言直文甚奇。詩成寄與我，鏘若金和絲。上言陽公行，友悌無等夷。骨肉同衾裯，至死不相離。次言陽公迹，夏邑始棲遲。鄉人化其風，少長皆孝慈。次言陽公道，終日對酒卮。兄弟笑相顧，醉貌紅怡怡。次言陽公節，謇謇居諫司。誓心除國蠹，決死犯天威。終言陽公命，左遷天一涯。道州炎瘴地，身不得生歸。一一皆實錄，事事無子遺。凡是為善者，聞之惻然悲。道州既已矣，往者不可追。何世無其人？來者亦可思。顧以君子文，告彼大樂師。附於雅歌末，奏之白玉墀。天子聞此章，教化如法施。直諫從如流，佞臣惡如

疵。宰相聞此章，政柄端正持。進賢不知倦，去邪勿復疑。憲臣聞此章，不敢懷依違。諫官聞此章，不忍縱詭隨。然後告史氏，舊史有前規。若作陽公傳，欲令後世知。不勞敍世家，不用費文辭。但於國史上，全錄元稹詩。

桐花　　元稹

朧月上山館，紫桐垂好陰。可憐暗澹色，無人知此心。舜沒蒼梧野，鳳歸丹穴岑。遺落在人世，光華那復深。年年怨春意，不競桃杏林。唯占清明後，牡丹還復侵。況此空館閉，云誰恣幽尋。徒煩鳥噪集，不語山嶔岑。滿院青苔地，一樹蓮花簪。自開還自落，暗芳終暗沉。爾生不得所，我願裁為琴。安置君王側，調和元首音。安問宮徵角，先辯雅鄭淫。宮絃春以君，君若春日臨。商絃廉以臣，臣作旱天霖。人安角聲暢，人困羽不任。羽以類萬物，祆物神不歆。徵以節百事，奉事罔不欽。五者苟不亂，天命乃可忱。君若問孝理，彈作《梁山吟》。君若事宗廟，祔以和球琳。君若不好諫，願獻觸疏箴。君若不罷獵，請聽荒于禽。君若侈臺殿，雍門可霑襟。君若傲賢儁，鹿鳴有食芩。君聞祈招什，車馬勿駸駸。君若欲敗度，中有式如金。君聞薰風操，志氣在愔愔。中有阜財語，勿受來獻琛。北里當絕聽，禍莫大於淫。南風苟不競，無往遺之擒。姦聲不入耳，巧言寧孔壬。梟音亦云革，安得滲與祲？天子既穆穆，羣林亦森森。劍士還農野，絲人歸織紝。丹鳳巢阿閣，文魚游碧潯。和氣浹寰海，易若溉蹄涔。改張乃可鼓，此語無古今。非琴獨能爾，事有諭因針。感爾桐花意，閑怨杳難禁。待我持斤斧，置君為大琛。

答桐花　　白居易

山本多翁鬱，茲桐獨亭亭。葉重碧雲片，花簇紫霞英。是時三月天，春暖山雨晴。夜色向月淺，暗香隨風輕。行者多商賈，居者悉黎氓。無人解賞愛，有客獨屏營。手攀花枝立，足蹋花影行。生憐不得所，死欲揚其聲。截為天子琴，刻作古人形。云待我成器，薦之於穆清。誠是君子心，恐非草木情。胡為愛其華，而反傷其生？老龜被刳腸，不如無神靈。雄雞自斷尾，不願為犧牲。況此好顏色，花紫葉青

青。宜遂天地性，忍加刀斧刑。我思五丁力，拔入九重城。當君正殿栽，花葉生光晶。上對月中桂，下覆階前蓂。汎拂香爐煙，隱映斧藻屏。為君布綠陰，當暑蔭軒楹。沉沉綠滿地，桃李不敢爭。為君發清韻，風來如叩瓊。泠泠聲滿耳，鄭衛不足聽。受君封植力，不獨吐芬馨。助君行春令，開花應清明。受君雨露恩，不獨含芳榮。戒君無戲言，剪葉封弟兄。受君歲月功，不獨資生成。為君長高枝，鳳凰上頭鳴。一鳴君萬歲，壽如山不傾。再鳴萬人泰，泰階為之平。如何有此用，幽滯在巖坰？歲月不爾駐，孤芳坐凋零。請向桐枝上，為余題姓名。待余有勢力，移爾獻丹庭。

大觜烏　　元稹

陽烏有二類，觜白者名慈。求食哺慈母，因以此名之。飲啄頗廉儉，音響亦柔雌。百巢同一樹，棲宿不復疑。得食先返哺，一身長苦贏。緣知五常性，翻被眾禽欺。其一觜大者，攫搏性貪癡。有力強如鶻，有爪利如錐。音聲甚妖嗂，潛通妖怪詞。受日餘光庇，終天無死期。翺翔富人屋，棲息屋前枝。巫言此烏至，財產日豐宜。主人一心惑，誘引不知疲。轉見烏來集，自言家轉孳。白鶴門外養，花鷹架上維。專聽烏喜怒，信受若神龜。舉家同此意，彈射不復施。往往清池側，卻令鵁鸊隨。羣烏飽梁肉，毛羽色澤滋。遠近恣所往，貪殘無不為。巢禽攫雛卵，廄馬啄瘡痍。滲瀝脂膏盡，鳳皇那得知？主人一朝病，爭向屋簷窺。呦嚶呼羣鵬，翩翻集怪鴟。主人偏養者，嘯聚最奔馳。夜半仍驚噪，鴞鵩逐老狸。主人病心怯，燈火夜深移。左右雖無語，奄然皆淚垂。平明天出日，陰魅走參差。烏來屋簷上，又惑主人兒。兒即富家業，玩好方愛奇。占募能言鳥，置者許高貲。隴樹巢鸚鵡，言語好光儀。美人傾心獻，雕籠身自持。求者臨軒坐，置在白玉墀。先問烏中苦，便言烏若斯。眾烏齊搏鑠，翠羽幾離披。遠擲千餘里，美人情亦衰。舉家懲此患，事烏踰昔時。向言池上鷺，啄肉寢其皮。夜漏天終曉，陰雲風定吹。況爾烏何者，數極不知危。會結彌天網，盡取一無遺。常令阿閣上，宛宛宿長離。

和大觜烏　　白居易

烏者種有二，名同性不同。觜小者慈孝，觜大者貪庸。觜大命又長，生來十餘冬。物老顏色變，頭毛白茸茸。飛來庭樹上，初但驚兒童。老巫生姦計，與烏意潛通。云此非凡鳥，遙見起敬恭。千歲乃一出，喜賀主人翁。祥瑞來白日，神聖占知風。陰作北斗使，能為人吉凶。此烏所止家，家產日夜豐。上以致壽考，下可宜田農。主人富家子，身老心童蒙。隨巫拜復祝，婦姑亦相從。殺雞薦其肉，敬若禮六宗。烏喜張大觜，飛接在虛空。烏既飽膻腥，巫亦饗甘濃。烏巫互相利，不復兩西東。日日營巢窟，稍稍近房櫳。雖生八九子，誰辨其雌雄？羣雛又成長，眾觜騁殘兇，探巢吞燕卵，入簇啄蠶蟲。豈無乘秋隼？羈絆委高墉。但食烏殘肉，無施搏擊功。亦有能言鸚，翅碧觜距紅。暫曾說烏罪，囚閉在深籠。青青窗前柳，鬱鬱井上桐。貪烏占栖息，慈烏獨不容。慈烏爾奚為，來往何憧憧。曉去先晨鼓，暮歸後昏鐘。辛苦塵土間，飛啄禾黍叢。得食將哺母，飢腸不自充。主人憎慈烏，命子削彈弓。弦續會稽竹，丸鑄荊山銅。慈烏求母食，飛下爾庭中。數粒未入口，一丸已中胸。仰天號一聲，似欲訴蒼穹。反哺日未足，非是惜微躬。誰能持此冤，一為問化工？胡然大觜烏，竟得天年終？

四皓廟　　元稹

巢由昔避世，堯舜不得臣。伊呂雖急病，湯武乃可君。四賢胡為者？千載名氛氳。顯晦有遺跡，前後疑不倫。秦政虐天下，黷武窮生民。諸侯戰必死，壯士眉亦顰。張良韓孺子，椎碎屬車輪。遂令英雄意，日夜思報秦。先生相將去，不復嬰世塵。雲卷在孤岫，龍潛為小鱗。秦皇轉無道，諫者鼎鑊親。茅焦脫衣諫，先生無一言。趙高殺二世，先生如不聞。劉項取天下，先生游白雲。海內八年戰，先生全一身。漢業日已定，先生名亦振。不得為濟世，宜哉為隱淪。如何一朝起，屈作諸貳賓。安存孝惠帝，摧悴戚夫人。捨大以謀細，虬盤而蠖伸。惠帝竟不嗣，呂氏禍有因。雖懷安劉志，未若周與陳。皆落子房術，先生道何屯。出處貴明白，故吾今有云。

答四皓廟　　白居易

天下有道見，無道卷懷之。此乃聖人語，吾聞諸仲尼。矯矯四先生，同稟希世資。隨時有顯晦，秉道無磷緇。秦皇肆暴虐，二世遭亂離。先生相隨去，商嶺采紫芝。君看秦獄中，戮辱者李斯。劉項爭天下，謀臣競悅隨。先生如鸞鶴，去入冥冥飛。君看齊鼎中，燋爛者酈其。子房得沛公，自謂相遇遲。八難掉舌樞，三略役心機。辛苦十數年，晝夜形神疲。竟雜霸者道，徒稱帝者師。子房爾則能，此非吾所宜。漢高之季年，嬖寵鍾所私。冢嫡欲廢奪，骨肉相憂疑。豈無子房口？口舌無所施。亦有陳平心，心計將何為？皤皤四先生，高冠危映眉。從容下南山，顧盻入東闈。前瞻惠太子，左右生羽儀。卻顧戚夫人，楚舞無光輝。心不畫一計，口不吐一詞。暗定天下本，遂安劉氏危。子房吾則能，此非爾所知。先生道既光，太子禮甚卑。安車留不住，功成棄如遺。如彼旱天雲，一雨百穀滋。澤則在天下，雲復歸希夷。勿高巢與由，勿尚呂與伊。巢由往不返，伊呂去不歸。豈如四先生，出處兩逶迤。何必長隱逸，何必長濟時？由來聖人道，無朕不可窺。卷之不盈握，舒之亘八陲。先生道甚明，夫子猶或非。願子辨其惑，為予吟此詩。

雉媒　　元稹

雙雉在野時，可憐同嗜欲。毛衣前後成，一種文章足。一雉獨先飛，衝開芳草綠。網羅幽草中，暗被潛羈束。剪刀摧六翮，絲線縫雙目。啖養能幾時，依然已馴熟。都無舊性靈，返與他心腹。置在芳草中，翻令誘同族。前時相失者，思君意彌篤。朝朝舊處飛，往往巢邊哭。今朝樹上啼，哀音斷還續。遠見爾文章，知君草中伏。和鳴忽相召，鼓翅遙相矚。畏我未肯來，又啄翳前粟。斂翮遠投君，飛馳勢奔蹙。胃挂在君前，向君聲促促。信君決無疑，不道君相覆。自恨飛太高，疏羅偶然觸。看看架上鷹，擬食無罪肉。君意定何如，依舊雕籠宿。

和雉媒　　白居易

吟君雉媒什，一哂復一歎。知之一何晚，今日乃成篇。豈唯鳥有

之，抑亦人復然。張陳刎頸交，竟以勢不完。至今不平氣，塞絕泚水源。趙襄骨肉親，亦以利相殘。至今不善名，高於磨笄山。況此籠中雉，志在飲啄間。稻粱暫入口，性已隨人遷。身苦亦自忘，同族何足言。但恨為媒拙，不足以自全。勸君今日後，養鳥養青鸞。青鸞一失侶，至死守孤單。勸君今日後，結客結任安。主人賓客去，獨住在門闌。

松樹　　元稹

華山高憧憧，上有高高松。株株遙各各，葉葉相重重。槐樹夾道植，枝葉俱冥蒙。既無貞直幹，復有冒挂蟲。何不種松樹，使之搖清風，秦時已曾種。憔悴種不供。可憐孤松意，不與槐樹同。閑在高山頂，樛盤虬與龍。屈為大廈棟，庇陰侯與公。不肯作行伍，俱在塵土中。

和松樹　　白居易

亭亭山上松，一一生朝陽。森聳上參天，柯條百尺長。漠漠塵中槐，兩兩夾康莊。婆娑低覆地，枝幹亦尋常。八月白露降，槐葉次第黃。歲暮滿山雪，松色鬱青蒼。彼如君子心，秉操貫冰霜。此如小人面，變態隨炎涼。共知松勝槐，誠欲栽道傍。糞土種瑤草，瑤草終不芳。尚可以斧斤，伐之為棟梁。殺身獲其所，為君構明堂。不然終天年，老死在南崗。不願亞枝葉，低隨槐樹行。

箭鏃　　元稹

箭鏃本求利，淬礪良甚難。礪將何所用，礪以射凶殘。不礪射不入，不射人不安。為盜即當射，寧問私與官。夜射官中盜，中之血闌干。帶箭君前訴，君王悄不歡。頃曾為盜者，百箭中心攢。競將兒女淚，滴瀝助辛酸。君王責良帥，此禍誰為端？帥言發硎罪，不使刃稍刓。君王不忍殺，逐之如迸丸。仍令後來箭，盡可頭團團。發硎去雖遠，礪鏃心不闌。會射蛟螭盡，舟行無惡瀾。

答箭鏃　　白居易

矢人職司憂，為箭恐不精。精在利其鏃，錯磨鋒鏑成。插以青竹

簳，羽之赤雁翎。勿言分寸鐵，為用乃長兵。聞有狗盜者，晝伏夜潛行。摩弓拭箭鏃，夜射不待明。一盜既流血，百犬同吠聲；猲猲嗥不已，主人為之驚。盜心憎主人，主人不知情。反責鏃太利，矢人獲罪名。寄言控弦言者，願君少留聽。何不向西射？西天有狼星。何不向東射？東海有長鯨。不然學仁貴，三矢平虜庭。不然學仲連，一發下燕城。胡為射小盜？此用無乃輕。徒沾一點血，虛污箭頭腥。

古社　　元稹

古社基阯在，人散社不神。唯有空心樹，妖狐藏魅人。狐惑意顛倒，臊腥不復聞。兵墳變城郭，花草仍荊榛。良田千萬頃，占作天荒田。主人議芟斫，怪見不敢前。那言空山燒，夜隨風馬奔。飛聲鼓鼙震，高熖旗幟翻。逡巡荊棘盡，狐兔無子孫。狐死魅人醒，煙消壇墠存。繞壇舊田地，給授有等倫。農收村落盛，社樹新團圓。社公千萬歲，永保村中民。

和古社　　白居易

廢村多年樹，生在古社隈。為作妖狐窟，心空身未摧。妖狐變美女，社樹成樓臺。黃昏行人過，見者心徘徊。飢鷹竟不捉，老犬反為媒。歲媚少年客，十去九不迴。昨夜雲雨合，烈風驅迅雷。風拔樹根出，雷霹社壇開。飛電化為火，妖狐燒作灰。天明至其所，清曠無氛埃。舊地葺村落，新田闢荒萊。始知天降火，不必常為災。勿謂神默默，勿謂天恢恢。勿喜犬不捕，勿誇鷹不猜。寄言狐媚者，天火有時來。

西明寺牡丹　　元稹

花向琉璃地上生，光風炫轉紫雲英。自從天女盤中見，直至今朝眼更明。

西明寺牡丹花時憶元九　　白居易

前年題名處，今日看花來。一作芸香吏，三見牡丹開。豈獨花堪惜，方知老暗催。何況尋花伴，東都去未迴。記知紅芳側，春盡思悠哉。

分水嶺　　元稹

崔嵬分水嶺，高下與雲平。上有分流水，東西隨勢傾。朝同一源出，暮隔千里情。風雨各自異，波瀾相背驚。勢高競奔注，勢曲已廻縈。偶值當途石，蹙縮又縱橫。有時遭孔穴，變作嗚咽聲。褊淺無所用，奔波奚所營？團團井中水，不復東西征。上應美人意，中涵孤月明。旋風四面起，井深波不生。堅冰一時合，井深凍不成。終年汲引絕，不耗復不盈。五月金石鑠，既寒亦既清。易時不易性，改邑不改名。定如拱北極，瑩若燒玉英。君門客如水，日夜隨勢行。君看守心者，井水為君盟。

和分水嶺　　白居易

高嶺峻稜稜，細泉流矗矗。勢分合不得，東西隨所委。悠悠草蔓底，濺濺石罅裏。分流來幾年，晝夜兩如此。朝宗遠不及，去海三千里。浸潤小無功，山苗長旱死。縈紆用無所，奔迫流不已。唯作嗚咽聲，夜入行人耳。有源殊不竭，無坎終難至。同出而異流，君看何所似？有似骨肉親，派別從茲始。又似勢利交，波瀾相背起。所以贈君詩，將君何所比？不比山上泉，比君井中水。

東南行一百韻寄通州元九侍御灃州李十一舍人果州崔二十二使君開州韋大員外庾三十二補闕杜十四拾遺李二十助教員外竇七校書　　白居易

南去經三楚，東來過五湖。山頭看候館，水面問征途。地遠窮江界，天低極海隅。飄零同落葉，浩蕩似乘桴。漸覺鄉原異，深知土產殊。夷音語嘲哳，蠻態笑睢盱。水市通闤闠，煙村混舳艫。吏徵魚戶稅，人納火田租。亥日饒蝦蟹，寅年足虎貙。成人男作卝，事鬼女為巫。樓闇攢倡婦，隄喧簇販夫。夜船論鋪賃，春酒斷瓶沽。見果多盧橘，聞禽悉鸕鶿。山歌猿獨叫，野哭鳥相呼。嶺徼雲成棧，江郊水當郛。月橋翹柱鶴，風汛颭檣烏。黿磧潮無信，蛟驚浪不虞。鼉鳴泉窟室，蜃結氣浮圖。樹裂山魈穴，沙含水弩樞。喘牛犁紫芋，羸馬放青菰。繡面誰家婢、鴉頭幾歲奴？泥中採菱芡，燒後拾樵蘇。鼎膩愁烹

鼃，盤腥厭膾鱸。鍾儀徒戀楚，張翰浪思吳。氣序涼還熱，光陰旦復晡。身方逐萍梗，年欲近桑榆。渭北田園廢，江西歲月徂。憶歸恒慘澹，懷舊忽踟躕。自念咸秦客，嘗為鄒魯儒。蘊藏經國術，輕棄度關繻。賦力凌鸚鵡，詞鋒敵轆轤。戰文重掉鞅，射策一彎弧。崔杜鞭齊下，元韋轡並驅。名聲逼揚馬，交分過蕭朱。世務經磨揣，周行竊覬覦。風雲皆會合，雨露各霑濡。共偶昇平代，偏慚固陋軀。承明連夜直，建禮拂晨趨。美服頒王府，珍羞降御廚。議高通白虎，諫切伏青蒲。柏殿行陪宴，花樓走看酺。神旗張鳥獸，天籟動笙竽。丸劍星芒耀，魚龍電策驅。定場排漢旅，促座進吳歈。縹緲疑仙樂，嬋娟勝畫圖。歌鬟低翠羽，舞汗墮紅珠。別選閑遊伴，潛招小飲徒。一盃愁已破，三盞氣彌粗。軟美仇家酒，幽閑葛氏姝。十千方得斗，二八正當壚。論笑杓胡砕，談憐輞囁嚅。李酣尤短窶，庾醉更蹣跚。鞍馬呼教住，骰盤喝遣輸。長驅波卷白，連擲采成盧。<small>骰盤、卷白波、莫走、鞍馬、皆當時酒令。</small>籌併頻逃席，觥嚴別置盂。滿巵那可灌，頹玉不勝扶。人覷中樞草，歸乘內廄駒。醉曾衝宰相，驕不揖金吾。日近恩雖重，雲高勢却孤。翻身落霄漢，失腳到泥塗。博望移門籍，潯陽佐郡符。<small>予自太子贊善大夫出為江州司馬。</small>時情變寒暑，世利算錙銖。即日辭雙闕，明朝別九衢。播遷分郡國，次第出京都。<small>十年春，微之移佐通州。其年秋，予出佐潯陽。明年冬，杓直出牧澧州，崔二十二出牧果州，韋大牧開州。</small>秦嶺馳三驛，商山上二邘。<small>商山險道中，有東西二邘。</small>峴陽亭寂寞，夏口路崎嶇。大道全生棘，中丁盡執殳。江關未徹警，淮寇尚稽誅。<small>時淮西未平，路經襄、鄂二州界，所見如此。</small>林對東西寺，山分大小姑。<small>東林、西林寺在廬山北，大姑、小姑在廬山南彭蠡湖中。</small>廬峯蓮刻削，湓浦帶縈紆。<small>蓮花峯在廬山北，湓水在江城南。何遜詩云：「湓城對湓水，湓水縈如帶。」</small>九派吞青草，<small>潯陽江九派，南通青草、洞庭湖。</small>孤城覆綠蕪。<small>南方城壁，多以草覆。</small>黃昏鐘寂寂，清曉角鳴鳴。春色辭門柳，秋聲到井梧。殘芳悲鶗鴂，<small>音啼決，見《楚詞》。</small>暮節感茱萸。藥圻金英菊，花飄雪片蘆。波紅日斜沒，沙白月平鋪。幾見林抽筍、頻驚燕引鶵。歲華何倏忽、年少不須臾。眇默思千古，蒼茫想八區。孔窮緣底事、顏夭有何辜？龍智猶經醢，龜靈未免刳。窮通應已定，聖哲不能逾。況我身謀拙，

逢他厄運拘。漂流隨大海，鎚鍛任洪爐。險阻嘗之矣，栖遲命也夫。
沈冥消意氣，窮餓耗肌膚。防瘴和殘藥，迎寒補舊襦。書牀鳴蟋蟀，
琴匣網蜘蛛。貧室如懸磬，端憂劇守株。時遭人指點，數被鬼揶揄。
兀兀都疑夢，昏昏半似愚。女驚朝不起，妻怪夜長吁。萬里拋朋侶，
三年隔友于。自然悲聚散，不是恨榮枯。去夏微之瘧，今春席八徂。
天涯書達否、泉下哭知無？去年，聞元九瘴瘧，書去竟未報。今春，聞席八歿。久
與還往，能無慟矣！謾寫詩盈卷，空盛酒滿壺。只添新悵望，豈復舊歡娛？
壯志因愁減，衰容與病俱。相逢應不識，滿頷白髭鬚。

酬樂天東南行詩一百韻　并序　　　　元稹

　　元和十年三月二十五日，予司馬通州，二十九日與樂天於鄂東蒲池村別，
各賦一絕。到通州後，予又寄一篇，尋而樂天貺予八首。予時瘴病將死，一
見外不復記憶。十三年，予以赦當遷，簡省書籍，得是八篇。吟歎方極，適
崔果州使至，爲予致樂天去年十二月二日書。書中寄予百韻至兩韻凡二十四
章，屬李景信校書自忠州訪予，連床遞飲之間，悲咤使酒。不三兩日，盡和
去年已來三十二章皆畢，李生視草而去。四月十三日，予手寫爲上、下卷，
仍依次重用本韻，亦不知何時得見樂天，因人或寄去，通之人莫可與言詩者，
唯妻淑在旁知狀。其本卷尋時於峽州面付樂天。別本都在唱和卷中。此卷唯五言大律詩二
首而已。

　　我病方吟越，君行已過湖。元和十年閏六月至通州，染瘴危重。八月聞樂天
司馬江州。去應緣直道，哭不為窮途。亞竹寒驚牖，空堂夜向隅。暗魂
思背燭，危夢怯乘桴。此後每聯之內，半述巴蜀土風，半述江鄉物產。坐痛筋骸
憊，旁嗟物候殊。雨蒸蟲沸渭，浪湧怪睢盱。索綆飄蚊蚋，蓬麻鶖舳
艫。短簷苫稻草，微俸封漁租。泥浦喧撈蛤，荒郊險鬬貙。鯨吞近溟
漲，猿鬧接黔巫。芒屩泅牛婦，丫頭蕩槳夫。酢醋荷裹賣，醨酒水淋
沽。巴民造酒如淋醋法。舞態翻鸜鵒，歌詞咽鷓鴣。夷音啼似笑，蠻語謎
相呼。江郭船添店，山城木竪郛。吠聲沙市犬，爭食墓林烏。獷俗誠
堪憚，妖神甚可虞。欲令仁漸及，已被瘴潛圖。膳減思調鼎，行稀恐
蠹樞。雜葇多剖鱔，和黍半蒸菰。綠穄新菱實，金丸小木奴。巴橘，酸
澀，大如彈丸。芋羹真暫澹、麖炙漫塗蘇。魚鼈那勝笒，烹鯱只似鱸。通

州俗以鯢魚爲膾。楚風輕似蜀，巴地濕如吳。氣濁星難見，州斜日易晡。通宵但雲霧，未酉即桑榆。此後並言巴中風俗。瘴窟蛇休蟄，炎溪暑不徂。倀魂陰叫嘯，鵬貌晝踟躕。鄉里家藏蠱，官曹世乏儒。斂緡偷印信，傳箭作符繻。椎髻拋巾幗，鑱刀代轆轤。當心鞲銅鼓，背弝射桑弧。巴民盡射木弓，仍於弓左安箭。豈復民旽料，須將鳥獸驅。是非渾並漆，辭訟敢研朱。陋室鴞窺伺，衰形蟒覬覦。鬢毛霜點合，襟淚血痕濡。倍憶京華伴，偏忘我爾軀。此後並言與樂天同科，共遊處等事。謫居今共遠，榮路惜同趨。科試銓衡局，衙參典校廚。書判同年，校正同省。月中分桂樹、天上識昌蒲。應召蓬鴻澤，陪游值賜酺。心唯撞衛磬，耳不亂齊竽。此後並言同應制時事。海岱詞鋒截，皇王筆陣驅。疾奔凌驌驦，高唱軋吳歈，點檢張儀舌，提攜傅說圖。擺囊看利穎，開額出明珠。並取千人特，皆非十上徒。白麻雲色膩，墨詔電光粗。眾口貪歸美，何顏敢妒姝。秦臺納紅旭，酆匣洗黃壚。諫獵寧規避，彈豪詎囁嚅。肺肝憎巧曲，蹊徑絕縈迂。誓遣朝綱振，忠饒翰苑輸。元和四年爲監察御史，樂天爲翰林學士。驥調方汗血，蠅點忽成盧。遂謫栖遑掾，還飛送別盂。痛嗟親愛隔，顚望友朋扶。狸病翻隨鼠，驄羸返作駒。物情良徇俗，時論太誣吾。瓶罄罍偏恥，松摧柏自枯。虎雛遭陷穽，龍不怕泥塗。此已上並述五年貶掾江陵，樂天亦遭羅謗鑠。重喜登賢苑，方欣左伍符。九年，樂天除太子贊善，予從事唐州也。判身入矛戟，輕敵比錙銖。馹騎來千里，天書下九衢。因教罷飛檄，便許到皇都。十年春，自唐州詔予召入京。舟敗罃浮漢，駸疲杖過邠。郵亭一蕭索，烽候各崎嶇。餒餉人推輅，誰何吏執殳？跛家逃力役，連鎖責逋誅。防戍兄兼弟，收田婦與姑。縑緗工女竭，青紫使臣紆。望國參雲樹，歸家滿地蕪。破窗塵垺垺，幽院鳥鳴嗚。此已下並言靖安里無人居，觸目荒涼。祖竹叢新筍，孫枝壓舊梧。晚花狂蛺蝶，殘蔕宿茱萸。始悟摧林秀，因銜避繳蘆。文房長遣閉，經肆未曾鋪。鵷鷺方求侶，鴟鳶已嚇雛。徵還何鄭重，斥去亦須臾。迢遞投遐徼，蒼黃出奧區。通川誠有咎，溢口定無辜。三月積之通川，八月樂天之江州。利器從頭匣，剛腸到底刳。薰猶任盛貯，稊稗莫超踰。公幹經時臥，鍾儀幾歲拘？光陰流似水，蒸癙熱於鑪。薄命知然也，深交有矣夫。救焚期骨肉，

投分刻肌膚。本題云：寄澧州李十一舍人，果州崔二十二員外，開州韋大員外，通州元九侍御，庾三十三補闕，杜十四拾遺，李二十助教，竇七校書，兼投弔席八舍人。二妙馳軒陛，三英詠袴襦。庾三十二，杜二十四並居北省，李十一、崔二十二，韋大各典方州。李多嘲螼蜓，竇數集蜘蛛。李二十雅善歌詩，固多詠物之作。竇七頻改官銜，屢有蜘蛛之喜。數子皆奇貨，唯予獨朽株。邯鄲笑匍匐，燕蒯受揶揄。懶學三閭憤，甘齊百里愚。耽眠稀醒素，憑醉少嗟吁。學問徒為爾，書題盡已于。別猶多夢寐，情尚感凋枯。近喜司戎健，尋傷掌誥徂。今日得樂天書，去年聞席八歿。士元名位屈，伯道子孫無。舊好飛瓊翰，新詩灌玉壺。幾催閑處泣，終作苦中娛。廉藺聲相讓，燕秦勢豈俱。此篇應絕倒，休漫捋髭鬚。樂天戲題篇末云：此篇擬打足下寄容州詩，故有戲譽。

雪中即事寄微之　　　白居易

連夜江雲黃慘澹，平明山雪白模糊。銀河沙漲三千里，梅嶺花排一萬株。北市風生飄散麵，東樓日出照凝酥。誰家高士關門戶，何處行人失道途？舞鶴庭前毛稍定，擣衣砧上練新鋪。戲團稚女呵紅手，愁坐衰翁對白鬚。壓瘴一州除疾苦，呈豐萬井盡歡娛。潤含玉德懷君子，寒助霜威憶大夫。莫道煙波一水隔，何妨氣候兩鄉殊。越中地暖多成雨，還有瑤臺瓊樹無？

酬樂天雪中見寄　　　元稹

知君夜聽風蕭索，曉望林亭雪半糊。撼落不教封柳眼，掃來偏盡附梅株。敲扶密竹枝猶亞，煦暖寒禽氣漸蘇。坐覺湖聲迷遠浪，回驚雲路在常途。錢塘湖上蘋先合，梳洗樓前粉暗鋪。石立玉童披鶴氅，臺施瑤席換龍鬚。滿空飛舞應為瑞，寡和高歌只有娛。莫遣擁簾傷思婦，且將盈尺慰農夫。稱觴彼此情何異？對景東西事有殊。鏡水遶山山盡白，琉璃雲母世間無。

秋題牡丹叢　　　白居易

晚叢白露夕，衰葉涼風朝。紅艷久已歇，碧芳今亦銷。幽人坐相

對，心事共蕭條。

和樂天秋題牡丹叢　　元稹

敝宅豔山卉，別來長歎息。吟君晚叢詠，似見摧隤色。欲識別後容，勤過晚叢側。

初除戶曹喜而言志　　白居易

詔授戶曹掾，捧詔感君恩。感恩非為己，祿養及吾親。弟兄俱簪笏，新婦儼衣巾。羅列高堂下，拜慶正紛紛。俸錢四五萬，月可奉晨昏。廩祿二百石，歲可盈倉囷。喧喧車馬來，賀客滿我門。不以我為貪，知我家內貧。置酒延賀客，客容亦歡欣。笑云今日後，不復憂空罇。答云如君言，願君少逡巡。我有平生志，醉後為君陳。人生百歲期，七十有幾人？浮榮及虛位，皆是身之賓。唯有衣與食，此事粗關身，苟免飢寒外，餘物盡浮雲。

和樂天初授戶曹喜而言志　樂天時為左拾遺，歲滿當遷，帝以資淺且家貧，聽自擇官，樂天請以翰林學士兼京兆戶曹參軍以便養親。詔可。　元稹

王爵無細大，得請即為恩。君求戶曹掾，貴以祿奉親。聞君得所請，感我欲霑巾。今人重軒冕，所重華與紛。矜誇仕臺閣，奔走無朝昏。君衣不盈篋，君食不滿囷。君言養既薄，何以榮我門？披誠再三請，天子憐儉貧。詞曹直文苑，捧詔榮且忻。歸來高堂上，兄弟羅酒樽。各稱千萬壽，共飲三四巡。我實知君者，千里能具陳。感君求祿意，求祿殊眾人，上以奉顏色，餘以及親賓。棄名不棄實，謀養不謀身。可憐白華士，永願凌青雲。

贈吳丹　　白居易

巧者力苦勞，智者心苦憂。愛君無巧智，終歲閑悠悠。嘗登御史

府，亦佐東諸侯。手操糾謬簡，心運決勝籌。宦途似風水，君心如虛舟。泛然而不有，進退得自由。今來脫豸冠，時住侍龍樓。官曹稱心靜，居處隨跡幽。冬負南榮日，支體甚溫柔。夏臥北窗風，枕席如涼秋。南山入舍下，酒甕在床頭。人間有閑地，何必隱林丘。顧我愚且昧，勞生殊未休。一入金門直，星霜三四周。主恩信難報，近地徒久留。終當乞閑官，退與夫子遊。

和樂天贈吳丹　　　元稹

不識吳生面，久知吳生道。跡雖染世名，心本奉天老。雌一守命門，迴九填血腦。委氣榮衛和，咽津顏色好。傳聞共甲子，衰隤盡枯槁。獨有冰雪容，纖華奪鮮縞。問人何能爾？吳實曠懷抱。弁冕徒挂身，身外非所寶。伊予固童昧，希真亦云早，石壇玉晨尊，晝夜長自掃。密印視丹田，遊神夢三島，萬過《黃庭經》，一食青精稻。冥搜方朔桃，結念安期棗。綠髮幸未改，丹誠自能保。行當擺塵纓，吳門事探討，君為先此詞，終期搴瑤草。

編者按：

　吳丹：三國魏人，清虛觀道士，世居酇邑，性至孝順，母死葬後，曾於墓側營穴，伴母長達五年之久，晨昏慟哭，聲聞山林。繼訪遊羅浮、青峰諸名山，得吐納丹田伸縮心肺之功，受製煉服食之術，曹操聞其名，召賜左奉駕郎不拜，迹沒江湖，無人知其下落。

初與元九別後忽夢見之及寤而書適至兼寄桐花詩悵然感懷因以此寄　元九初謫江陵　　白居易

永壽寺中語，新昌坊北分。歸來數行淚，悲事不悲君。悠悠藍田路，自去無消息。計君食宿程，已過商山北。昨夜雲四散，千里同月色。曉來夢見君，應是君相憶。夢中握君手，問君意何如。君言苦相憶，無人可寄書。覺來未及說，叩門聲冬冬。言是商州使，送君書一封。枕上忽驚起，顛倒著衣裳。開緘見手札，一紙十三行。上論遷謫心，下說離別腸。心腸都未盡，不暇敘炎涼。云作此書夜，夜宿商州

東。獨對孤燈坐，陽城山館中。夜深作書畢，山月向西斜。月前何所有，一樹紫桐花。桐花半落時，復道正相思。殷勤書背後，兼寄桐花詩。桐花詩八韻，思緒一何深。以我今朝意，憶君此夜心。一章三遍讀，一句十迴吟。珍重八十字，字字化為金。

三月二十四日宿曾峰館夜對桐花寄樂天　　元稹

微月照桐花，月微花漠漠。怨澹不勝情，低徊拂簾幕。葉新陰影細，露重枝條弱。夜久春恨多，風清暗香薄。是夕遠思君，思君瘦如削。但感事暌違，非言官好惡。奏書金鑾殿，步屧青龍閣。我在山館中，滿地桐花落。

寄元九　　白居易

身為近密拘，心為名檢縛。月夜與花時，少逢杯酒樂。唯有元夫子，閑來同一酌。把手或酣歌，展眉時笑謔。今春除御史，前月之東洛。別來未開顏，塵埃滿樽杓。蕙風晚香盡，槐雨餘花落。秋意一蕭條，離容兩寂寞。況隨白日老，共負青山約。誰識相念心，韝鷹與籠鶴。

酬樂天書懷見寄　本題云：初與微之別後，忽夢見之，及寤，而微之書至，兼覽〈桐花〉之什，悵然書懷。此後五章，並次用本韻。

元稹

新昌北門外，與君從此分。街衢走車馬，塵土不見君。君為分手歸，我行行不息。我上秦嶺南，君直樞星北。秦嶺高崔嵬，商山好顏色。月照山館花，裁詩寄相憶。天明作詩罷，草草從所如。憑人寄將去，三月無報書。荊州白日晚，城上鼓鼕鼕。行逢賀州牧，致書三四封。封題樂天字，未坼已霑裳。坼書八九讀，淚落千萬行。中有酬我詩，句句截我腸。仍云得詩夜，夢我魂悽涼。終言作書處，卜直金鑾東。詩書費一夕，萬恨縅其中。中宵宮中出，復見宮月斜。書罷月亦落，曉燈垂暗花。想君書罷時，南望勞所思。況我江上立，吟君懷我

詩。懷我浩無極，江水秋正深。清見萬丈底，照我平生心。感君求友什，因報壯士吟。持謝眾人口，銷盡猶是金。

昔與微之在朝日同蓄休退之心迨今十年淪落老大追尋前約且結後期　白居易

往子為御史，伊余忝拾遺。皆逢盛明代，俱登清近司。予繫玉為珮，子曳繡為衣。從容香煙下，同侍白玉墀。朝見寵者辱，暮見安者危。紛紛無退者，相顧令人悲。宦情君早厭，世事我深知。常於榮顯日，已約林泉期。況今各流落，身病齒髮衰。不作臥雲計，攜手欲何之？待君女嫁後，及我官滿時。稍無骨肉累，粗有漁樵資。歲晚青山路，白首期同歸。

酬樂天　時樂天攝尉予為拾遺　　　元稹

放鶴在深水，置魚在高枝。升沉或異勢，同謂非所宜。君為邑中吏，皎皎鸞鳳姿。顧我何為者？翻侍白玉墀。昔作芸香侶，三載不暫離。逮茲忽相失，旦夕夢魂思。崔巍驪山頂，宮樹遙參差。祇得兩相望，不得長相隨。多君歲寒意，裁作《秋興》詩。上言風塵苦，下言時節移。官家事拘束，安得攜手期。願為雲與雨，會合天之垂。

江樓夜吟元九律詩成三十韻　白居易

昨夜江樓上，吟君數十篇。詞飄朱檻底，韻墮淥江前。清楚音諧律，精微思入玄。收將白雪麗，奪盡碧雲妍。寸截金為句，雙雕玉作聯。八風淒間發，五彩爛相宣。冰扣聲聲冷，珠排字字圓。文頭交比繡，筋骨軟於緜。澒湧同波浪，錚摐過管弦。醴泉流出地，鈞樂下從天。神鬼聞如泣，魚龍聽似禪。星迴疑聚集，月落為留連。雁感無鳴者，猿愁亦悄然。交流遷客淚，停住賈人船。闇被歌姬乞，潛聞思婦傳。斜行題粉壁，短卷寫紅牋。肉味經時忘，頭風當日痊，老張知定伏，短李愛應顛。〔1〕道屈才方振，身閑業始專。天教聲烜赫，理合命迍邅。顧我文章劣，知他氣力全，功夫雖共到，巧拙尚相懸。各有詩

千首，俱拋海一邊。白頭吟處變，青眼望中穿。酬答朝妨食，披尋夜廢眠。老償文債負，宿結字因緣。每歎陳夫子〔2〕，常嗟李謫仙〔3〕。名高折人爵，思苦減天年〔4〕。不得當時遇，空令後代憐。相悲令若此，溢浦與通川。

編者按：句間原詩有注記，並錄供參考對照：

〔1〕張十八籍，李二十紳，皆攻律詩，故云。
〔2〕陳子昂著〈感遇詩〉稱於世。
〔3〕賀知章謂李白為謫仙人。
〔4〕李竟無官，陳亦早天。

酬樂天江樓夜吟穡詩因成三十韻　　元稹

忽見君新句，君吟我舊篇。見當巴徼外，吟在楚江前。思鄙寧通律，聲清遂扣玄。三都時覺重，一顧世稱妍。排韻曾遙答，分題幾共聯？昔憑銀翰寫，今賴玉音宣。布鼓隨椎響，坏泥仰匠圓。鈞因風斷續，珠與調牽綿。阮籍驚長嘯，商陵怨別弦。猿羞啼月峽，鶴讓警秋天。志士潛興感，高僧暫廢禪。興飄滄海動，氣合碧雲連。點綴工微者，吹噓勢特然。休文徒倚檻，彥伯浪廻船。妓樂當筵唱，兒童滿巷傳。改張思婦錦，騰躍賈人箋。魏拙虛教出，曹風敢望痊。定遭才子笑，恐賺學生癲。裁什情何厚，飛書信不專。隼猜鴻蓄縮，虎橫犬逬迍。水墨看雖久，瓊瑤喜尚全。纔從魚裏得，便向市頭懸。夜置堂東序，朝鋪座右邊。手尋韋欲絕，淚滴紙渾穿。甘蔗銷殘醉，醍醐醒早眠。深藏那遽滅，同詠苦無緣。雅羨詩能聖，終嗟藥未仙。五千誠遠道，四十已中年。暗魄多相夢，衰容每自憐。卒章還慟哭，蚊蚋溢山川。

曲江感秋二首　并序　　白居易

元和二年、三年、四年、予每歲有〈曲江感秋〉詩，凡三篇，編在第七集卷。是時余為左拾遺，翰林學士。無何、貶江州司馬，忠州刺史。前年，遷主客郎中，知制誥。未周歲，授中書舍人。今遊曲江，又值秋日，風物不

改，人事屢變。況予中否後遇，昔壯今衰，慨然感懷，復有此作。噫！人生多故，不知明年秋又何許也。時二年（長慶）七月十日云耳。

之一

元和二年秋，我年三十七。長慶二年秋，我年五十一。中間十四年，六年居譴黜。窮通與榮悴，委運隨外物。遂師廬山遠，重弔湘江屈。夜聽竹枝愁，秋看灩堆沒。近辭巴郡印，又秉綸閣筆。晚遇何足言，白髮映朱紱。銷沉昔意氣，改換舊容質。獨有曲江秋，風煙如往日。

之二

疏蕪南岸草，蕭颯西風樹。秋到來幾時，蟬聲又無數。莎平綠茸合，蓮落青房露。今日臨望時，往年感秋處。池中水依舊，城上山如故。獨我鬢間毛，昔黑今垂素。榮名與壯齒，相避如朝暮。時命始欲來，年顏已先去。當春不歡樂，臨老徒驚悞。故作詠懷詩，題於曲江路。

曲江早秋　　白居易

秋波紅蓼水，夕照菁蕪岸。獨信馬蹄行，曲江池四畔。早涼晴後至，殘暑暝來散。方喜炎燠銷，復嗟時節換。我年三十六，冉冉昏復旦。人壽七十稀，七十新過半。且當對酒笑，勿起臨風歎。

曲江感秋　五年作　　白居易

沙草新雨地，岸柳涼風枝。三年感秋意，併在曲江池。早蟬已嘹喨，晚荷復離披。前秋去秋思，一一生此時。昔人三十二，秋興已云悲。我今欲四十，秋懷亦可知。歲月不虛設，此身隨日衰。暗老不自覺，直到鬢成絲。

和樂天秋題曲江　　元稹

十載定交契，七年鎮相隨。長安最多處，多是曲江池。梅杏春尚

小，芰荷秋已衰。共愛寥落境，相將偏此時。綿綿紅蓼水，颺颺白鷺鷥。詩句偶未得，酒杯聊久持。今來雲雨曠，舊賞魂夢知。況乃江楓夕，和君《秋興》詩。

立秋日曲江憶元九　　白居易

下馬柳陰下，獨上堤上行。故人千萬里，新蟬三兩聲。城中曲江水，江上江陵城。兩地新秋思，應同此日情。

春暮寄元九　　白居易

梨花結成實，燕卵化為雛。時物又若此，道情復何如？但覺日月促，不嗟年歲徂。浮生都是夢，老小亦何殊？唯與故人別，江陵初謫居。時時一相見，此意未全除。

酬樂天早夏見懷　　元稹

庭柚有垂實，燕巢無宿雛。我亦辭社燕，茫茫焉所如。君詩夏方早，我歎秋已徂。食物風土異，衾裯時節殊。荒草滿田地，近移江上居。八日復切九，月明侵半除。

寄蘄州簟與元九因題六韻　時元九鰥居　　白居易

笛竹出蘄春，霜刀劈翠筠。織成雙人簟，寄與獨眠人。卷作筒中信，舒為席上珍。滑如鋪薤葉，冷似臥龍鱗。清潤宜乘露，鮮華不受塵。通州炎瘴地，此物最關身。

酬樂天寄蘄州簟　　元稹

蘄簟未經春，君先拭翠筠。知為熱時物，預與瘴中人。碾玉連心潤，編牙小片珍。霜凝青汗簡，冰透碧游鱗。水魄輕涵黛，琉璃薄帶塵，夢成傷冷滑，驚臥老龍身。

張舊蚊幬　　元稹

踰年間生死，千里曠南北。家居無見期，況乃異鄉國。破盡裁縫衣，忘收遺翰墨。獨有纐紗幬，憑人遠攜得。施張合歡榻，展卷雙鴛翼，已矣長空虛，依然舊顏色。徘徊將就寢，徒倚情何極？昔透香田田，今無魂惻惻。隙穿斜月照，燈背空牀黑，達理強開懷，夢啼還過臆。平生貧寡歡，夭枉勞苦憶，我亦詎幾時，胡為自摧逼？燭蛾焰中舞，繭蠶叢上織。焦爛各自求，他人顧何力。多離因苟合，惡影當務息。往事勿復言，將來幸前識。

和元九悼往　感舊蚊幬作　　白居易

美人別君去，自去無處尋。舊物零落盡，此情安可任？唯有纐紗幌，塵埃日夜侵。馨香與顏色，不似舊時深。透影燈耿耿，籠光月沉沉。中有孤眠客，秋涼生夜衾。舊宅牡丹院，新墳松柏林。夢中咸陽淚，覺後江陵心。含此隔年恨，發為中夜吟。無論君自感，聞者欲沾襟。

寄微之三首　　白居易

之一

江州望通州，天涯與地末。有山萬丈高，有江千里闊。間之以雲霧，飛鳥不可越。誰知千古險，為我二人設。通州君初到，鬱鬱愁如結。江州我方去，迢迢行未歇。道路日乖隔，音信日斷絕。因風欲寄語，地遠聲不徹。生當復相逢，死當從此別。

之二

君遊襄陽日，我在長安住。今君在通州，我過襄陽去。襄陽九里郭，樓堞連雲樹。顧此稍依依，是君舊遊處。蒼茫蒹葭水，中有潯陽路。此去更相思，江西少親故。

之三

去國日已遠，喜逢物似人。如何含此意，江上坐思君。有如河嶽

氣，相合方氛氳。狂風吹中絕，兩處成孤雲。風迴終有時，雲合豈無因？努力各自愛，窮通我爾身。

酬樂天赴江州路上見寄三首　　元稹

之一

昔在京城心，今在吳楚末。千山道路險，萬里音塵闊。天上參與商，地上胡與越。終天升沉異，滿地網羅設。心有無联環，腸有無繩結。有結解不開，有環尋不歇。山嶽移可盡，江海塞可絕。離恨若空虛，窮年思不徹。生莫強相同，相同會相別。

之二

襄陽大堤繞，我向堤前住。燭隨花豔來，騎送朝雲去。萬竿高廟竹，三月徐亭樹。我昔憶君時，君今懷我處。有身有離別，無地無歧路。風塵同古今，人世勞新故。

之三

人亦有相愛，我爾殊眾人。朝朝寧不食，日日願見君。一日不得見，愁腸坐氛氳。如何遠相失，各作萬里雲。雲高風苦多，會合難遵因。天上猶有礙，何況地上身？

生春　丁酉歲，凡二十章　　元稹

之一

何處生春早？春生雲色中。籠蔥閑著水，晻淡欲隨風。度曉分霞態，餘光庇雪融。晚來低漠漠，渾欲泥幽叢。

之二

何處生春早？春生漫雪中。渾無到底片，唯逐人樓風。屋上些些薄，池心旋旋融。自悲銷散盡，誰假入蘭叢？

之三

何處生春早？春生霽色中。遠林橫反照，高樹亞東風。水凍霜威在，泥新地氣融。漸知殘雪薄，杪近最憐叢。

之四

何處生春早？春生曙火中。星圍分暗陌，煙氣滿晴風。宮樹棲鴉亂，城樓帶雪融。競排閶闔側，珂傘自相叢。

之五

何處生春早？春生曉禁中。殿階龍旆日，漏閣寶箏風。藥樹香煙重，天顏瑞氣融。柳梅渾未覺，青紫已叢叢。

之六

何處生春早？春生江路中。雨移臨浦市，晴候過湖風。蘆筍錐猶短，凌澌玉漸融。數宗船載足，商婦兩眉叢。

之七

何處生春早？春生野墅中。病翁閑向日，征婦懶成風。斫篲天雛暖，穿區凍未融。鞭牛縣門外，爭土蓋蠶叢。

之八

何處生春早？春生冰岸中。尚憐扶臘雪，漸覺受東風。織女雲橋斷，波神玉貌融。便成嗚咽去，流恨與蓮叢。

之九

何處生春早？春生柳眼中。芽新纔綻日，茸短未含風。綠誤眉心重，黃驚蠟淚融。碧條殊未合，愁緒已先叢。

之十

何處生春早？春生梅援中。蕊排難犯雪，香乞擬來風。隴迴羌聲怨，江遙客思融。年年最相惱，緣未有諸叢。

之十一

何處生春早？春生鳥思中。鵲巢移舊歲，戴羽旋高風。鴻雁驚沙暖，鴛鴦愛水融。最憐雙翡翠，飛入小梅叢。

之十二

何處生春早？春生池榭中。鏤瓊冰陷日，文縠水迴風。柳愛和身動，梅愁合樹融。草芽猶未出，挑得小萱叢。

之十三

何處生春早？春生稚戲中。亂騎殘爆竹，爭唾小旋風。罵雨愁妨走，呵冰喜旋融。女兒針線盡，偷學五辛叢。

之十四

何處生春早？春生人意中。曉妝雖近火，晴戲漸憐風。暗入心情懶，先添酒思融。預知花好惡，偏在最深叢。

之十五

何處生春早？春生半睡中。見燈如見霧，聞雨似聞風。開眼猶殘夢，擡身便恐融。卻成雙翅蝶，還遶庳花叢。

之十六

何處生春早？春生曉鏡中。手寒勻面粉，鬢動倚簾風。宿霧梅心滴，朝光幕上融。思牽梳洗懶，空拔綠絲叢。

之十七

何處生春早？春生綺戶中。玉櫳穿細日，羅幔張輕風。柳軟腰支嫩，海香密氣融。獨眠傍妬物，偷鏟合歡叢。

之十八

何處生春早？春生老病中。土膏蒸足腫，天暖癢頭風。似覺肌膚展，潛知血氣融。又添新一歲，衰白轉成叢。

之十九

何處生春早？春生客思中。旅魂驚北雁，鄉信是東風。縱有心灰動，無由鬢雪融。未知開眼日，空遶未開叢。

之二十

何處生春早？春生濛雨中。裛塵微有氣，拂面細如風。柳誤啼珠密，梅驚粉汗融。滿空愁澹澹，應豫憶芳叢。

和春深二十首　　白居易

之一

何處春深好？春深富貴家。馬為中路鳥，妓作後庭花。羅綺驅論隊，金銀用斷車。眼前何所苦？唯苦日西斜。

之二

何處春深好？春深貧賤家。荒涼三逕草，冷落四鄰花。奴困歸傭力，妻愁出賃車。途窮平路險，舉足劇褒斜。

之三

何處春深好？春深執政家。鳳池添硯水，雞樹落衣花。詔借當衢宅，恩容上殿車。延英開對久，門與日西斜。

之四

何處春深好？春深方鎮家。通犀排帶胯，瑞鶻勘袍花。飛絮衝毬馬，垂楊拂妓車。戎裝拜春設，左握寶刀斜。

之五

何處春深好？春深刺史家。陰繁棠布葉，歧秀麥分花。五疋鳴珂馬，雙輪畫軾車。和風引行樂，葉葉隼旟斜。

之六

何處春深好？春深學士家。鳳書裁五色，馬鬣剪三花。蠟炬開明火，銀臺賜物車。相逢不敢揖，彼此帽低斜。

之七

何處春深好？春深女學家。慣看溫室樹，飽識浴堂花。御印提隨仗，香牋把下車。宋家宮樣髻，一片綠雲斜。

之八

何處春深好？春深御史家。絮縈驄馬尾，蝶繞繡衣花。破柱行持斧，埋輪立駐車。入班遙認得，魚貫一行斜。

之九

何處春深好？春深遷客家。一杯寒食酒，萬里故園花。炎瘴蒸如

火，光陰走似車。為憂鵬鳥至，只恐日光斜。

之十

何處春深好？春深經業家。唯求太常第，不管曲江花。折桂名慚郄，收螢志慕車。官場泥鋪處，最怕寸陰斜。

之十一

何處春深好？春深隱士家。野衣裁薜葉，山飯曬松花。蘭索紉幽珮，蒲輪駐軟車。林間箕踞坐，白眼向人斜。

之十二

何處春深好？春深漁父家。松灣隨棹月，桃浦落船花。投餌移輕檝，牽輪轉小車。蕭蕭蘆葉裏，風起釣絲斜。

之十三

何處春深好？春深潮戶家。濤翻三有雪，浪噴四時花。曳練馳千馬，驚雷走萬車。餘波落何處，江轉富陽斜。

之十四

何處春深好？春深痛飲家。十分杯裏物，五色眼前花。鋪甃眠槽甕，流涎見麴車。中山一沉醉，千度日西斜。

之十五

何處春深好？春深上巳家。蘭亭席上酒，曲洛岸邊花。弄水游童棹，湔裾小婦車。齊橈爭渡處，一匹錦標斜。

之十六

何處春深好？春深寒食家。玲瓏鏤雞子，宛轉綵毬花。碧草追游騎，紅塵拜掃車。鞦韆細腰女，搖曳逐風斜。

之十七

何處春深好？春深博奕家。一先爭破眼，六聚鬭成花。鼓應投壺馬，兵衝象戲車。彈棋局上事，最妙是長斜。

之十八

何處春深好？春深嫁女家。紫排襦上雉，黃帖鬢邊花。轉燭初移

障，鳴環欲上車。青衣傳氈褥，錦繡一條斜。

之十九

何處春深好？春深娶婦家。兩行籠裏燭，一樹扇間花。賓拜登華席，親迎障幰車。催妝詩未了，星斗漸傾斜。

之二十

何處春深好？春深妓女家。眉欺楊柳葉，裙妬石榴花。蘭麝熏行被，金銅釘坐車。楊州蘇小小，人道最夭斜。

禁中夜作書與元九　　元九　　白居易

心緒萬端書兩紙，欲封重讀意遲遲。五聲官漏初明後，一點窗燈欲滅時。

書樂天紙　　元稹

金鸞殿裡書殘紙，乞與荊州元判司。不忍拈將等閑用，半封京信半題詩。

山中與元九書因題書後　　白居易

憶昔封書與君夜，金鑾殿後欲明天。今夜封書在何處，廬山庵裏曉燈前。籠鳥檻猿俱未死，人間相見是何年？

聞微之江陵臥病以大通中散碧腴垂雲膏寄之因題四韻　　白居易

已題一帖紅消散，又封一盒碧雲英。憑人寄向江陵去，道路迢迢一月程。未必能治江上瘴，且圖遙慰病中情。到時想得君拈得，枕上開看眼暫明。

余病瘴樂天寄通中散碧腴垂雲膏仍題四韻以慰遠懷開拆之間因有酬答　<small>元稹</small>

紫河變鍊紅霞散，翠液煎研碧玉英。金籍真人天上合，鹽車病驥軛前驚。愁腸欲轉蛟龍吼，醉眼初開日月明。唯有思君治不得，膏銷雪盡意還生。

高相宅　<small>白居易</small>

青苔故里懷恩地，白髮新生抱病身。涕淚雖多無哭處，永寧門館屬他人。

附注：「高相宅」，高郢宅第《唐兩京城坊考》卷三：「朱雀街東第三街永寧坊，尚書右僕射敘仕高郢宅」。

和樂天高相宅　<small>元稹</small>

莫愁已去無窮事，漫苦如今有限身。二百年來城裏宅，一家知換幾多人？

見樂天詩　<small>元稹</small>

通州到日日平西，江館無人虎印泥。忽向破簷殘漏處，見君詩在柱心題。

微之到通州日授館未安見塵壁間有數行字讀之即僕舊詩其落句云綠水紅蓮一朵開千花百草無顏色然不知題者何人也微之吟歎不足因綴一章兼錄僕詩本同寄省其詩乃是十五年前初及第時贈長安妓人阿軟絕句緬思往事杳若夢中懷舊感今因酬長句　<small>白居易</small>

十五年前似夢遊，曾將詩句結風流。偶助笑歌嘲阿軟，可知傳誦到通州？昔教紅袖佳人唱，今遣青衫司馬愁。惆悵又聞題處所，雨淋

江館破牆頭。

仇家酒　　<small>白居易</small>

年年老去歡情少，處處春來感事深。時到仇家非愛酒，醉時心勝醒時心。

和樂天仇家酒　　<small>元稹</small>

病嗟酒戶年年減，老覺塵機漸漸深。飲罷醒餘更惆悵，不如閑事不經心。

雨夜憶元九　　<small>白居易</small>

天陰一日便堪愁，何況連宵雨不休。一種雨中君最苦，偏梁閣道向通州。

酬樂天雨後見憶　　<small>元稹</small>

雨滑危梁性命愁，差池一步一生休。黃泉便是通州郡，漸入深泥漸到州。

贈楊祕書巨源　　<small>楊嘗有贈盧洺州詩云：「三刀夢益州，一箭取遼城」。由是知名。　白居易</small>

早聞一箭取遼城，相識雖新有故情。清句三朝誰是敵，白髮四海半為兄。貧家薙草時時入，瘦馬尋花處處行。不用更教詩過好，折君官職是聲名。

和樂天贈楊祕書　　<small>元稹</small>

舊與楊郎在帝城，搜天斡地覓詩情。曾因並句甘稱小，不為論年便喚兄。刮骨直穿由苦鬭，夢腸翻出暫閑行。因君投贈還相和，老去那能競底名？

感秋懷微之　　白居易

葉下湖又波，秋風此時至。誰知濩落心，先納蕭條氣。推移感流歲，漂泊思同志。昔為煙霄侶，今作泥塗吏。白鷗毛羽弱，青鳳文章異。各閉一籠中，歲晚同顑頷。

酬友封話舊敘懷十二韻　　元稹

風波千里別，書信二年稀。乍見悲兼喜，猶驚是與非。身名判作夢，盃盞莫相違。草館同牀宿，沙頭待月歸。春深鄉路遠，老去宦情微。魏闕何由到，荊州且共依。人欺翻省事，官冷易藏威。但擬馴鷗鳥，無因用弩機。開張門卷軸，顛倒醉衫衣。蓴菜銀絲嫩，鱸魚雪片肥。憐君詩似湧，贈我筆如飛。會遣諸伶唱，篇篇入禁圍。

題王侍御池亭　　白居易

朱門深鎖春池滿，岸落薔薇水浸莎。畢竟林塘誰是主，主人來少客來多。

和樂天題王家亭子　　元稹

風吹篔簹飄紅砌，雨打桐花盡綠莎。都大資人無暇日，泛池全少買池多。

得微之到官後書備知通州之事悵然有感因成四章
白居易

　　之一

來書子細說通州，州在山根峽岸頭。四面千重火雲合，中心一道瘴江流。蟲蛇白晝攔官道，蛟蟆黃昏撲郡樓。何罪遣君居此地，天高無處問來由。

　　之二

匼匝巔山萬仞餘，人家應似甕中居。寅年籬下多逢虎，亥日沙頭

始賣魚。衣斑梅雨長須熨，米澀畲田不解鉏。努力安心過三考，已曾愁殺李尚書。李實尚書先貶此州，身歿於彼處。

之三

人稀地僻醫巫少，夏旱秋霖瘴瘧多。老去一身須愛惜，別來四體得如何？侏儒飽笑東方朔，薏苡讒憂馬伏波。莫遣沈愁結成病，時時一唱濯纓歌。

之四

通州海內恓惶地，司馬人間冗長官。傷鳥有弦驚不定，臥龍無水動應難。劍埋獄底誰深掘，松偃霜中盡冷看。舉目爭能不惆悵，高車大馬滿長安。

酬樂天見寄　　元稹

三千里外巴蛇穴，四十年來司馬官。瘴色滿身治不盡，瘡痕刮骨洗應難。常甘人向衰容薄，獨訝君將舊眼看。前日詩中高蓋字，至今唇舌遍長安。

附注：白詩云：「舉睜能不惆悵，高車大馬滿長安」。

酬樂天得微之詩知通州事因成四首　　元稹

之一

茅簷屋舍竹籬州，虎怕偏蹄蛇兩頭〔1〕。暗蠱有時迷酒影，浮塵向日似波流。沙含水弩多傷骨，田仰畲刀少用牛。知得共君相見否？近來魂夢轉悠悠。

之二

平地才應一頃餘，閣欄都大似巢居〔2〕。入衙官吏聲疑鳥，下峽舟船腹似魚。市井無錢論尺丈，田疇付火罷耘鋤。此中愁殺須甘分，惟惜平生舊著書〔3〕。

之三

哭鳥晝飛人少見，悵魂夜嘯虎行多。滿身沙虱無防處，獨腳山魈不奈何。甘受鬼神侵骨髓，常憂歧路處風波。南歌未有東西分，敢唱滄浪一字歌〔4〕。

之四

荒蕪滿院不能鋤，甌有塵埃圃乏蔬。定覺身將囚一種，未知生共死何如？飢搖困尾喪家狗，熱暴枯鱗失水魚。苦境萬般君莫問，自憐方寸本來虛。

編者按：詩中句間，書有附注，一併抄錄於後以供對照參考：

〔1〕通州、元和二年、偏蹄虎害人，比之白額，兩頭蛇處處皆有之也。

〔2〕巴人多在山坡架木爲居，自號「閣欄頭」也。

〔3〕本句云：努力安心過三考，已曾愁殺李尚書，又余病甚，將平生所爲文自題云：異日，送白二十二郎也。

〔4〕本句云：時時三唱濯纓歌。

尋郭道士不遇　　白居易

郡中乞假來相訪，洞裏朝元去不逢。看院祇留雙白鶴，入門唯見一青松。藥爐有火丹應伏，雲碓〔1〕無人水自舂。欲問參同契中事，更期何日得從容？

〔1〕廬山中雲母多，故以水碓擣煉，俗呼爲雲碓。

和樂天尋郭道士〔1〕不遇　　元稹

昔年我見盃中渡，今日人言鶴上逢。兩虎定隨千歲鹿，雙林添作幾株松。方瞳應是新燒藥，短腳知緣舊施舂〔2〕。欲請僧繇遠相畫，苦愁頻變本形容。

〔1〕道士昔嘗爲僧，於荊州相別。

〔2〕爲僧之前，先有腳疾。

元微之除浙東觀察使喜得杭越鄰州先贈長句

白居易

稽山鏡水歡遊地，犀帶金章榮貴身。官職比君雖校小，封疆與我且為鄰。郡樓對玩千峯月，江界平分兩岸春。杭越風光詩酒主，相看更合與何人？

酬樂天喜鄰郡　　元稹

蹇驢瘦馬塵中伴，紫綬朱衣夢裏身。符竹偶因成對岸，文章虛被配為鄰。湖翻白浪常看雪，火照紅妝不待春。老大那能更爭競，任君投募醉鄉人。

再酬復言和前篇　　元稹

經過二郡逢賢牧，聚集諸郎宴老身。清夜漫勞紅燭會，白頭非是翠娥鄰。曾攜酒伴無端宿，自入朝行便別春。潦倒微之從不占，未知公議道何人？

贈樂天　　元稹

莫言鄰境易經過，彼此分符欲奈何。垂老相逢漸難別，白頭期限各無多。

酬微之誇鏡湖　　白居易

我嗟身老歲方徂，君更官高興轉孤。軍門郡閣曾閑否，禹穴耶溪得到無？酒盞省陪波卷白，骰盆思共彩呼盧。一泓鏡水誰能羨，自有胸中萬頃湖。

重酬樂天　　元稹

紅塵擾擾日西徂，我興雲心兩共孤。暫出已遭千騎擁，故交求見一人無。百篇書判從饒白，八采詩章未伏盧。最笑近來黃叔度，自投

名刺占陂湖。

再酬復言　元稹

繞郭笙歌夜景徂，稽山迴帶月輪孤。休文欲詠心應破，道子雖來畫得無。顧我小才同培塿，知君險韻敵都盧。不然豈有姑蘇郡，擬著陂塘比鏡湖。

獨酌憶微之　時對所贈盞　白居易

獨酌花前醉憶君，與君春別又逢春。惆悵銀杯來處重，不曾盛酒勸閑人。

醉醒　元稹

積善坊中前度飲，謝家諸婢笑扶行。今宵還似當時醉，半夜覺來聞哭聲。

予與微之老而無子發於言歎著在詩篇今年冬各有一子戲作二什一以相賀一以自嘲　白居易

常憂到老都無子，何況新生又是兒。陰德自然宜有慶，皇天可得道無知。一園水竹今為主，百卷文章更付誰？莫慮鵷鸞無浴處，即應重入鳳凰池。

自嘲　白居易

五十八翁方有後，靜思堪喜亦堪嗟。一珠甚小還慚蚌，八子雖多不羨鴉。秋月晚生丹桂實，春風新長紫蘭芽。持杯祝願無他語，慎勿頑愚似汝耶。

感逝　元稹

頭白夫妻分無子，誰令蘭夢感衰翁？三聲啼婦臥床上，一寸斷腸

埋土中。蝸甲暗枯秋葉墜，燕雛新去夜巢空。情知此恨人皆有，應與暮年心不同。

妻滿月日相唁　　元稹

十月辛勤一月悲，今朝相見淚淋漓。狂花落盡莫惆悵，猶勝因花壓折枝。

見元九悼亡詩因以此寄　　白居易

夜淚闇銷明月幌，春腸遙斷牡丹庭。人間此病治無藥，唯有楞伽四卷經。

同李十一醉憶元九　　白居易

花時同醉破春愁，醉折花枝當酒籌。忽憶故人天際去，計程今日到梁州。

憑李忠州寄書樂天　　元稹

萬里寄書將上峽，卻憑冰峽寄江州。傷心最是江頭月，莫把書將上庾樓。

絕句代書贈錢員外　　白居易

欲尋秋景閑行去，君病多慵我興孤。可惜今朝山最好，強能騎馬出來無？

和樂天招錢蔚章看山絕句　　元稹

碧落招邀閑曠望，黃金城外玉方壺。人間還有大江海，萬里煙波天上無。

劉家花　　白居易

劉家牆上花還發，李十門前草又春。處處傷心心始悟，多情不及少情人。

和樂天劉家花　　元稹

閑坊靜曲同消日，淚草傷花不為春。遍問舊交零落盡，十人纔有兩三人。

待漏入閣書事奉贈元九學士閣老　　白居易

衙排宣政仗，門啟紫宸關。彩筆停書命，花甎趁立班。稀星點銀礫，殘月墮金環。闇漏猶傳水，明河漸下山。從東分地色，向北仰天顏。碧鏤鑪煙直，紅垂旆尾閑。綸闈漸並入，翰苑忝先攀。笑我青袍故，饒君茜緩殷。詩仙歸洞裏，酒病滯人間。好去鵷鷺侶，沖天便不還。

酬樂天待漏入閣見贈　　時樂天爲中書舍人，余在翰林學士。　　元稹

未勘銀臺契，先排浴殿關。沃心因特召，承句絕常班〔1〕。颭閃才人袖〔2〕，嘔鴉軟舉鐶。官花低作帳，雲從積成山。密視樞機草，偷膽咫尺顏。恩垂天語近，對久漏聲閑。丹陛曾同立，金鑾恨獨攀〔3〕。筆無鴻業潤，袍愧紫文殷。河水通天上，瀛州接世間。謫仙名籍在，何不重來還？

編者按：

〔1〕承旨學士位列諸學士之上。

〔2〕思政對學士，往往宦官傳詔。

〔3〕時樂天爲中書舍人，故可登金鑾殿上，微之爲翰林學士，則列班於丹陛之下。

送崔侍御之嶺南二十韻 并序　　元稹

古朋友別皆贈以言。況南方物候飲食與北方異。其甚者，夷民喜聚蠱，秘方云：以含銀變黑為驗，攻之重雄黃。海物多肥腥，啖之好嘔泄，驗方云：備之在鹹食。嶺外饒野菌，視之蟲蠱者無毒：羅浮生異果，察其鳥啄者可餐。大抵珠璣玳瑁之聚，貴潔廉：湮鬱暑濕之所蒸，避溢慾。其餘道途所慎，離愴之懷，盡之二百言矣，敘不復云。

漢法戎施幕，秦官郡置監。蕭何歸舊印，鮑永授新銜。幣聘雖盈篋，泥章未破緘。蛛懸絲繚繞，鵲報語詁諵。再礪神羊角，重開憲簡函。鏗纓驄赳赳，綏珮繡縿縿。逸翮憐鴻翥，離心覺刃劖。聯游虧片玉，洞照失明鑒。遙想車登嶺，那無淚滿衫。茅蒸連蟒氣，衣漬度梅黭。象齒緣溪竹，猿鳴帶雨杉。颶風狂浩浩，韶石峻巉巉。宿浦宜深泊，祈瀧在至誠。瘴江乘早度，毒草莫親芟。試蠱看銀黑，排腥貴食鹹。菌須蟲已蠹，果重鳥先啗。冰瑩懷貪水，霜清顧痛巖。珠璣當盡擲，薏苡詎能讒。荊俗欺王粲，吾生問季咸。遠書多不達，勤為枉緘緘。

送客春遊嶺南二十韻 因敘嶺南方物以諭之，並擬微之送崔二十一之作。　　白居易

已訝遊何遠，仍嗟別太頻。離容君蹙促，贈語我殷勤。迢遞天南面，蒼茫海北漘。訶陵國分界，交趾郡為鄰。翕鬱三光晦，溫暾四氣勻。陰晴變寒暑，昏曉錯星辰。瘴地難為老，蠻陬不易馴。土民稀白首，洞主盡黃巾。戰艦猶驚浪，戎車未息塵[1]，紅旗圍卉服，紫綬裹文身。麵苦桄榔裛，漿酸橄欖新，牙檣迎海舶，銅鼓賽江神。不凍貪泉暖，無霜毒草春。雲煙蟒蛇氣，刀劍鱷魚鱗。路足羇棲客，宦多謫逐臣。天黃生颶母[2]，雨黑長楓人[3]。迴使先傳語，征軒早返輪。須防杯裡蠱[4]，莫愛橐中珍。北與南殊俗，身將貨孰親？嘗聞君子誡，憂道不憂貧。

按：句中注解：

〔1〕時黃家賊方動。

〔２〕颶母如斷虹，欲大風即現。

〔３〕楓人因夜雷雨，輒闇長數丈。

〔４〕南方蠱毒，多暗置酒中。

和樂天送客遊嶺南二十韻　次用本韻　　　元稹

我自離鄉久，君那度嶺頻。一杯魂慘澹，萬里路艱辛。江館連沙市，瀧船泊水濱。騎田廻北顧，桐柱指南鄰。大壑浮三島，周天過五均。波心踴樓閣，規外布星辰。交廣間南極浸高，北極凌低，圓規度外，星辰至眾。大如五曜者數十，皆不在星經。狒狒穿筒格，猩猩置屐馴。郭璞云嘼嘼，交廣山俗間有之，南人俗法，嘗用竹向穿臂以受之，狒狒執臂輒笑。笑則脣蔽兩目，人因自筒中出手，以釘釘之於樹。猩猩嗜酒，好屐，南人嘗以美酒置於其所，且排十數屐，猩猩見之，驟相謂曰：「吾既就擒矣。」然而漸飲至醉，醉則穿破屐而行，既不能去，相與泣而見獲。故《吳都賦》曰：「猩猩啼而就擒，嘼嘼笑而被格。」蓋為此。貢兼蛟女絹，俗重語兒巾。南方去京華絕遠，冠冕不到，唯海路悄通。吳中商肆多牓云：此有語兒巾子。舶主腰藏寶。南方呼波斯為舶主。胡人異寶，多自懷藏，以避強丐。黃家砦起塵。歌鍾排象背，炊爨上魚身。夷民大陳設，則巨象背上作樂，大魚出浮，身若洲島，海人泊舟於旁，因而炊爨其上，魚不之覺。電白雷山接，旗紅賊艦新。島夷徐市種，廟覡趙佗神。鳶跕方知瘴，蛇蘇不待春。曙潮雲斬斬，夜海火燐燐。海水夜擊之，則盡如火，蓋陰火潛然之謂也。冠冕中華客，梯航異域臣。果然皮勝錦，吉了舌如人。風黖秋茅葉，煙埋曉月輪。定應玄髮變，焉用翠毛珍。句漏沙須買，貪泉貨莫親。能傳稚子術，何患隱之貧？

別舍弟後月夜　　　白居易

悄悄初別夜，去住兩盤桓。行子孤燈店，居人明月軒。平生共貧苦，未必日成歡。及此暫為別，懷抱已憂煩。況是庭葉盡，復思山路寒。如何為不念，馬瘦衣裳單。

和樂天別弟後月夜作　　　元稹

聞君別愛弟，明天照夜寒。秋雁拂簷影，曉琴當砌彈。悵望天澹

澹，因思路漫漫。吟為別弟操，聞者為辛酸。況我弟兄遠，一身形影單。江波浩無極，但見時歲闌。

春題湖上　　白居易

湖上春來似畫圖，亂峰圍繞水平鋪。松排山面千重翠，月點波心一顆珠。碧毯線頭抽早稻，青羅裙帶展新蒲。未能拋得杭州去，一半勾留是此湖。

戲贈樂天復言　　元稹

樂事難逢歲易徂，白頭光景莫令孤。弄濤船更曾觀否？望市樓還有會無？眼力少將尋案牘，心情且強擲梟盧。孫園虎寺隨宜看，不必遙遙羨鏡湖。

代書詩一百韻寄微之　　白居易

憶在貞元歲，初登典校司。身名同日授，心事一言知。貞元中，與微之同登科第，俱授秘書省校書郎，始相識也。肺腑都無隔，形骸兩不羈。疏狂屬年少，閑散為官卑。分定金蘭契，言通藥石規。交賢方汲汲，友直每偲偲。有月多同賞，無盃不共持。秋風拂琴匣，夜雪卷書帷。高上慈恩塔，幽尋皇子陂。唐昌玉蘂會，崇敬牡丹期。唐昌觀玉蘂，崇敬寺牡丹，花時多與微之有期。笑勸迂辛酒，閑吟短李詩。辛大丘度，性迂嗜酒；李二十紳，形短能詩，故當時有迂辛短李之號。儒風愛敦質，佛理尚玄師。劉三十二敦質，雅有儒風。庾七玄師，談佛理，有可賞者。度日曾無悶，通宵靡不為。雙聲聯律句，八面對宮棋。雙聲聯句，八面宮棋，皆當時事。往往遊三省，騰騰出九逵。寒銷直城路，春到曲江池。樹暖枝條弱，山晴彩翠奇。峰攢石綠點，柳宛麴塵絲。岸草煙鋪地，園花雪壓枝。早光紅照耀，新溜碧逶迤。幄幕侵堤布，盤筵占地施。徵伶皆絕藝，選妓悉名姬。鉛黛凝春態，金鈿耀水嬉。風流誇墜髻，時世鬥啼眉。貞元末，城中復為墜馬髻、啼眉妝也。密坐隨歡促，華樽逐勝移。香飄歌袂動，翠落舞釵遺。籌插紅螺椀，觥飛白玉巵。打嫌調笑易，飲訝卷波遲。拋打曲有《調笑》，飲酒有《卷白波》。

殘席誼譁散，歸鞍酩酊騎。酡顏烏帽側，醉袖玉鞭垂。紫陌傳鐘鼓，紅塵塞路歧。幾時曾暫別，何處不相隨？荏苒星霜換，迴環節候推。兩衙多請假，三考欲成資。運偶千年聖，天成萬物宜。皆當少壯日，同惜盛明時。光景嗟虛擲，雲霄竊闇闚。攻文朝矻矻，講學夜孜孜。策目穿如札，時與微之結集策略之目，其數至百十。毫鋒銳若錐。時與微之各有纖鋒細管筆，攜以就試，相顧輒笑，目為毫錐。繁張獲鳥網，堅守釣魚坻。謂自冬至夏，頻改試期，竟與微之堅待制試也。並受夔龍薦，齊陳晁董詞。萬言經濟略，三道太平基。中第爭無敵，專場戰不疲。輔車排勝陣，掎角搴降旗。並謂同鋪席、共筆硯。雙闕紛容衛，千僚儼等衰。謂制舉人欲唱第之時也。恩隨紫泥降，名向白麻披。既在高科選，還從好爵縻。東垣君諫諍，西邑我驅馳。元和元年，同登制科。微之拜拾遺，予授盩屋尉。再喜登烏府，多慚侍赤墀。四年，微之復拜監察，予為拾遺、學士也。官班分內外，遊處遂參差。每列鵷鸞序，偏瞻獬豸姿。簡威霜凜冽，衣彩繡葳蕤。正色摧強禦，剛腸嫉喔咿。常憎持祿位，不擬保妻兒。養勇期除惡，輸忠在滅私。下韝驚燕雀，當道懾狐狸。南國人無怨，東臺吏不欺。微之使東川，奏冤八十餘家，詔從而平之，因分司東都。理冤多定國，切諫甚辛毗。造次行於是，平生志在茲。道將心共直，言與行兼危。水闇波翻覆，山藏路險巇。未為明主識，已被倖臣疑。木秀遭風折，蘭芳遇霰萎。千鈞勢易壓，一柱力難支。騰口因成痏，吹毛遂得疵。憂來吟貝錦，謫去詠江蘺。邂逅塵中遇，殷勤馬上辭。賈生離魏闕，王粲向荊夷。水過清源寺，山經綺季祠。心搖漢皋珮，淚墮峴亭碑。並途中所經歷者也。驛路緣雲際，城樓枕水湄。思鄉多繞澤，望闕獨登陴。林晚青蕭索，江平綠渺瀰。野秋鳴蟋蟀，沙冷聚鸕鶿。官舍黃茅屋，人家苦竹籬。白醪充夜酌，紅粟備晨炊。寡鶴摧風翮，鰥魚失水鬐；闇雛啼渴旦，涼葉墜相思。此四句兼含微之鰥居之思。一點寒燈滅，三聲曉角吹。藍衫經雨故，驄馬臥霜羸。念涸誰濡沫，嫌醒自啜醨。耳垂無伯樂，舌在有張儀。負氣衝星劍，傾心向日葵。金言自銷鑠，玉性肯磷緇？伸屈須看蠖，窮通莫問龜。定知身是患，當用道為醫。想子今如彼，嗟予獨在斯。無慘當歲杪，有夢到天涯。坐阻連襟帶，行乖接履綦。潤銷衣上霧，香散室中芝。

念遠緣遷貶，驚時為別離。素書三往復，明月七盈虧。自與微之別經七月，三度得書。舊里非難到，餘歡不可追。樹依興善老，草傍靜安衰。微之宅在靜安坊西，近興善寺。前事思如昨，中懷寫向誰？北村尋古柏，南宅訪辛夷。開元觀西北院，即隋時龍村佛堂，有古柏一株，至今存焉。微之宅中有辛夷兩樹，常此與微之遊息其下。此日空搔首，何人共解頤？病多知夜永，年長覺秋悲。不飲長如醉，加餐亦似飢。狂吟一千字，因使寄微之。

酬翰林白學士代書一百韻　并序　　元稹

　　玄元氏之下元日，會予家居至，枉樂天代書詩一百韻。鴻洞卓犖，令人興起心情，且置別書，美予前和七章。章次用本韻，韻同意殊，謂為工巧。前古韻耳，不足難之。今復次排百韻，以答懷恩之睨云。

　　昔歲俱充賦，同年遇有司。八人稱迥拔，兩郡濫相知。同年八人，樂天拔萃登科，予平判入等。逸驥初翻步，鞲鷹暫脫羈。遠途憂地窄，高視覺天卑。並入紅蘭署，偏親白玉規。近朱憐冉冉，伐木願偲偲。魚魯非難識，鉛黃自懶持。心輕馬融帳，謀奪子房帷。秀發幽巖電，清澄溢岸陂。九霄排直上，萬里整前期。勇贈「棲鸞」句、慚當「古井」詩，予贈樂天詩云：「皎皎鸞鳳姿」，樂天贈予詩云：「無波古井水」。多聞全受益，擇善頗相師。脫俗殊常調，潛工大有為。還醇憑酎酒，運智托圍棋。情會招車胤，閑行覓戴逵。僧餐月燈閣、釀宴劫灰池。予與樂天，杓直，拒非輩，多于月燈閣閑遊，又嘗與秘省同官釀宴昆明池。勝概爭先到，篇章競出奇。輸贏論破的，點竄肯容絲。山岫當街翠，牆花拂面枝。昔予賦詩云：「為見牆頭拂面花」。時唯樂天知此。鶯聲愛嬌小，燕翼玩逶迤。彎為逢車緩，鞭緣趁伴施。密攜長上樂，偷宿靜坊姬。僻性慵朝起，新晴助晚嬉。相歡常滿目，別處鮮開眉。翰墨題名盡，光陰聽話移。樂天每與予遊從，無不書名屋壁，又嘗於新昌宅，說〈一枝花〉話，自寅至巳，猶未畢詞也。綠袍因醉典，烏帽逆風遺。暗插輕籌筯，仍提小屈巵。予有箕草籌筯小盞酒胡之輩，當時常在書囊，以供飲備。本弦繁一舉，下口已三遲。逃席衝門出，歸倡借馬騎。狂歌繁節亂，醉舞半衫垂。散漫紛長薄，邀遮守隘歧。幾遭朝士笑，兼任巷童隨。苟務形骸達，渾將性命推。何曾愛官序？不省計家資。忽

悟成虛擲，翻然歎未宜。使回耽樂事，堅赴策賢時。寢食都忘倦，園廬遂絕窺。勞神甘慼慼，攻短過孜孜。葉怯穿楊箭，囊藏透穎錐。超遙望雲雨，擺落占泉坻。略削荒涼苑，搜求激直詞。那能作牛後，更擬助鴻基。舊說：制策皆以惡訐取容爲美，予與樂天，指病危言，不顧成敗，意在決求高等。初就業時，今裴相公戒予，愼勿以策苑爲美。予深佩其言，然而怪其多大擬取。有可取，遂切求潛覽，功費累月，無所獲。先是穆員，盧景亮應制，俱以辭直見黜。予求獲其策，皆手自寫之，置在篋篋。樂天損之輩，常詛予篋中有不第之祥，而又哂予決求高等之僭也。唱第聽雞集，趨朝忘馬疲。內人輿御案，朝景麗神旗。首被呼名姓，多慚冠等衰。千官容眷盼，五色照離披。鵷侶從茲洽，鷗情轉自糜。分張殊品命，中外卻驅馳。出入稱金籍，東西侍碧墀。鬭班雲洶湧，開扇雉參差。切愧尋常質，親瞻咫尺姿。日輪光照耀，龍服瑞葳蕤。誓欲通愚謇，生憎效喔咿。佞存真妾婦，諫死是男兒。便殿承偏召，權臣懼撓私。廟堂雖稷契，城社有狐狸。似錦言應巧，如弦數易欺。敢嗟身暫黜，所恨政無毗。予元和元年任拾遺，八十三日延英對，九月十日貶授河南尉。謬辱良由此，昇騰亦在斯。再令陪憲禁，依舊履阽危。使蜀常綿遠，分臺更嶮巇。匿姦勞發掘，破黨惡持疑。斧刃迎皆碎，盤牙老未萎。乍能還帝笏，詎忍折吾支。虎尾元來險，圭文卻類疵。浮榮齊壤芥，閑氣詠江蘺。闕下殷勤拜，樽前嘯傲辭。飄沉委蓬梗，忠信敵蠻夷。戲誚青雲驛，譏題皓髮祠。予途中作《青雲驛》詩，病其雲泥一致：作《四皓廟》詩，譏其出處不常。貪過谷隱寺，留讀峴山碑。寺在亭側。草沒章臺阯，堤橫楚澤湄。野蓮侵稻隴，亞柳壓城陴。遇物傷凋換，登樓思漫瀰。金攢嫩橙子，鑒泛遠鸕鷀。仰竹藤纏屋，苫茅荻補籬。南人以大竹爲瓦，用荻爲籬也。麴梨通蔕朽，火米帶芒炊。麴梨軟爛無味，火米粗礪不精。葦笋針筒束，鯾魚箭羽鬐。芋羹真底可，鱸膾漫勞思。北渚銷魂望，南風著骨吹。度梅衣色漬，食稗馬蹄羸。南方衣服，經夏謂之度梅，顏色盡黦。馬食瓜蔣，蓋北地秭稗之屬。院榷和泥鹼，官酤小麴醨。訛音煩繳繞，輕俗醜威儀。樹罕貞心柏，畦豐衛足葵。坳窪饒凾矮，游惰壓庸緇。病賽烏稱鬼，巫占瓦代龜。南人染病，競賽烏鬼，楚巫列肆，悉賣瓦卜。連陰蛙張王，瘴瘧雪治醫。雨中井作蛙池，終冬往往無雪。我正窮於是，君寧念及茲。一篇從日下，

雙鯉送天涯。坐捧迷前席，行吟忘結褰。匡床鋪錯繡，几案踞靈芝。形影同初合，參商喻此離。扇因秋棄置，鏡異月盈虧。壯志誠難奪，良辰豈復追？甯牛終夜永，潘鬢去年衰。予今年始三十二，去歲已生白髮。溟渤深那測，穹蒼意在誰？馭方輕驥裹，車肯重辛夷。臥轍希濡沫，低顏受頷頤。世情焉足怪？自省固堪悲。涸鼠虛求潔，籠禽方訝飢。猶勝憶黃犬，幸得早圖之。

題詩屏風絕句　并序　　　白居易

十二年冬，微之猶滯通州，予亦未離湓上。相去萬里，不見三年，鬱鬱相念，多以吟詠自解。前後辱微之寄示之什，殆數百篇。雖藏於篋中，永以為好，不若置之座右，如見所思。由是掇律句中短小麗絕者，凡一百首，手自題錄，合為一屏。舉目會心，參若其人在於前矣。前輩作事，多出偶然。則安知此屏，不為好事者所傳，異日作九江一故事爾？因題絕句，聊以獎之。

相憶采君詩作障，自書有勘不辭勞。障成定被人爭寫，從此南中紙價高。

閬州開元寺壁題樂天詩　　　元稹

憶君無計寫君詩，寫盡千行說向誰？題在閬州東寺壁，幾時知是見君時？

答微之　微之於閬州古寺，手題余詩，余又以微之百篇，題此屏上。各以絕句，相報答之。　　　白居易

君寫我詩盈寺壁，我題君句滿屏風。與君相遇知何處，兩葉浮萍大海中。

牡丹二首　　　元稹

簇蕊風頻壞，裁紅雨更新。眼看吹落地，便別一年春。
繁綠陰全合，衰紅展漸難。風光一攬擧，猶得暫時看。

微之宅殘牡丹　　　白居易

殘紅零落無人賞，雨打風摧花不全。諸處見時猶悵望，況當元九小亭前。

聞李尚書拜相因以長句寄賀微之　　　白居易

憐君不久在通川，知己新提造化權。夔卨定求才濟世，張雷應辯氣衝天。那知淪落天涯日，正是陶均海內年。肯向泥中拋折劍，不收重鑄作龍泉？

附注：「李尚書」，《舊唐書・憲宗紀》：「元和十三年三月，以御史大夫李夷簡為門下侍郎、同平章事。」李夷簡元和八年正月檢校戶部尚書、成都尹，充劍南西川節度使，十三年召為御史大夫，再入相，故白氏此詩稱之曰「尚書」。

酬樂天聞李尚書拜相以詩見賀　　　元稹

初因彈劾死東川，又為親情弄化權〔1〕。百口共經三峽水，一時重上兩漫天。尚書入用雖旬月，司馬銜冤已十年。若待更遭秋瘴後，便愁平地有重泉。

原注〔1〕：予為監察御史，劾奏故東川節度使嚴礪，籍沒衣冠等八十餘家，由是操權者大怒，分司東臺日，又劾奏宰相親，因緣遂貶江陵士曹耳。

即事寄微之　　　白居易

畬田澀米不耕鉏，旱地荒園少菜蔬。想此土風今若此，料看生計合何如？衣縫紕纇黃絲絹，飯下腥鹹白小魚。飽暖飢寒何足道，此身長短是空虛。

酬樂天書後三韻　　　元稹

今日廬峰霞遶寺，昔時鸞殿鳳迴書。兩封相去八年後，一種俱云

五夜初。漸覺此生都是夢,不能將淚滴雙魚。

得樂天書　　元稹

遠信入門先有淚,妻驚女哭問何如?尋常不省曾如此,應是江州司馬書。

三月三日懷微之　　白居易

良時光景長虛擲,壯歲風情已闇銷。忽憶同為校書日,每年同醉是今朝。

酬樂天三月三日見寄　　元稹

常年此日花前醉,今日花前病裏銷。獨倚破簾閑悵望,可憐虛度好春朝。

寄微之　時微之為虢州長史　　白居易

高天默默物茫茫,各有來由致損傷。鸚為能言長鎩翅,龜緣難死久揵床。莫嫌冷落拋閑地,猶勝炎蒸臥瘴鄉。外物竟關身底事,謾排門戟繫腰章。

酬樂天歎損傷見寄　　元稹

前途何在轉茫茫?漸老那能不自傷?病為怕風多睡月,起因花藥暫扶牀。函關氣索迷真侶,峽水波翻礙故鄉。唯有秋來兩行淚,對君新贈遠詩章。

哭諸故人因寄元九　　白居易

昨日哭寢門,今日哭寢門。借問所哭誰,無非故交親。偉卿既長往,質夫亦幽淪。屈指數年世,收涕自思身。彼皆少於我,先為泉下人。我今頭半白,焉得身久存?好在元郎中,相識二十春,昔見君生

子，今聞君抱孫。存者盡老大，逝者已成塵。早晚升平宅，開眉一見君。

續遣病　　元稹

自古誰不死？不復記其名。今年京城內，死者老少並。獨孤纔四十，祕書少監郁。仕宦方榮榮。李三三十九，監察御史顧言。登朝有清聲。趙昌八十餘，三擁大將旌。為生信異異，之死同冥冥。其家哭泣愛，一一無異情。其類嗟歎惜，各各無重輕。萬齡龜菌等，一死天地平。以此方我病，我病何足驚？借如今日死，亦足了一生。借使到百年，不知何所成？況我早師佛，屋宅此身形。捨彼復就此，去留何所縈？前身為過跡，來世即前程。但念行不息，豈憂無路行？蛻骨龍不死，蛻皮蟬自鳴。胡為神蛻體，此道人不明。持謝愛朋友，寄之仁弟兄。吟此可達觀，世言何足聽？

醉歌　示妓人商玲瓏　　白居易

罷胡琴，掩秦瑟，玲瓏再拜歌初畢。誰道使君不解歌，聽唱黃雞與白日。黃雞催曉丑時鳴，白日催年酉前沒。腰間紅綬繫未穩，鏡裏朱顏看已失。玲瓏玲瓏奈老何，使君歌了汝更歌。

重贈　樂人商玲瓏能歌，歌予數十詩　　元稹

休遣玲瓏歌我詩，我詩多是別君詞。明朝又向江頭別，月落潮平是去時。

附注：阮元《詩話總龜》卷四十：「高玲瓏，餘杭歌者。白公守郡，白與歌曰：『罷胡琴，掩秦瑟』時元微之在越州，聞之厚幣來邀，樂天時時遣去，到越州住月餘，使盡歌所唱之曲，即賞之，後遣之歸，作詩送行，兼寄樂天。」《詩人玉香》卷十六引「高玲瓏」當作「商玲瓏」為正。

蘇州李中丞以元日郡齋感懷詩寄微之及予輒依來篇七言八韻走筆奉答兼呈微之　　白居易

白首餘杭白太守，落拓拋名來已久。一辭渭北故園春，再把江南新歲酒。杯前笑歌徒勉強，鏡裏形容漸衰朽。領郡慚當潦倒年，鄰州喜得平生友。長洲草接松江岸，曲水花連鏡湖口。老去還能痛飲無，春來曾作閑遊否？憑鶯傳語報李六，倩雁將書與元九。莫嘆一日日催人，且貴一年年入手。

酬復言長慶四年元日郡齋感懷見寄　　元稹

臘盡殘銷春又歸，逢新別故欲沾衣。自驚身上添年紀，休繫心中小是非。富貴祝來何所遂？聰明鞭得轉無機。羞看稚子先拈酒，悵望平生舊採薇。去日漸加餘日少，賀人雖鬧故人稀。椒花麗句閑重檢，艾髮衰容惜寸輝。苦思正旦酬白雪，閑觀風色動青旂。千官仗下爐煙裏，東海西頭意獨違。

舟中讀元九詩　　白居易

把君詩卷燈前讀，詩盡燈殘天未明。眼痛滅燈猶闇坐，道風吹浪打船聲。

酬樂天舟泊夜讀微之詩　　元稹

知君暗泊西江岸，讀我閑詩欲到明。今夜通州還不睡，滿山風雨杜鵑聲。

別後西陵晚眺　　元稹

晚日未拋詩筆硯，夕陽空望郡樓臺。與君後會知何日？不似潮頭暮卻迴。

答微之泊西陵驛見寄　　白居易

煙波盡處一點白，應是西陵古驛臺。知在臺邊望不見，暮潮空送渡船迴。

附注：「西陵驛」，《越絕書·卷八·越絕外傳記》：「浙江南路西城者，范蠡敦兵城外也，其陵固可守，故謂之固陵。」

得湖州崔十八使君書喜與杭越鄰郡因成長句代賀兼寄微之　　白居易

三郡何因此結緣，貞元科第忝同年。故情歡喜開書後，舊事思量在眼前。越國封疆吞碧海，杭城樓閣入青煙。吳興卑小君應屈，為是蓬萊最後仙。

貞元初同登科，崔君名最在後。當時崔自詠云：「人間不會雲間事，應笑蓬萊最後仙」。

以州宅誇於樂天　　元稹

州城迥遶拂雲堆，鏡水稽山滿眼來。四面常時對屏障，一家終日在樓臺。星河似向簷前落，鼓角驚從地底迴。我是玉皇香案吏，謫居猶得住蓬萊。

答微之誇越州州宅　　白居易

賀上人迴得報書，大誇州宅似仙居。厭看馮翊風沙久，喜見蘭亭煙景初。日出旌旗生氣色，月明樓閣在空虛。知君暗數江南郡，除卻餘杭盡不如。

重誇州宅旦暮景色兼酬前篇末句　　元稹

仙都難畫亦難書，暫合登臨不合居。繞郭煙嵐新雨後，滿山樓閣上燈初。人聲曉動千門闢，湖色宵涵萬象虛。為問西州西剎岸，濤頭

衝突近何如？

微之重誇州居其落句有西州羅剎之譴因嘲茲石聊以寄懷　　白居易

君問西州城下事，醉中疊紙為君書。嵌空石面標羅剎，壓捺潮頭敵子胥。神鬼曾鞭猶不動，波濤雖打欲何如？誰知太守心相似，抵滯堅頑兩有餘。

附注：「嵌空石面標羅剎」，《吳越春秋》卷三：「子胥遂服劍而死，吳王乃取子胥屍，盛以鴟夷之器，投之於江中，言曰：『胥，汝之一死之後，何能有知？』子胥因隨流揚波，依潮來往，蕩激崩岸。」

張十八員外以新詩二十五首見寄郡樓月下吟玩通夕因題卷後封寄微之　　白居易

秦城南省清秋夜，江郡東樓明月時。去我三千六百里，得君二十五篇詩。陽春曲調高難和，淡水交情老始知。坐到天明吟未足，重封轉寄與微之。

酬樂天吟張員外詩見寄因思上京每與樂天於居敬兄升平里詠張新詩　　元稹

樂天書內重封到，居敬堂前共讀時。四友一為泉路客，三人兩詠浙江詩。別無遠近皆難見，老減心情自各知。盃酒與它年少隔，不相酬贈欲何之？

郡務稍簡因得整比舊詩並連綴焚削封章繁委篋笥僅逾百軸偶成自歎因寄樂天　　元稹

近來章奏小年詩，一種成空盡可悲。書得眼昏朱似碧，用來心破髮如絲。催身易老緣多事，報主深恩在幾時？天遣兩家無嗣子，欲將

文集與它誰？

酬微之 微之題云：「郡務稍簡，因得整集舊詩，並連綴刪削，封章諫
章，繁委箱笥，僅踰百軸。偶成自歎，兼寄樂天。」　　　　白居易

　　滿裹填箱唱和詩，少年為戲老成悲。聲聲麗曲敲寒玉，句句妍辭
綴色絲。吟玩獨當明月夜，傷嗟同是白頭時。由來才命相磨折，天遣
無兒欲怨誰？

微之句云：「天遣兩家無嗣子，欲將文字付誰人。」故以此舉之。

餘思未盡加為六韻重寄微之　　　白居易

　　海內聲華併在身，篋中文字絕無倫〔1〕。遙知獨對封章草，忽憶
同為獻納臣。走筆往來盈卷軸〔2〕，除官遞互掌絲綸〔3〕。制從長慶辭
高古〔4〕，詩到元和體變新〔5〕。各有文姬才稚齒〔6〕，俱無通子繼餘
塵〔7〕。瑟書何必求王粲，〔8〕與女猶勝與外人。

編者按：原詩中句間附有注記解述，一併錄陳供參：
〔1〕美微之也。
〔2〕予與微之前後寄和詩數百篇，近代無如此多有也。
〔3〕予除中書舍人，微之撰制。微之除翰林學士，予撰制詞。
〔4〕微之長慶初知制誥，文格高古，始變俗體，繼者效之也。
〔5〕眾稱元、白為千字律詩，或號元和格。
〔6〕蔡邕無兒，有女琰，字文姬。
〔7〕陶潛小男名通子。
〔8〕蔡邕有書數萬卷，末年載數車與王粲。

酬樂天餘思不盡加為六韻之作　　　元稹

　　律呂同聲我爾身，文章君是一伶倫。眾推賈誼為才子，帝喜相如
作侍臣〔1〕。次韻千言曾報答〔2〕，直詞三道共經綸〔3〕。元詩駁雜真
難辨〔4〕，白樸流傳用轉新〔5〕。蔡女圖書雖在口〔6〕，于公門戶豈生
塵〔7〕？商瞿未老猶希冀，莫把籯金便付人。

編者按：原詩之中字句間附有注記解述，一併錄陳供參考對照：

〔1〕樂天先有〈秦中吟〉，及〈百節判〉，皆爲書肆市賈題其卷云：「白才子文章。」又樂天知誥制詞云：「覽其詞賦，喜與相如並處一時。」

〔2〕樂天曾寄予千字律詩數首，予皆用本韻酬和。後來遂以成風耳。

〔3〕樂天與予同應制科，並求前輩切直詞策，以盡經邦之術。其事已具之字詩注中爾。

〔4〕後輩好僞作予詩，傳流諸處。自到會稽已有人寫〈宮詞〉百篇，及《雜詩》兩卷，皆云是予所撰，及手勘驗，無一篇是者。

〔5〕樂天於翰林中書，取書詔批答詞等，撰爲程式，禁中號曰白樸。每有新入學士求訪，寶重過於《六典》也。

〔6〕蔡琰口誦家書四百餘篇。

〔7〕樂天常贈予詩云：「其心如肺石，動必達窮民，東川八十家，冤憤一言中。」因感無兒之歎，故予自有此句。

早春西湖閑遊悵然興懷憶與微之同賞因思在越官重事殷鏡湖之遊或恐未暇偶成十八韻寄微之

白居易

上馬復呼賓，湖邊景氣新。管弦三數事，騎從十餘人。立換登山屐，行攜漉酒巾。逢花看當妓，遇草坐為茵。西日籠黃柳，東風蕩白蘋。小橋裝雁齒，輕浪嗸魚鱗。畫舫牽徐轉，銀船酌慢巡。野情遺世累，醉態任天真。彼此年將老，平生分最親。高天從所願，遠地得為鄰。雲樹分三驛，煙波限一津。翻嗟寸步隔，卻厭尺書頻。浙右稱雄鎮，山陰委重臣。貴垂長紫綬，榮駕大朱輪。出動刀槍隊，歸生道路塵。雁驚弓易散，鷗怕鼓難馴。百吏瞻相面，千夫捧擁身，自然閑興少，應負鏡湖春。

酬樂天早春閑遊西湖頗多野趣恨不得與微之同賞因思在越官重事殷鏡湖之遊或恐未暇因成十八韻見寄樂天前篇到時適會予亦宴鏡湖南亭因述目前所睹以成酬答末章亦示暇誠則勢使之然亦欲粗爲恬養之贈耳　　元稹

雁思欲迴賓，風聲乍變新。各攜紅粉妓，俱伴紫垣人。水面波疑縠，山腰虹似巾。柳條黃大帶，葜葕葜葕，草根。綠文茵，雪盡繞通屐，汀寒未有蘋。向陽偏曬羽，依岸小游鱗。浦嶼崎嶇到，林園次第巡。墨池憐嗜學，丹井羨登真。逸少墨池，稚川丹井，皆越中異跡。雅歡游方盛，聊非意所親。白頭辭北闕，滄海是東鄰。問俗煩江界，蒐敗想渭津。故交音訊少，歸夢往來頻。獨喜同門舊，皆為列郡臣。三刀連地軸，一葦礙車輪。尚阻青天霧，空瞻白玉塵。龍因雕字識，犬為送書馴。勝事無窮境，流年有限身。懶將閑氣力，爭鬭野塘春。

西歸絕句十二首　　元稹

雙堠頻頻減去程，漸知身得近京城。春來愛有歸鄉夢，一半猶疑夢裡行。

五年江上損容顏，今日春風到武關。兩紙京書臨水讀，小桃花樹滿商山。

同歸諫院韋丞相，共貶河南亞大夫。今日還鄉獨憔悴，幾人憐見白髭鬚？

只去長安六日期，多應及得杏花時。春明門外誰相待？不夢閑人夢酒巵。

白頭歸舍意如何？賀處無窮弔亦多。左降去時裴相宅，舊來車馬幾人過？

還鄉何用淚沾襟？一半雲霄一半沉。世事漸多饒悵望，舊曾行處便傷心。

閑遊寺觀從容到，遍問親知次第尋。腸斷裴家光德宅，無人掃地戟門深。

一世營營死是休，生前無事定無由。不知山下東流水，何事長須日夜流？

今朝西渡丹河水，心寄丹河無限愁。若到莊前竹園下，殷勤為遶故山流。

寒窗風雪擁深爐，彼此相傷指白髮。一夜思量十年事，幾人強健幾人無？

雲覆藍橋雪滿谿，須臾便與碧峯齊。風回麵市連天合，凍壓花枝着水低。

寒花帶雪滿山腰，着柳冰珠滿碧條。天色漸明回一望，玉塵隨馬度藍橋。

藍橋驛見元九詩　詩中云：「江陵歸時逢春雪」　　白居易

藍橋春雪君歸日，秦嶺秋風我去時。每到驛亭先下馬，循牆遶柱覓君詩。

留呈夢得子厚致用　題藍橋驛　　元稹

泉溜才通疑夜磬，燒煙餘煖有春泥。千層玉帳鋪松蓋，五出銀區印虎蹄。暗落金烏山漸黑，深埋粉堠路渾迷。心知魏闕無多地，十二瓊樓百里西。

微之鎮武昌中路見寄藍橋懷舊之作淒然繼和兼寄安平　劉禹錫

今日油幢引，他年黃紙追。同為三楚客，獨有九霄期。宿草根長在，傷禽飛向遲。武昌應已到，新柳映紅旗。

早春憶微之　白居易

昏昏老與病相和，感物思君歎復歌。聲早雞先知夜短，色濃柳最

占春多。沙頭雨染班班草，水面風驅瑟瑟波。可道眼前光景惡，其如難見故人何？

和樂天早春見寄　　元稹

雨香雲澹覺微和，誰送春聲入棹歌？萱近北堂穿土早，柳偏東面受風多。湖添水劑消殘雪，江送潮頭湧漫波。同受新年不同賞，無由縮地欲如何？

寄樂天　　元稹

莫嗟虛老海壖西，天下風光數會稽。靈汜橋前百里鏡，石帆山崦五雲溪。冰銷田地蘆錐短，春入枝條柳眼低。安得故人生羽翼，飛來相伴醉如泥。

答微之見寄　　白居易

可憐風景浙東西，先數餘杭次會稽。禹廟未勝天竺寺，錢湖不羨若耶溪。擺塵野鶴春毛暖，拍水沙鷗濕翅低。更對雪樓君愛否，紅欄碧甃點銀泥。

西河雨夜送客　　白居易

雲黑雨翛翛，江昏水闇流。有風催解纜，無月伴登樓。酒罷無多興，帆開不少留。唯看一點火，遙認是行舟。

水上寄樂天　　元稹

眼前明月水，先入漢江流。漢水流江海，西江過庾樓。庾樓今夜月，君豈在樓頭？萬一樓頭望，還應望我愁。

編集拙詩成一十五卷因題卷末戲贈元九李二十

白居易

一篇長恨有風情，十首秦吟有正聲。每被老元偷格律，〔1〕苦教短李伏歌行。〔2〕世間富貴應無分，身後文章合有名。莫怪氣粗言語大，新排十五卷詩成。

編者按：原詩中注解

〔1〕元九向江陵日，嘗以拙詩一軸贈行，自是格變。

〔2〕李二家嘗自負歌行，近見予樂府五十首，默然心伏。

雨雪放朝因懷微之　　白居易

歸騎紛紛滿九衢，放朝三日為泥塗。不知雨雪江陵府，今日排衙得免無？

貶江陵途中寄樂天杓直以員外郎判鹽鐵樂天以拾遺在翰林　　元稹

想到江陵無一事，酒盃書卷綴新文。紫芽嫩茗和枝採，朱橘香苞數瓣分。暇日上山狂逐鹿，凌晨過寺飽看雲。算緡草詔終須解，不敢將心遠羨君。

秋雨中贈元九　　白居易

不堪紅葉青苔地，又是涼風暮雨天。莫怪獨吟秋思苦，比君校近二毛年。

酬樂天秋興見贈本句云莫怪獨吟秋思苦比君校近二毛年　　元稹

勸君休作悲秋賦，白髮如星也任垂。畢竟百年同是夢，長年何異少何為？

山石榴寄元九　　白居易

山石榴，一名山躑躅，一名杜鵑花，杜鵑啼時花撲撲。

九江三月杜鵑來，一聲催得一枝開。江城上佐閑無事，山下劚得廳前栽。爛熳一欄十八樹，根株有數花無數。千房萬葉一時新，嫩紫殷紅鮮麴塵。淚痕裛損燕支臉，剪刀裁破紅綃巾。謫仙初墮愁在世，姹女新嫁嬌泥春。日射血珠將滴地，風翻火焰欲燒人。閑折兩枝持在手，細看不似人間有。花中此物似西施，芙蓉芍藥皆嫫母。奇芳絕艷別者誰，通州遷客元拾遺。拾遺初貶江陵去，去時正值青春暮。商山秦嶺愁殺君，山石榴花紅夾路。題詩報我何所云，苦云色似石榴裙。當時叢畔唯思我，今日欄前只憶君。憶君不見坐銷落，日西風起紅紛紛。

紫躑躅　　元稹

紫躑躅，滅紫襱裙倚山腹。文君新寡乍歸來，羞怨春風不能哭。我從相識便相憐，但是花叢不廻目。去年春別湘水頭，今年夏見青山曲。青山、驛名。迢迢遠在青山上，山高水闊難容足。願為朝日早相暾，願作輕風暗相觸。爾躑躅，我向通川爾幽獨。可憐今夜宿青山，何年卻向青山宿？山花漸暗月漸明，明照空山滿山綠。山空月午夜無人，何處知我顏如玉？

夢亡友劉太白同遊章敬寺　　白居易

三千里外臥江州，十五年前哭老劉。昨夜夢中章敬寺，死生魂魄暫同遊。

附注：「劉太白」，《新唐書·宰相世系表》：「劉敦質，字太白，劉知幾曾孫，祖父起居郎貺父泆。」

「章敬寺」，《唐會要》卷四十八：「章敬寺，通化門外。火曆二年七月十九日，內侍魚朝恩請以城東莊為章敬皇后立為寺，因拆哥舒翰宅及曲江百司看屋及觀風樓造焉。」

和樂天夢亡友劉太白同遊二首　　元稹

之一

君詩昨日到通州，萬里知君一夢劉。閑坐思量小來事，祗應元是夢中遊。

之二

老來東郡復西州，行處生塵為喪劉。縱使劉君魂魄在，也應至死不同遊。

春分投簡明洞天作　　元稹

中分春一半，今日半春徂。老惜光陰甚，慵牽興緒孤。偶成投祕簡，聊得泛平湖。郡邑移仙界，山川展畫圖。旌旗遮嶼浦，士女滿闉闍。似木吳兒勁，如花越女姝。牛儂驚力直，蠶妾笑睢盱。怪我攜章甫，嘲人託鷓鴣。閭閻隨地勝，風俗與華殊。跣足沿流婦，丫頭避役奴。雕題雖少有，雞卜尚多巫。鄉味尤珍蛤，家神愛事烏。舟船通海嶠，田種繞城隅。櫛比千艘合，袈裟萬頃鋪。亥茶闐小市，漁父隔深蘆。日腳斜穿浪，雲根遠曳蒲。凝風花氣度，新雨草芽蘇。粉壞梅辭萼，紅含杏綴珠。薅餘秧漸長，燒後葑猶枯。綠綖高懸柳，青錢密辨榆。馴鷗眠淺瀨，驚雉迸平蕪。水靜王餘見，山空謝豹呼。燕狂捎蛺蝶，蟎挂集蒲盧。淺碧鶴新卵，深黃鵝嫩雛。村扉以白板，寺壁耀禎糊。禹廟纔離郭、陳莊恰半途。石帆何峭嶢？龍瑞本縈紆。穴為探符坼，潭因失箭刳。隄形彎熨斗，峯勢踴香爐。幢蓋迎三洞，煙霞貯一壺。桃枝蟠復直，桑樹亞還扶。鼈解稱從事，松堪作大夫。榮光飄殿閣，虛籟合笙竽。庭狎仙翁鹿，池游縣令鳧。君心除健羨，扣寂入虛無。岡踏翻星紀，章飛動帝樞。東皇提白日，北斗下玄都。騎吏裙皆紫，科車幰盡朱。地侯鞭社伯，海若跨天吳。霧噴雷公怒，煙揚竈鬼趨。投壺憐玉女，噀飯笑麻姑。果實經千歲，衣裳重六銖。瓊盃傳素液，金匕進雕胡。掌裏承來露，枑中釣得鱸。菌生悲局促，柯爛覺須臾。稊米休言聖，醯雞益伏愚。鼓鼙催暝色，簪組縛微軀。遂別真徒侶，還來世路衢。題詩歎城郭，揮手謝妻孥。幸有桃源近，全家肯去

無？

和微之春日投簡陽明洞天五十韻　　白居易

青陽行已半，白日坐將徂。越國強仍大，稽城高且孤。利饒鹽煮海，名勝水澄湖。牛斗天垂象，台明地展圖。天台、四明二山。環奇填市井，佳麗溢闉闍。勾踐遺風霸，西施舊俗殊。船頭龍夭嬌，橋腳獸睢盱。鄉味珍彭越〔1〕，時鮮貴鷛鵠。語言諸夏異，衣服一方殊。搗練蛾眉婢，鳴根娃角奴。江清敵伊洛，山翠勝荊巫。華表雙棲鶴，聯檣幾點烏。煙波分渡口，雲樹接城隅。澗遠松如畫，洲平水似鋪。綠科秧早稻，紫笋拆新蘆。暖蹢泥中藕，香尋石上蒲。雨來萌盡達，雷後蟄全蘇。柳眼黃絲纇，花房絳蠟珠。林風新竹折，野燒老桑枯。帶彈長枝蕙，錢穿短貫榆。暄和生野菜，卑濕長街蕪。女浣紗相伴，兒烹鯉一呼。山魈啼稚子，林犴掛山都。產業論蠶蟻，莘生計鴨鶵。泉巖雪飄灑，苔壁錦漫糊。堰限舟航路，堤通車馬途。耶溪岸迴合，禹廟徑盤紆。洞穴何因鑿，星槎誰與刳？石凹仙藥臼，峰峭佛香爐。去為投金簡，來因挈玉壺。貴仍招客宿，健未要人扶。問望賢丞相，儀形美大夫。前驅駐旌旆，偏坐列笙竽。刺史旗翻隼，尚書履曳鳧。學禪超後有，觀妙造虛無。髻裏傳僧寶，環中得道樞。登樓詩八詠，置硯賦三都。捧擁羅將綺，趨蹌紫與朱。廟謀藏稷卨，兵略貯孫吳。令下三軍整，風高四海趨。千家得慈母，六郡事嚴姑。重士過三哺，輕才〔2〕抵一銖。送觥歌宛轉，嘲妓笑盧胡。佐飲時炮鱉，蠲醒數鱠鱸。醉鄉雖咫尺，樂事亦須臾。若不中賢聖，何由外智愚？伊予一生志，我爾百年軀。江上三千里，城中十二衢。出多無伴侶，歸只對妻孥。自首青山約，抽身去得無？

編者按：原詩中注解，一併錄存供參：

〔1〕「彭越」，馬本、《唐音統籤》、汪本作「蟛蚏」。小蟹也。

〔2〕「輕才」，馬本、《唐音統籤》、汪本作「輕財」。

重過秘書舊房因題長句 時為贊善大夫 白居易

閣前下馬思徘徊，第二房門手自開。昔為白面書郎去，今作蒼鬚贊善來。吏人不識多新補，松竹相親是舊栽。應有題牆名姓在，試將衫袖拂塵埃。

和樂天過秘閣書省舊廳 元稹

聞君西省重徘徊，秘閣書房次第開。壁記欲題三漏合，吏人驚問十年來。經排蠹簡憐初校，芸長陳根識舊栽。司馬見詩心最苦，滿身蚊蚋哭煙埃。

寄樂天二首 元稹

之一

榮辱升沉影與身，世情誰是舊雷陳？唯應鮑叔猶憐我，自保曾參不殺人。山入白樓沙苑暮，潮生滄海野塘春。老逢佳景唯惆悵，兩地各傷何限神？

之二

論才賦命不相干，鳳有文章雉有冠。羸骨欲銷猶被刻，瘡痕未沒又遭彈。劍頭已折藏須蓋，丁字雖剛屈莫難。休學州前羅剎石，一生身敵海波瀾。

和寄樂天 白居易

賢愚類相交，人情之大率。然自古今來，幾人號膠漆？近聞屈指數，元某與白乙。旁愛及弟兄，中懽比家室。松筠與金石，未及喻堅密。在車如輪轅，在身如肘膝。又如風雲會，天使相召匹。不似勢利交，有名而無實。頃我在杭歲，值君之越日。望愁來儀遲，宴惜流景疾。坐耀黃金帶，酌酡頹玉質。酣歌口不停，狂舞衣相拂。平生賞心事，施展十未一。會笑始啞啞，離嗟乃唧唧。餞宴纔收拾，征棹遽排比。後恨苦綿綿，前懽何卒卒。居人色慘澹，行子心紆鬱。風袂去時

揮，雲帆望中失。宿醒和別思，目眩心忽忽。病魂黯然銷，老淚淒其
出。別君只如昨，芳歲換六七。俱是官家身，後期難自必。

贈呂二校書 與呂校書同年科第，後為別七年。元和己丑歲八月，偶於陶化坊會宿。　　元稹

同年同拜校書郎，觸處潛行爛熳狂。共占花園爭趙辟，競添錢貫
定秋娘。七年浮世皆經眼，八月閑宵忽並牀。語到欲明歡又泣，傍人
相笑兩相傷。

和元九與呂二同宿話舊感贈　　白居易

見君新贈呂君詩，憶得同年行樂時。爭入杏園齊馬首，潛過柳曲
斸蛾眉。八人雲散俱遊宦，七度花開盡別離。聞道秋娘猶且在，至今
時復問微之。

寄樂天　　元稹

閑夜思君坐到明，追尋往事倍傷情。同登科後心相合，初得官時
髭未生。二十年來諳世路，三千里外老江城。猶應更有前途在，知向
人間何處行？

夜坐　　白居易

庭前盡日立到夜，燈下有時坐徹明。此情不語何人會，時復長吁
一兩聲。

憶微之　　白居易

與君何日出屯蒙，魚戀江湖鳥厭籠。分手各拋滄海畔，折腰俱老
綠衫中。三年隔闊音塵斷，兩地飄零氣味同。又被新年勸相憶，柳條
黃軟欲春風。

酬樂天春寄微之　　元稹

鸚心明點雀幽蒙，何事相將盡入籠？君避海鯨驚浪裏，我隨巴蟒瘴煙中。千山塞路音書絕，兩地知春歷日同。一樹梅花數升酒，醉尋江岸哭東風。

紀夢詩　　元稹

夢君兄弟曲江頭，也向慈恩院裡遊。驛史喚人排馬去，忽驚身在古梁州。

注：梁州：古九州之一，《禹貢》：「華陽墨水惟梁州。冷陝西之漢道及四川省是曰梁州。」

同李十一醉憶元九　　白居易

花時同醉破春愁，醉折花枝作酒籌。忽憶故人天際去，計程今日到梁州。

山中與元九書因題書後　　白居易

憶昔封書與君夜，金鑾殿後欲明天。今夜封書在何處？廬山菴裡曉燈前。籠鳥檻猿俱未死，人間相見是何年？

附注：「白居易與元九書」，《白氏文集》卷四十五：「微之微之，作此書夜，正在草堂中山窗下。信手把筆，隨意亂書，封題之時，不覺微曙，舉頭但見山僧一兩人或坐或睡。又聞山遠谷鳥哀鳴啾啾，平生故人去我萬里，瞥然塵念，此際暫生。餘習所遷，便成三韻。」

酬樂天書後三韻　　元稹

今日廬峯霞邃寺，昔時鑾殿鳳迴書。兩封相去八年後，一種俱云五夜初。漸覺此生都是夢，不能將淚滴雙魚。

聽李士良琵琶 <small>人各賦二十八字</small>　　<small>白居易</small>

聲似胡兒彈舌語，愁如塞月恨邊雲。閑人暫聽猶眉斂，可使和蕃公主聞？

琵琶　　<small>元稹</small>

學語胡兒撼玉玲，甘州破裏最星星。使君自恨常多事，不得功夫夜夜聽。

聽妻彈別鶴操　　<small>元稹</small>

《別鶴》聲聲怨夜弦，聞君此奏欲潸然。商瞿五十知無子，便付琴書與仲宣。

和微之聽妻彈別鶴操因爲解釋其藝依韻加四句
<small>白居易</small>

義重莫若妻，生離不如死。誓將死同穴，其奈生無子。商陵迫禮教，婦出不能止。舅姑明旦辭，夫妻中夜起。起聞雙鶴別，若與人相似。聽其悲唳聲，亦如不得已。青田八九月，遼城一萬里。徘徊去住雲，嗚咽東西水。寫之在琴曲，聽者酸心髓。況當秋月彈，先入憂人耳。怨抑掩朱弦，沉吟停玉指。一聞無兒嘆，相念兩如此。無兒雖薄命，有妻偕老矣。幸免生別離，猶勝商陵氏。

附注：「別鶴操」，〈別鶴操〉：「別鶴操者，商陵牧子所作也。牧子娶妻五年，無子，父母將欲爲改娶。妻聞之，中夜驚起，倚戶悲嘯。牧子聞之，援琴鼓之。痛恩愛之永離，因彈別鶴以舒情，故曰『別鶴操』。後仍爲夫婦。」

桐孫詩 <small>并序</small>　　<small>元稹</small>

元和五年，予貶掾江陵，三月二十四日，宿曾峰館。山月曉時，見桐花

滿地，因有八韻寄白翰林詩。當時草麌未暇紀題。及今六年，詔許西歸。去時桐樹上孫枝已拱矣，予亦白鬚兩莖而蒼然斑鬢，感念前事，因題舊詩，仍賦〈桐孫詩〉一絕，又不知幾何年復來商山道中！元和十年正月題。

去日桐花半桐葉，別來桐樹老桐孫。城中過盡無窮事，白髮滿頭歸故園。

商山路驛桐樹昔與微之前後題名處　　白居易

與君前後多遷謫，五度經過此路隅。笑問中庭老桐樹，這回歸去免來無？

武關南見元九題山石榴花見寄　　白居易

往來同路不同時，前後相思兩不知。行過關門三四里，榴花不見見君詩。

酬樂天武關南見微之題山石榴花詩　　元稹

比因酬贈為花時，不為君行不復知。又更幾年還共到，滿牆塵土兩篇詩。

夢微之　十二年八月二十日夜　　白居易

晨起凌風一惆悵，通川溢水斷相聞。不知憶我因何事，昨夜三迴夢見君。

酬樂天頻夢微之　　元稹

山水萬重書斷絕，念君憐我夢相聞。我今因病魂顛倒，唯夢閑人不夢君。

夢遊春七十韻　　元稹

昔君夢遊春，夢遊何所遇？夢入深洞中，果遂平生趣。清泠淺漫

溪，畫舫蘭篙渡。過盡萬株桃，盤旋竹林路。長廊抱小樓，門牖相回互。樓下雜花叢，叢邊繞鴛鷺。池光漾彩霞，曉日初明煦。未敢上階行，頻移曲池步。烏龍不作聲，碧玉曾相慕。漸到簾幕間，徘徊意猶懼。閑窺東西閣，奇玩參差布。隔子碧油糊，駝鈎紫金鍍。逡巡日漸高，影響人將寤。鸚鵡飢亂鳴，嬌狌睡猶怒。簾開侍兒起，見我遙相諭。鋪設繡紅茵，施張鈿妝具。潛褰翡翠帷，瞥見珊瑚樹。不見花貌人，空驚香若霧。回身夜合偏，斂態晨霞聚。睡臉桃破風，汗粧蓮委露。叢梳百葉髻，金蹙重臺履。紕軟殿頭裙，玲瓏合歡袴。鮮妍脂粉薄，闇澹衣裳故。最似紅牡丹，雨來春欲暮。夢魂良易驚，靈境難久寓。夜夜望天河，無由重沿泝。結念心所期，返如禪頓悟。覺來八九年，不向花迴顧。雜洽兩京春，喧闐眾禽護。我到看花時，但作懷仙句。浮生轉經歷，道性尤堅固。近作〈夢仙〉詩，亦知勞肺腑。一夢何足云，良時自婚娶。當年二紀初，嘉節三星度。朝蕣玉珮迎，高松女蘿附。韋門正全盛，出入多歡裕。甲第漲清池，鳴騶引朱輅。廣榭舞葳蕤，長筵賓雜厝。青春詎幾日，華實潛幽蠹。秋月照潘郎，空山懷謝傅。紅樓嗟壞壁，金谷迷荒戍。石壓破闌干，門摧舊椳柭。雖云覺夢殊，同是終難駐。惊緒竟何如？棼絲不成絇。卓女〈白頭吟〉，阿嬌〈金屋賦〉。重璧盛姬臺，青塚明妃墓。盡委窮塵骨，皆隨流波注。幸有古如今，何勞縑比素？況余當盛時，早歲諧如務。詔冊冠賢良，諫垣陳好惡。三十再登朝，一登還一仆。寵榮非不早，邅廻亦云屢。直氣在膏肓，氛氳日沉痼。不言意不快，快意言多忤。忤誠人所賊，性亦天之付。乍可沉為香，不能浮作瓠。誠為堅所守，未為明所措。事事身已經，營營計何誤。美玉琢文珪，良金填武庫。徒謂自堅貞，安知受鑪鑄？長絲羈野馬，密網羅陰兔。物外各迢迢，誰能遠相錮？時來既若飛，禍速當如騖。蠹意自未精，此行何所訴？努力去江陵，笑言誰與晤。江花縱可憐，奈非心所慕。石竹逞姦黠，蔓菁誇畝數。一種薄地生，淺深何足妒。荷葉水上生，團團水中住。瀉水置葉中，君看不相污。

和夢遊春詩一百韻　并序　　白居易

微之既到江陵，又以〈夢遊春〉詩七十韻寄予，且題其序曰：「斯言也，
不可使不知吾者知；知吾者亦不可使不知。樂天知吾也，吾不敢不使吾子知。」
予辱斯言，三復其旨，大抵悔既往而悟將來也。然予以爲苟不悔不寤則已，
若悔於此，則宜悟於彼也；反於彼而悟於妄，則宜歸於眞也。況與足下外服
儒風，內宗梵行者有日矣。而今而後，非覺路之返也，非空門之歸也，將安
反乎？將安歸乎？今所和者，其卒章指歸於此。夫感不甚則悔不熟，感不至
則悟不深，故廣足下七十韻爲一百韻，重爲足下陳夢遊之中。所以甚感者，
敘婚仕之際，所以至感者，欲使曲盡其妄，周知其非，然後返乎眞，歸乎實，
亦猶《法華經》序火宅、偈化城，《維摩經》入淫舍、過酒肆之義也。微之、
微之，予斯文也，尤不可使不知吾者知，幸藏之爾云。

　　昔君夢遊春，夢遊仙山曲。恍若有所遇，似愜平生欲。因尋昌蒲
水，漸入桃花谷；到一紅樓家，愛之看不足。池流渡清泚，草嫩蹋綠
蓐。門柳闇全低，簷櫻紅半熟。轉行深深院，過盡重重屋。烏龍臥不
驚，青鳥飛相逐。漸聞玉珮響，始辨珠履躅。遙見窗下人，娉婷十五
六。霞光抱明月，蓮艷開初旭。縹緲雲雨仙，氛氳蘭麝馥。風流薄梳
洗，時世寬裝束。袖軟異文綾，裾輕單絲縠。裙腰銀線壓，梳掌金筐
蹙。帶繚紫葡萄，袴花紅石竹。凝情都未語，付意微相囑。眉斂遠山
青，鬟低片雲綠。帳牽翡翠帶，被解鴛鴦襆。秀色似堪餐，穠華如可
掬。半卷錦頭席，斜鋪繡腰褥。朱脣素指匀，粉汗紅綿撲。心驚睡易
覺，夢斷魂難續。籠委獨棲禽，劍分連理木。存誠期有感，誓志貞無
黷。京洛八九春，未曾花裏宿。壯年徒自棄，佳會應無復。鸞歌不重
聞，鳳兆從茲卜。韋門女清貴，裴氏甥賢淑。羅扇夾花燈，金鞍攢繡
縠。既傾南國貌，遂坦東床腹。劉阮心漸忘，潘楊意方睦。新修履信
第，初食尚書祿。九醞備聖賢，八珍窮水陸。秦家重簫史，彥輔憐衛
叔。朝饌饋獨盤，夜醪傾百斛。親賓盛輝赫，妓樂紛曄煜。宿醉纔解
酲，朝歡俄枕麴。飲過君子爭，令甚將軍酷。酩酊歌鷓鴣，顛狂舞鴝
鵒。月流春夜短，日下秋天速。謝傅隙奔光，蕭娘風過燭。全凋蘤花
折，半死梧桐禿。闇鏡對孤鸞，哀弦留寡鵠。淒淒隔幽顯，冉冉移寒
燠。萬事此時休，百身何處贖？提攜小兒女，將領舊姻族。再入朱門

行，一傍青樓哭。櫪空無廄馬，水涸失池鶩。搖落廢井梧，荒涼故籬菊。莓苔上几閣，塵土生琴筑。舞榭綴蟻蛸，歌梁聚蝙蝠。嫁分紅粉妾，賣散蒼頭僕。門客思徬徨，家人泣咿噢。心期正蕭索，宦序仍拘跼。懷策入崤函，驅車辭郊鄘。逢時念既濟，聚學思大畜。端詳筮仕著，磨拭穿楊鏃。始從讎校職，首中賢良目。一拔侍瑤墀，再升紆繡服。誓酬君主寵，願使朝庭肅。密勿奏封章，清明操憲牘。鷹韛中病下，豸角當邪觸。糺謬靜東周，申冤動南蜀。危言詆闇寺，直氣忤鈞軸。不忍曲作鉤，乍能折為玉。捫心無愧畏，騰口有謗讟。只要明是非，何曾虞禍福？車摧太行路，劍落酆城獄。襄漢問修途，荊蠻指殊俗。謫為江府掾，遣事荊州牧。趨走謁麾幢，喧煩視鞭扑。簿書常自領，縲囚每親鞫。竟日坐官曹，經旬曠休沐。宅荒渚宮草，馬瘦畬田粟。薄俸等涓毫，微官同桎梏。月中照形影，天際辭骨肉。鶴病翅羽垂，獸窮爪牙縮。行看鬢間白，誰勸杯中綠？時傷大野麟，命問長沙鵩。夏梅山雨漬，秋瘴江雲毒。巴水白茫茫，楚山青簇簇。吟君七十韻，是我心所蓄。既去誠莫追，將來幸前勗。欲除憂惱病，當取禪經讀。須悟事皆空，無令念將屬。請思遊春夢，此夢何閃倏。艷色即空花，浮生乃焦穀。良姻在嘉偶，頃剋為單獨。入仕欲榮身，須臾成黜辱。合者離之始，樂兮憂所伏。愁恨僧祇長，歡榮剎那促。覺悟因傍喻，迷執由當局。膏明誘闇蛾，陽燄奔癡鹿。貪為苦聚落，愛是悲林麓。水蕩無明波，輪迴死生輻。塵應甘露灑，垢待醍醐浴。障要智燈燒，魔須慧刀戮。外熏性易染，內戰心難衄。法句與心王，期君日三復。微之常以《法句》及《心王頭陀經》相示，故申言以卒其志也。

歲暮道情二首　白居易

之一

壯日苦曾驚歲月，長年都不惜光陰。為學空門平等法，先齊老少死生心。

之二

半故青衫半白頭，雪風吹面上江樓。禪功自見無人覺，合是愁時

亦不愁。

贈樂天　　元稹

等閑相見消長日，也有閑時更學琴。不是眼前無外物，不關心事不經心。

泛太湖書事寄微之　　白居易

煙堵雲帆處處通，飄然舟似入虛空。玉盃淺酌巡初匝，金管徐吹曲未終。黃夾纈林寒有葉，碧琉璃水靜無風。避旗飛鷺翩翩白，驚鼓跳魚撥刺紅。澗雪壓多松偃蹇，巖泉滴久石玲瓏。〔1〕書為故事留湖上，〔2〕吟作新詩寄浙東。軍府威容從道盛，江山氣色定知同。報君一事君應羨，五宿澄波皓月中。

〔1〕所見勝景。
〔2〕多記在湖中石上。

洞庭湖　　元稹

人生除泛海，便到洞庭波。駕浪沉西日，吞空接曙河。虞巡竟安在，軒樂詎錯過。唯有君山下，狂風萬古多。

寄李蘇州兼示楊瓊　　白居易

真娘墓頭春草碧，心奴鬢上秋霜白。為問蘇臺酒席中，使君歌笑與誰同？就中猶有楊瓊在，堪上東山伴謝公。

和樂天示楊瓊　　元稹

我在江陵少年日，知有楊瓊初喚出。腰身瘦小歌圓緊，依約年應十六七。去年十月過蘇州，瓊來拜問郎不識。青衫玉貌何處去？安得紅旗遮頭白？我語楊瓊瓊莫語，汝雖笑我我笑汝。汝今無復小腰身，不似江陵時好女。楊瓊為我歌送酒，爾憶江陵縣中否？江陵王令骨為

灰，車來嫁作尚書婦。盧戭及第嚴潤在，其餘死者十八九。我今賀爾亦自多，**爾得老成余白首。** 楊瓊本名播，少爲江陵酒妓。去年姑蘇過瓊敘舊，及今見樂天此篇，因走筆追書此曲。

寄生衣與微之因題封上　　白居易

淺色縠衫輕似霧，紡花紗袴薄於雲。莫嫌輕薄但知著，猶恐通州熱殺君。

酬樂天寄生衣　　元稹

秋茅處處流疢癘，夜鳥聲聲哭瘴雲。羸骨不勝纖細物，欲將文服卻還君。

放言五首　并序　　白居易

元九在江陵時，有〈放言〉長句詩五首，韻高而體律，意古而詞新。余每詠之，甚覺有味，雖前輩深於詩者，未有此作。唯李頎有云：「濟水至清河自濁，周公大聖接輿狂」。斯句近之矣。余出佐潯陽，未屆所任，舟中多暇，江上獨吟，因綴五篇，以續其意耳。

之一

朝真暮偽何人辨？古往今來底事無？但愛臧生能詐聖，可知甯子解佯愚？草螢有耀終非火，荷露雖團豈是珠？不取燔柴兼照乘，可憐光彩亦何殊？

之二

世途倚伏都無定，塵網牽纏卒未休。禍福迴還車轉轂，榮枯反覆手藏鉤。龜靈未免刳腸患，馬失應無折足憂。不信君看奕棋者，輸贏須待局終頭。

之三

贈君一法決狐疑，不用鑽龜與祝蓍。試玉要燒三日滿，辨材須待七年期。周公恐懼流言後，王莽謙恭未篡時。向使當初身便死，一生

真偽復誰知？

之四

誰家第宅成還破，何處親賓哭復歌？昨日屋頭堪炙手，今朝門外好張羅。北邙未省留閑地，東海何曾有定波？莫笑貧賤誇富貴，共成枯骨兩如何？

之五

泰山不要欺毫末，顏子無心羨老彭。松樹千年終是朽，槿花一日自為榮。何須戀世常憂死，亦莫嫌身漫厭生。生去死來都是幻，幻人哀樂繫何情？

放言五首　　元稹

之一

近來逢酒便高歌。醉舞詩狂漸欲魔。五斗解酲猶恨少，十分飛盞未嫌多。眼前讎敵都休問，身外功名一任他。死是老閑生也得，擬將何事奈吾何。

之二

莫將心事厭長沙，雲到何方不是家。酒熟舖糟學漁父，飯來開口似神鴉。竹枝待鳳千莖直，柳樹迎風一向斜。總被天公霑雨露，等頭成長盡生涯。

之三

霆轟電烻數聲頻，不奈狂夫不藉身。縱使被雷燒作燼，寧殊埋骨颭為塵。得成蝴蝶尋花樹，儻化江魚棹錦鱗。必若乖龍在諸處，何須驚動自來人？

之四

安得心源處處安？何勞終日望林巒？玉英惟向火中冷，蓮葉元來水上乾。甯戚飯牛圖底事，陸通歌鳳也無端。孫登不語啟期樂，各自當情各自歡。

之五

三十年來世上行，也曾狂走趁浮名。兩廻左降須知命，數度登朝何處榮。乞我盃中松葉滿，遮渠肘上柳枝生。他時定葬燒缸地，賣與人家得酒盛。

寄微之　白居易

帝城行樂日紛紛，天畔窮愁我與君。秦女笑歌春不見，巴猿啼哭夜常聞。何處琵琶弦似語。誰家喎墮髻如雲？人生多少歡娛事，那獨千分無一分？

酬樂天歎窮愁見寄　元稹

病煎愁緒轉紛紛，百里何由說向君？老去心情隨日減，遠來書信隔年聞。三冬有電連春雨，九月無霜盡火雲。併與巴南終歲熱，四時誰道各平分？

錢塘湖春行　白居易

孤山寺北賈亭西，水面初平雲腳低。幾處早鶯爭暖樹，誰家新燕啄春泥？亂花漸欲迷人眼，淺草纔能沒馬蹄。最愛湖東行不足，綠楊陰裡白沙隄。

虛白堂　白居易

虛白堂前衙退後，更無一事到中心。移牀就日簷間臥，臥詠閑詩側枕琴。

附注：「虛白堂」，《咸淳臨安志》卷五二：「虛白堂，唐長慶中，刺史白父公有詩，刻石堂上。」

代郡齋神答樂天　元稹

虛白堂神傳好語，二年長伴獨吟時。夜憐星月多離燭，日滉波濤

一下帷。為報何人償酒債？引看牆上使君詩。

和樂天早春見寄　　<small>元稹</small>

雨香雲淡覺微和，誰送春聲入棹歌。萱近北堂穿土早，柳偏東面受風多。湖添水色消殘雪，江送潮頭湧漫波。同受新年不同賞，無由縮地欲如何？

醉後却寄元九　　<small>白居易</small>

蒲池村裡匆匆別，灃水橋邊兀兀迴。行到城門殘酒醒，萬重離恨一時來。

酬樂天醉別　　<small>元稹</small>

前回一去五年別，此別又知何日回？好住樂天休悵望，匹如元不到京來。

菊花　　<small>元稹</small>

秋叢繞舍似陶家，遍繞籬邊日漸斜。不是花中偏愛菊，此花開盡更無花。

禁中九日對菊花酒憶元九　　<small>元九云：「不是花中唯愛菊，此花開盡更無花。」　白居易</small>

賜酒盈杯誰共持，宮花滿把獨相思。相思只傍花邊立，盡日吟君詠菊詩。

重寄別微之　　<small>白居易</small>

憑仗江波寄一辭，不須惆悵報微之。猶勝往歲峽中別，灔澦堆邊招手時。

酬樂天重寄別　　　元稹

卻報君侯聽苦辭，老頭拋我欲何之。武牢關外雖分手，不似如今衰白時。

重題別東樓　　　白居易

東樓勝事我偏知，氣象多隨昏旦移。湖卷衣裳白重疊，山張屏障綠參差。海仙樓塔晴方出，江女笙簫夜始吹。春雨星攢尋蟹火，秋風霞颭弄濤旗。[1]宴宜雲鬟新梳後，曲愛霓裳未拍時。太守三年嘲不盡，郡齋空作百篇詩。

〔1〕餘杭風俗：每寒食雨後夜涼，家家持炬尋蟹，動盈萬人。每歲八月迎濤，弄水者悉舉旗幟焉。

和樂天重題別東樓　　　元稹

山容水態使君知，樓上從容萬狀移。日映文章霞細麗，風驅鱗甲浪參差。鼓催潮戶凌晨擊，笛賽婆官徹夜吹。喚客潛揮遠紅袖，賣爐高挂小青旗。臘鋪床席春眠處，高捲簾帷月上時。光景無因將得去，為郎鈔在和郎詩。

十年三月三日別微之於灃上十四年三月十一日夜遇微之於峽中停舟夷陵三宿而別言不盡者以詩終之因賦七言十七韻以贈且欲寄所遇之地與相見之時為他年會話張本也　　　白居易

灃水店頭春盡日，送君上馬謫通川。夷陵峽口明月夜，此處逢君是偶然。一別五年方見面，相攜三宿未廻船。坐從日暮唯長嘆，語到天明竟未眠。齒髮蹉跎將五十，關河迢遞過三千。生涯共寄滄江上，鄉國俱拋白日邊。往事渺茫都是夢，舊遊零落半歸泉。醉悲灑淚春杯裏，吟苦支頤曉燭前。莫問龍鍾惡官職，且聽清脆好文篇[1]。別來只是成詩癖，老去何曾更酒顛。各限王程須去住，重開離宴貴留連。黃

牛渡北移征棹，白狗崖東卷別筵〔2〕。神女臺雲閑繚繞，使君灘水急潺湲。風淒暝色愁楊柳，月弔宵聲哭杜鵑。萬丈赤幢潭底日，一條白錬峽中天。君還秦地辭炎徼，我向忠州入瘴煙。未死會應相見在，又知何地復何年？

編者按：原詩中注解，一併錄存供參：

〔1〕微之別來有新詩數百篇，麗絕可愛。

〔2〕黃牛、白狗，皆峽中地名，即與微之遇別之所也。

澧西別樂天博載樊宗憲李景信兩秀才姪谷三月三十日相餞送　元稹

今朝相送自同遊，酒語詩情替別愁。忽到澧西總回去，一身騎馬向通州。

去歲罷杭州今春領吳郡愧無善政聊寫鄙懷兼寄三相公　白居易

為問三丞相，如何秉國鈞？那將最劇郡，付與苦慵人。豈有吟詩客，堪為持節臣。不才空飽暖，無惠及飢貧。昨臥南城月，今行北境春。鉛刀磨欲盡，銀印換何頻。杭老遮東轍，吳童掃路塵。虛迎復虛送，慚見兩州民。

代杭民作使君一朝去二首　元稹

之一

使君一朝去，遺愛在民口。惠化境內春，才名天下首。為問龔黃輩，兼能作詩否？

之二

使君一朝去，斷腸如剉蘗。無復見冰壺，唯應鏤金石。自此一州民，生男盡名白。

別州民　　白居易

耆老遮歸路，壺漿滿別筵。甘棠無一樹，那得淚潸然？稅重多貧戶，農飢足旱田。唯留一湖水，與汝救凶年。今春增築錢塘湖堤，貯水以防天旱，故云。

附注：「唯留一湖水」，《錢唐湖石記》：「錢唐湖一名上湖，周迴三十里，北有石函，南有筧。凡放水灌田，每減一寸，可灌十五餘頃。往年旱甚，即湖水不充。今年修築湖堤，高加數尺，水亦隨之增加，即不憂足矣。予在郡三年，仍歲逢旱，湖之利害，盡究其由。恐來者要知，故書於石，欲讀者易曉，故不文其言。長慶四年三月十日杭州刺史白居易記。」

代杭民答樂天　　元稹

翠暮籠斜日，朱衣儼別筵。管弦淒欲罷，城郭望依然。路溢新城市，農開舊廢田。春坊幸無事，何惜借三年？

除夜寄微之　　白居易

鬢毛不覺白毿毿，一事無成百不堪。共惜盛時辭闕下，同嗟除夜在江南。家山泉石尋常憶，世路風波子細諳。老校於君合先退，明年半百又加三。

除夜酬樂天　　元稹

引儺綏祂亂毿毿，戲罷人歸思不堪。虛漲火塵龜浦北，無由阿傘鳳城南。休官期限元同約，除夜情懷老共諳。莫道明朝始添歲，今年春在歲前三。

八月十五日夜禁中獨直對月憶元九　　白居易

銀臺金闕夕沈沈，獨宿相思在翰林。三五夜中新月色，二千里外故人心。渚宮東面煙波冷，浴殿西頭鐘漏深。猶恐清光不同見，江陵

卑濕足秋陰。

酬樂天八月十五夜禁中獨直玩月見寄　　元稹

一年秋半月偏深，況就煙霄極賞心。金鳳臺前波漾漾，玉鈎簾下影沉沉。宴移明處清蘭路，歌待新詞促翰林。何意枚皋正承詔，瞥然塵念到江陰。

使東川　并序　　元稹

元和四年三月七日，予以監察御史使東川，往來鞍馬間，賦詩三十二章。祕書省校書郎白行簡，爲予手寫爲《東川卷》，今所錄者，但七言絕句長句耳。起〈駱口驛〉，盡〈望驛臺〉，二十二首云。

駱口驛二首東壁上有李二十員外逢吉，崔二十二侍御詔使雲南題名處，北壁有翰林白二十二居易題〈擁石〉、〈關雲〉、〈開雪〉、〈紅樹〉等篇，有王質夫和焉。王不知是何人也。

其一

郵亭壁上數行字，崔李題名王白詩。盡日無人共言語，不離牆下至行時。

其二

二星徼外通蠻服，五夜燈前草御文。我到東川恰相半，向南看月北看雲。

清明日行至漢上，憶與樂天，知退，杓直，拒非順之輩同遊。

常年寒食好風輕，觸處相隨取次行。今日清明漢江上，一身騎馬縣官迎。

亞枝紅往歲，與樂天曾於郭家亭子竹林中，見亞枝紅桃花半在池水。自後數年，不復記得。忽於襄城驛池岸竹間見之，宛如舊物，深所愴然。

平陽池上亞枝紅，悵望山郵是事同。還向萬竿深竹裏，一枝渾臥碧流中。

梁州夢是夜宿漢川驛，夢與杓直，樂天同遊曲江，兼入慈恩寺諸院。倏然而寤，則遞乘及階。郵使已傳呼報曉矣。

夢君同遶曲江頭，也向慈恩院院遊。亭吏喚人排去馬，忽驚身在古梁州。

南秦雪

帝城寒盡臨寒食，駱谷春深未有春。纔見嶺頭雲似蓋，已驚巖下雪如塵。千峯筍石千株玉，萬樹松蘿萬朵銀。飛鳥不飛猿不動，青驄御史上南秦。

山枇杷

山枇杷，花似牡丹殷潑血。往年乘傳過青山，正值山花好時節。壓枝凝豔已全開，映葉香苞纔半裂。緊束紅袖欲支頤，慢解絳囊初破結。金線叢飄繁藥亂，珊瑚朵重纖莖折。因風旋落裙片飛，帶日斜看目精熱。亞水依巖半傾側，籠雲隱霧多愁絕。綠珠語盡身欲投，漢武眼穿神漸滅。穠姿秀色人皆愛，怨媚羞容我偏別。說向閑人人不聽，曾向樂天詩人說。昨來谷口先相問，及到山前已消歇。左降通州十日遲，又與幽花一年別。山枇杷，爾託深山何太拙？天高萬里看不精，帝在九重深不徹。園中杏樹良人醉，陌上柳枝年少折。因爾幽芳喻昔賢，磻溪冷坐權門咽。

江樓月嘉川驛望月，憶杓直、樂天、知退、拒非、順之數賢，居近曲江，閑夜多同步月。

嘉陵江岸驛樓中，江在樓前月在空。月色滿床兼滿地，江聲如鼓復如風。誠知遠近皆三五，但恐陰晴有異同。萬一帝鄉還潔白，幾人潛傍杏園東。

慚問囚蜀門夜行，憶與順之在司馬鍊師壇上話出處時。

司馬子微壇上頭，與君深結白雲儔。尚平村落擬連買，王屋山泉為別遊。各待陸渾求一尉，共資三逕便同休。那知今日蜀門路，帶月夜行緣問囚。

江上行

悶見漢江流不息，悠悠漫漫竟何成？江流不語意相問，何事遠來江上行？

漢江上笛二月十五日夜，於西縣白馬驛南樓聞笛悵然。憶得小年曾與從兄長楚寫〈漢江聞笛賦〉，因而有愴耳。

小年為寫遊梁賦，最說漢江聞笛愁。念夜聽時在何處？月明西縣驛南樓。

郵亭月於駱口驛，見崔二十二題名處，數夜後，於青山驛玩月，憶得崔生好持確論。每於宵話之中，常曰：人生晝務夜安，步月閑行，吾不與也。言訖堅臥。他人雖千百其詞，難動搖矣，至是愴然，思此題，因有獻。

君多務實我多情，大抵偏嗔步月明。今夜山郵與蠻嶂，君應堅臥我還行。

嘉陵驛二首

其一

嘉陵驛上空床客，一夜嘉陵江水聲。仍對牆南滿山樹，野花撩亂月朧明。

其二

牆外花枝壓短牆，月明還照半張牀。無人會得此時意，一夜獨眠西畔廊。

百牢關奉使推小吏任敬仲

嘉陵江上萬重山，何事臨江一破顏？自笑只緣任敬仲，等閑身度百牢關。

江花落

日暮嘉陵江水東，梨花萬片逐江風。江花何處最腸斷，半落江流半在空。

嘉陵江二首

其一

秦人惟識秦中水，長想吳江與蜀江。今日嘉川驛樓下，可憐如練遶明窗。

其二

千里嘉陵江水聲，何年重遶此江行？只應添得清宵夢，時見滿江流月明。

望喜驛

滿眼文書堆案邊，眼昏偷得暫時眠。子規驚覺燈又滅，一道月光橫枕前。

夜深行

夜深猶自遶江行，震地江聲似鼓聲。漸見戌樓疑近驛，百牢官吏火前迎。

酬和元九東川路詩十二首　十二篇皆因新境追憶舊事，不能一一曲敘，但隨而和之，唯余與元知之耳。　　白居易

駱口驛舊題詩

拙詩在壁無人愛，鳥污苔侵文字殘。唯有多情元侍御，繡衣不惜拂塵看。

南秦雪

往歲曾為西邑吏，慣從駱口到南秦。三時雲冷多飛雪，二月山寒少有春。我思舊事猶惆悵，君作初行定苦辛。仍賴愁猿寒不叫，若聞猿叫更愁人。

山枇杷花二首

之一

萬里青嶂蜀門口，一樹紅花山頂頭。春盡憶家歸未得，低紅如解替君愁。

之二

葉如裙色碧綃淺，花似芙蓉紅粉輕。若使此花兼解語，推囚御史定違程。

江樓月

嘉陵江曲曲江池，明月雖同人別離。一宵光景潛相憶，兩地陰晴遠不知。誰料江邊懷我夜，正當池畔望君時。今朝共語方同悔，不解多情先寄詩。

亞枝花

山郵花木似平陽，愁殺多情驄馬郎。還似昇平池畔坐，低頭向水自看妝。

江上笛

江上何人夜吹笛，聲聲似憶故園春？此時聞者堪白頭，況是多愁少睡人。

嘉陵夜有懷二首

之一

露濕牆花春意深，西廊月上半牀陰。憐君獨臥無言語，惟我知君此夜心。

之二

不明不闇朧朧月，非暖非寒慢慢風。獨臥空牀好天氣，平明閑事

到心中。

夜深行

百牢關外夜行客，三殿角頭宵直人。莫道近臣勝遠使，其如同是不閑身。

望驛臺

靖安宅裡當窗柳，望驛臺前撲地花。兩地春光同日盡，居人思客客思家。

江岸梨

梨花有思緣和葉，一樹江頭惱殺君。最似嬌閨少年婦，白妝素袖碧紗裙。

三遣悲懷　　元稹

之一

謝公最小偏憐女，自嫁黔婁百事乖。顧我無衣搜藎篋，泥他沽酒拔金釵。野蔬充膳甘長藿，落葉添薪仰古槐。今日俸錢過十萬，與君營奠復營齋。

之二

昔日戲言身後意，今朝皆到眼前來。衣裳已施行看盡，針線猶存未忍開。尚想舊情憐婢僕，也曾因夢送錢財。誠知此恨人人有，貧賤夫妻百事哀。

之三

閑坐悲君亦自悲，百年都是幾多時。鄧攸無子尋知命，潘岳悼亡猶費詞。同穴窅冥何所望？他生緣會更難期。唯將終夜長開眼，報答平生未展眉。

附注：「鄧攸無子」，《晉書・良吏傳》：「鄧攸字伯道。……永嘉末，沒於石勒。……石勒過泗水，攸乃斫壞車，以牛馬負妻子而逃。又遇賊，掠其牛馬，步走，擔其兒及弟子綏，度不能兩全，乃謂其妻曰：『吾弟早亡，唯有一息，理不可絕，止應自棄我兒耳。幸而得存，我後當有子。』妻泣而從之，乃棄之。其子朝棄而暮及。明日，攸繫之於樹而去。……攸棄子之後，妻不復孕。……卒以無嗣。時人義而哀之，爲之語曰：『天道無知，使鄧伯道無兒。』」

答謝家最小偏憐女 感元九悼亡詩，因爲代答三首　　白居易

嫁得梁鴻六七年，耽書愛酒日高眠。雨荒春圃唯生草，雪壓朝廚未有煙。身病憂來緣女少，家貧忘卻爲夫賢。誰知厚俸今無分，枉向秋風吹紙錢。

除夜　　元稹

憶昔歲除夜，見君花燭前。今宵祝文上，重疊敘新年。閑處低聲哭，空堂背月眠。傷心小兒女，撩亂火堆邊。

和除夜作　　白居易

君賦此詩夜，窮陰歲之餘。我和此詩日，微和春之初。老知顏狀改，病覺支體虛。頭上毛髮短，口中牙齒疏。一落老病界，難逃生死墟。況此促促世，與君多索居。君在浙江東，榮駕方伯輿。我在魏闕下，謬乘大夫車。妻孥常各飽，奴婢亦盈廬。唯是利人事，此君全不如。我統十郎官，君領百吏胥。我掌四曹局，君管十鄉閭。君爲父母君，大惠在資儲。我爲刀筆吏，小惡乃誅鋤。君提七郡籍，我按三尺書。俱已佩金印，嘗同趨玉除。外寵信非薄，中懷何不攄？恩光未報答，日月空居諸。磊落嘗許君，蹢躅應笑余。所以自知分，欲先歌歸歟。

空屋題 十月十四日夜　　元稹

朝從空屋裡，騎馬入空臺。盡日推閑事，還歸空屋來。月明穿暗隙，燈燼落殘灰。更想咸陽道，魂車昨夜回。

答騎馬入空臺　　白居易

君入空臺去，朝往暮還來。我入泉臺去，泉門無復開。鰥夫仍繫職，稚女未勝哀。寂寞咸陽道，家人覆墓迴。

感夢　　元稹

行吟坐歎知何極？影絕魂銷動隔年。今夜商山館中夢，分明同在後堂前。

答山驛夢　　白居易

入君旅夢來千里，閉我幽魂欲二年。莫忘平生行坐處，後堂階下竹叢前。

恒寂師　　白居易

舊遊分散人零落，如此傷心事幾條？會逐禪師坐禪去，一時滅盡定中消。

和樂天贈雲寂僧　　元稹

欲離煩惱三千界，不在禪門八萬條。心火自生還自滅，雲師無路與君銷。

元九以綠絲布白輕裾見寄製成衣服以詩報知
白居易

綠絲文布素輕裾，珍重京華手自封。貧友遠勞君寄附，病妻親為我裁縫。袴花白似秋雲薄，衫色青於春草濃。欲著卻休知不稱，折腰

無後舊形容。

酬樂天得穛所寄紵絲布白輕庸製成衣服以詩報之
元穛

溢城萬里隔巴庸，紵薄絺輕共一封。腰帶定知今瘦小，衣衫難作遠裁縫。唯愁書到炎涼變，忽見詩來意緒濃。春草綠茸雲色白，想君騎馬好儀容。

憶微之傷仲遠　李三仲遠，去年春喪。　白居易

幽獨辭羣久，漂流去國賒。只將瑟作伴，唯以酒為家。感逝因看水，傷離為見花。李三埋地底，元九謫天涯。舉眼青雲遠，迴頭白日斜，可能勝賈誼，猶自滯長沙？

酬樂天見憶兼傷仲遠　元穛

死別重泉閟，生離萬里賒。瘴侵新病骨，夢到故人家。遙淚陳根草，閑收落地花。庾公樓悵望，巴子國生涯。河任天然曲，江隨峽勢斜。與君皆直戇，須分老泥沙。

謫居　白居易

面瘦頭斑四十四，遠謫江州為郡吏。逢時棄置從不才，未老衰嬴為何事？火燒寒澗松為燼，霜降春林花委地。遭時榮悴一時間，豈是昭昭上天意？

聞樂天授江州司馬　元穛

殘燈無焰影憧憧，此夕聞君謫九江。垂死病中驚坐起，暗風吹雨入寒窗。

相憶淚　　<small>元稹</small>

西江流水到江州，聞道分成九道流。我滴兩行相憶淚，遣君何處遣人求？除非入海無由住，縱使逢灘永擬休。會向伍員潮上見，氣充頑石報心讎。

郡中閑獨寄微之及崔湖州　　<small>白居易</small>

少年賓旅非吾輩，晚歲簪纓束我身。酒散更無同宿客，詩成長作獨吟人。蘋洲會面知何日，鏡水離心又一春。兩處也應相憶在，官高年長少情親。

獨遊　　<small>元稹</small>

遠地難逢侶，閑人且獨行。上山隨老鶴，接酒待殘鶯。花當西施面，泉勝衛玠清，鸂鶒滿春野，無限好同聲。

和李校書新題樂府十二首　<small>并序</small>　　<small>元稹</small>

予友李公垂貺予〈樂府新題〉二十首，雅有所謂，不虛爲文。予取其病時之尤急者，列而和之，蓋十二而已。昔三代之盛也，士議而庶人謗。又曰：世理則詞直，世忌則詞隱，予遭理世而君盛聖，古直其詞以示後，使夫後之人，謂今日爲不忌之時焉。李公垂作〈樂府新題〉二十篇，稹取其病時之尤急者，列而和之，蓋十五而已。今所得纔十二篇，又得八駿圖一篇，總十三篇。

上陽白髮人　　<small>元稹</small>

天寶年中花鳥使，撩花狎鳥含春思。滿懷墨詔求嬪御，走上高樓半酣醉。醉酣直入卿士家，閨闈不得偷回避。良人顧妾心死別，小女呼爺血垂淚。十中有一得更衣，永醉深宮作宮婢。御馬南奔胡馬蹙，宮女三千合宮棄。宮門一閉不復開，上陽花草青苔地。月夜閑聞洛水

聲，秋池暗度風荷氣。日日長看提象門，終身不見門前事。近年又送數人來，自言興慶南宮至。我悲此曲將徹骨，更想深冤復酸鼻。此輩賤嬪何足言，帝子天孫古稱貴。諸王在閣四十年，十宅六宮門戶閟。隋煬枝條襲封邑，肅宗血胤無官位。肅宗已後，諸王並未出閣。王無妃媵主無壻，陽亢陰淫結災累。何如決壅順眾流，女遣從夫男作吏。

上陽白髮人　　白居易

天寶五載已後，楊貴妃專寵，後宮人無復進幸矣。六宮有美色者，輒置別所，上陽是其一也。貞元中尚存焉。

上陽人，紅顏暗老白髮新。綠衣監使守宮門，一閉上陽多少春。玄宗末歲初選入，入時十六今六十。同時采擇百餘人，零落年深殘此身。憶昔吞悲別親族，扶入車中不教哭。皆云入內便承恩，臉似芙蓉胸似玉。未容君王得見面，已被楊妃遙側目。妒令潛配上陽宮，一生遂向空房宿。秋夜長，夜長無寐天不明。耿耿殘燈背壁影，蕭蕭暗雨打窗聲。春日遲，日遲獨坐天難暮。宮鶯百囀愁厭聞，梁燕雙栖老休妒。鶯歸燕去長悄然，春往秋來不記年。唯向深宮望明月，東西四五百迴圓。今日宮中年最老，大家遙賜尚書號。小頭鞋履窄衣裳，青黛點眉眉細長。外人不見見應笑，天寶末年時世妝。上陽人，苦最多。少亦苦，老亦苦，少苦老苦兩如何？君不見昔時呂向《美人賦》；天寶末，有密采艷色者，當時號花鳥使。呂向獻《美人賦》以諷之。又不見今日上陽白髮歌。

華原磬　　元稹

泗濱浮石裁為磬，古樂疏音少人聽。工師小賤牙曠稀，不辨邪聲嫌雅正。正聲不屈古調高，鍾律參差管弦病。鏗金戛瑟徒相雜，投玉敲冰杳然震。華原軟石易追琢，高下隨人無《雅》《鄭》。棄舊美新由樂胥，自此黃鍾不能競。玄宗愛樂愛新樂，梨園弟子承恩橫。《霓裳》縵徹胡騎來，《雲門》未得蒙親定。我藏古磬藏在心，有時激作《南風》詠。伯夔曾撫野獸馴，仲尼暫和春雷盛。何時得向筍簴懸？為君一吼

君心醒。願君每聽念封疆，不遣豺狼勤人命。

華原磬　　白居易

天寶中，始廢泗濱磬，用華原石代之。詢諸磬人，則曰：故老云：泗濱磬下調之不能和，得華原石考之乃和，由是不改。

華原磬，華原磬，古人不聽今人聽。泗濱石，泗濱石，今人不擊古人擊。今人古人何不同，用之捨之由樂工。樂工雖在耳如壁，不分清濁即為聾。梨園弟子調律呂，知有新聲不知古。古稱浮磬出泗濱，立辯致死聲感人。宮懸一聽華原石，君心遂忘封疆臣。果然胡寇從燕起，武臣少肯封疆死。始知樂與時政通，豈聽鏗鏘而已矣。磬襄入海去不歸，長安市人為樂師。華原磬與泗濱石，清濁兩聲誰得知？

五弦彈　　元稹

《樂苑》曰：「五弦未詳所起，形如琵琶，五弦四隔，孤柱一。合散聲五，隔聲二十，柱聲一，總二十六聲，隨調應律。」《唐書·樂志》曰：「五弦琵琶稍小，蓋北國所出。」《樂府雜錄》曰：「唐貞元中，趙璧妙於此伎。」《國史補》曰：「趙璧彈五弦，人問其術，曰：『吾之於五弦也，始則心驅之，中則神遇之，終則天隨之。方吾洗然眼如耳，耳如鼻，不知五弦之為璧，璧之為五弦也。』」

趙璧五弦彈徵調，徵聲巉絕何清峭。辭雄皓鶴警露啼，失子哀猿繞林嘯。風入春松正凌亂，鶯含曉舌憐嬌妙。嗚嗚暗溜咽冰泉，殺殺霜刀澀寒鞘。促節頻催漸繁撥，珠幢斗絕金鈴掉。千鞈鳴鏑發胡弓，萬片清球擊虞廟。眾樂雖同第一部，德宗皇帝常偏召。旬休節假暫歸來，一聲狂殺長安少。主第侯家最難見，按歌按曲皆承詔。水精簾外教貴嬪，玳瑁筵心伴中要。臣有五賢非此弦，或在拘囚或屠釣。一賢得進勝累百，兩賢得進同周召。三賢事漢滅暴強，四賢鎮嶽寧邊徼。五賢並用調五常，五常既序三光曜。趙璧五弦非此賢，九九何勞設庭燎？

五絃彈　　白居易

五絃彈，五絃彈，聽者傾耳心寥寥。趙璧知君人骨愛，五絃一一為君調。第一第二絃索索，秋風拂松疏韻落。第三第四絃泠泠，夜鶴憶子籠中鳴。第五絃聲最掩抑，隴水凍咽流不得。五絃並奏君試聽，淒淒切切復錚錚；鐵擊珊瑚一兩曲，冰寫玉盤千萬聲。鐵聲殺，冰聲寒。殺聲入耳膚血寒，慘氣中人肌骨酸。曲終聲盡欲半日，四座相對愁無言。座中有一遠方士，唧唧咨咨聲不已。自歎今朝初得聞，始知辜負平生耳。唯憂趙璧白髮生，老死人間無此聲。遠方士，爾聽五絃信為美，吾聞正始之音不如是。正始之音其若何，朱絃疏越清廟歌。一彈一唱再三歎，曲淡節稀聲不多。融融曳曳召元氣，聽之不覺心平和。人情重今多賤古，古琴有絃人不撫。更從趙璧藝成來，二十五絃不如五。

西涼伎　　元稹

吾聞昔日西涼州，人煙撲地桑柘稠。蒲葡酒熟恣行樂，紅豔青旗朱粉樓。樓下當壚稱卓女，樓頭伴客名莫愁。鄉人不識離別苦，更卒多為沉滯遊。哥舒開府設高宴，八珍九醞當前頭。前頭百戲競撩亂，丸劍跳躑霜雪浮。師子搖光毛彩豎，胡姬醉舞筋骨柔。大宛來獻赤汗馬，贊普亦奉翠茸裘。一朝燕賊亂中國，河湟忽盡空遺丘。開遠門前萬里堠，今來蹙到行原州。去京五百而近何其逼，天子縣內半沒為荒陬，西京之道爾阻修。連城邊將但高會，每聽此曲能不羞？

西涼伎　　白居易

西涼伎，假面胡人假師子。刻木為頭絲作尾，金鍍眼睛銀帖齒。奮迅毛衣擺雙耳，如從流沙來萬里。紫髯深目兩胡兒，鼓舞跳梁前致辭。應似涼州未陷日，安西都護進來時。須臾云得新消息，安西路絕歸不得。泣向師子涕雙垂，涼州陷沒知不知？師子迴頭向西望，哀吼一聲觀者悲。貞元邊將愛此曲，醉坐笑看看不足。享賓犒士宴三軍，師子胡兒長在目。有一征夫年七十，見弄涼州低面泣。泣罷斂手白將

軍，主憂臣辱昔所聞。自從天寶兵戈起，犬戎日夜吞西鄙。涼州陷來四十年，河隴侵將七千里。平時安西萬里疆，今日邊防在鳳翔。平時開遠門外立堠，云去安西九千九百里，以示戍人，不為萬里行，其實就盈數也。今蕃漢使往來，悉在隴州交易也。緣邊空屯十萬卒，飽食溫衣閑過日。遺民腸斷在涼州，將卒相看無意收。天子每思常痛惜，將軍欲說合慚羞。奈何仍看西涼伎，取笑資歡無所愧。縱無智力未能收，忍取西涼弄為戲？

法曲　元稹

「法曲」：《唐會要》曰：「文宗開成三年，改法曲為仙韶曲。」按：法曲起於唐，謂之法部。其曲之妙者，有〈破陣樂〉、〈一戎大定樂〉、〈長生樂〉、〈赤白桃李花〉，餘曲有〈堂堂〉、〈望瀛〉、〈霓裳羽衣〉、〈獻仙音〉、〈獻天花〉之類，總名法曲。〈白居易傳〉曰：「法曲雖似失雅音，蓋諸夏之聲也，故歷朝行焉。」太常丞宋沇傳漢中王舊說曰：「玄宗雖雅好度曲，然未嘗使蕃漢雜奏。天寶十三載，始詔道調法曲，與胡部新聲合作。識者深異之，明年冬，而安祿山反。」

吾聞黃帝鼓清角，弭伏熊羆舞玄鶴。舜持干羽苗革心，堯用《咸池》鳳巢閣。《大夏》《濩》《武》皆象功，功多已訝玄功薄。漢祖過沛亦有歌，秦王破陣非無作。作之宗廟見艱難，作之軍旅傳糟粕。明皇度曲多新態，宛轉侵淫易沉著。《赤白桃李》取花名，《霓裳羽衣》號天落。雅弄雖云已變亂，夷音未得相參錯。自從胡騎起煙塵，毛毳腥羶滿咸洛。女為胡婦學胡妝，伎進胡音務胡樂。火鳳聲沉多咽絕，春鶯囀罷長蕭索。胡音胡騎與胡妝，五十年來競紛泊。

霓裳羽衣歌　和微之　白居易

我昔元和侍憲皇，曾陪內宴宴昭陽。千歌百舞不可數，就中最愛霓裳舞。舞時寒食春風天，玉鉤欄下香案前。案前舞者顏如玉，不著人家俗衣服。虹裳霞帔步搖冠，鈿瓔纍纍珮珊珊。娉婷似不任羅綺，顧聽樂懸行復止。磬簫箏笛遞相攙，擊擪彈吹聲邐迤。散序六奏未動衣，陽臺宿雲慵不飛。中序擘騞初入拍，秋竹竿裂春冰坼。飄然轉旋

迴雪輕，嫣然縱送游龍驚。小垂手後柳無力，斜曳裾時雲欲生。烟蛾斂略不勝態，風袖低昂如有情。上元點鬟招萼綠，王母揮袂別飛瓊。繁音急節十二遍，跳珠撼玉何鏗錚。翔鸞舞了却收翅，唳鶴曲終長引聲。當時乍見驚心目，凝視諦聽殊未足。一落人間八九年，耳冷不曾聞此曲。漊城但聽山魈語，巴峽唯聞杜鵑哭。移領錢塘第二年，始有心情問絲竹。玲瓏箜篌謝好箏，陳寵觱篥沈平笙。清絃脆管纖纖手，教得霓裳一曲成。虛白亭前湖水畔，前後祗應三度按。便除庶子抛却來，聞道如今各星散。今年五月至蘇州，朝鐘暮角催白頭。貪看案牘常侵夜，不聽笙歌直到秋。秋來無事多閑悶，忽憶霓裳無處問。聞君部內多樂徒，問有霓裳舞者無？答云七縣十萬戶，無人知有霓裳舞。唯寄長歌與我來，題作霓裳羽衣譜。四幅花箋碧間紅，霓裳實錄在其中。千姿萬狀分明見，恰與朝陽舞者同。眼前髣髴覩形質，昔日今朝想如一。疑從魂夢呼召來，似著丹青圖寫出。我愛霓裳君合知，發於歌詠形於詩。君不見，我歌云，驚破霓裳羽衣曲。又不見，我詩云，曲愛霓裳未拍時。由來能事皆有主，楊氏造聲君造譜。君言此舞難得人，須是傾城可憐女。吳妖小玉飛作烟，越艷西施化為土。嬌花巧笑久寂寥，娃館苧蘿空處所。如君所言誠有是，君試從容聽我語。若求國色始翻傳，但恐人間廢此舞。妍媸優劣寧相遠，大都只在人擡舉。李娟張態君莫嫌，亦擬隨宜且教取。

法曲歌　　白居易

法曲法曲歌大定，積德重熙有餘慶，永徽之人舞而詠。永徽之思，有貞觀之遺風，故高宗製《一戎大定》樂曲也。法曲法曲舞霓裳，政和世理音洋洋，開元之人樂且康。《霓裳羽衣曲》起於開元，盛於天寶也。法曲法曲歌堂堂，堂堂之慶垂無疆。中宗肅宗復鴻業，唐祚中興萬萬葉。永隆元年，太常丞李嗣眞善審音律，能知興衰，云：近者樂府有《堂堂》之曲，再言之者，唐祚再興之兆。法曲法曲合夷歌，夷聲邪亂華聲和。以亂干和天寶末，明年胡塵犯宮闕。法曲雖似失雅音，蓋諸夏之聲也，故歷朝行焉。玄宗雖雅好度曲，然未嘗使蕃漢雜奏。天寶十三載，始詔道調法曲與胡部新聲合作，識者深異之。明年冬，而安祿山反也。乃知法曲

本華風，苟能審音與政通。一從胡曲相參錯，不辨興衰與哀樂。願求牙曠正華音，不令夷夏相交侵。

立部伎　　元稹

《李傳》曰：「太常選坐部伎無性靈者，退入立部伎，又選立部伎無性靈者，退入雅樂部，則雅樂可知矣，李君作歌以諷焉。」《新唐書·禮樂志》曰：「太宗貞觀中，始造讌樂。其後又分為立，坐二部，堂下立奏謂之立部伎，堂上坐奏謂之坐部伎。」

胡部新聲錦筵坐，中庭漢振高音播。太宗廟樂傳子孫，取類羣兇陣初破。戢戢攢槍霜雪耀，騰騰擊鼓雲雷磨。初疑遇敵身啟行，終象由文士憲左。昔日高宗常立聽，曲終然後臨玉座。如今節將一掉頭，電卷風收盡摧挫。宋晉鄭女歌聲發，滿堂會客齊喧和。珊珊佩玉動腰身，一一貫珠隨咳唾。頃向圓丘見郊祀，亦曾正旦親朝賀。太常雅樂備宮懸，九奏未終百寮惰。惷滯難令季札辨，遲迴但恐文侯臥。工師盡取聾昧人，豈是先王作之過？宋沈嘗傳天寶季，法曲胡音忽相和。明年十月燕寇來，九廟千門虜塵涴。我聞此語歎復泣，古來邪正將誰奈？奸聲入耳佞入心，侏儒飽飯夷齊餓。

立部伎　　白居易

太常選坐部伎無性識者，退入立部伎。又選立部伎絕無性識者，退入雅樂部。則雅聲可知矣。

立部伎，鼓笛誼。舞雙劍，跳七丸。嫋巨索，掉長竿。太常部伎有等級，堂上者坐堂下立。堂上坐部笙歌清，堂下立部鼓笛鳴。笙歌一聲眾側耳，鼓笛萬曲無人聽。立部賤，坐部貴。坐部退為立部伎，擊鼓吹笙和雜戲。立部又退何所任？始就樂懸操雅音。雅音替壞一至此，長令爾輩調宮徵。圓丘后土郊祀時，言將此樂感神祇。欲望鳳來百獸舞，何異北轅將適楚。工師愚賤安足云，太常三卿爾何人？

驃國樂　　元稹

《新唐書·禮樂志》曰:「貞元十七年,驃國王雍羌遣其弟悉利,移城主舒難陀獻其國樂,至成都,韋皋復譜次其聲,又圖其舞容樂器以獻,大抵皆夷狄之器。其聲曲不隸於有司,故無足采。」《舊書·志》曰:「驃國王獻本國樂凡一十二曲,以樂工三十五人來朝,樂曲皆演釋氏經論之辭。」《會要》曰:「驃國在雲南西,與天竺國相近,故樂曲多演釋氏詞云。」

驃之樂器頭象駝,音聲不合十二和。從舞跳趨筋節硬,繁詞變亂名字訛。千彈萬唱皆咽咽,左旋右轉空傞傞。俯地呼天終不會,曲成調變當如何?德宗深意在柔遠,笙鏞不御停嬪娥。史館書為朝貢傳,太常編入鞮鞻科。古時陶堯作天子,遜遁新聽《康衢歌》。又遣遒人持木鐸,遍采謳謠天下過。萬人有意皆洞達,四嶽不敢施煩苛。盡令區中擊壤塊,燕及海外覃恩波。秦霸周衰古官廢,下堙上塞王道頗。共矜異俗同聲教,不念齊民方薦瘥。傳稱魚鼈亦咸若,苟能效此誠足多。借如牛馬未蒙澤,豈在抱甕滋甌甔?教化從來有源委,必將泳海先泳河。非是倒置自中古,驃兮驃兮誰爾訶!

驃國樂　　白居易

《李傳》云:「貞元十七年來獻之。」

驃國樂,驃國樂,出自大海西南角。雍羌之子舒難陀,來獻南音奉正朔。德宗立仗御紫庭,黈纊不塞為爾聽。玉螺一吹椎髻聳,銅鼓千擊文身踊。珠纓炫轉星宿搖,花鬘斗藪龍蛇動。曲終王子啟聖人,臣父願為唐外臣。左右歡呼何翕習,皆尊德廣之所及。須臾百辟詣閤門,俯伏拜表賀至尊。伏見驃人獻新樂,請書國史傳子孫。時有擊壤老農父,暗測君心閑獨語。聞君政化甚聖明,欲感人心致太平。感人在近不在遠,太平由實非由聲。觀身理國國可濟,君如心兮民如體。體生疾苦心憯悽,民得和平君愷悌。貞元之民若未安,驃樂雖聞君不歡。貞元之民苟無病,驃樂不來君亦聖。驃樂驃樂徒喧喧,不如聞此芻蕘言。

馴犀　元稹

《李傳》云：「貞元丙子歲，南海來貢，至十三年冬，苦寒，死於宛中。」

建中之初放馴象，遠歸林邑近交廣。獸返深山鳥構巢，鷹鶻鵁鵑無羈靮。貞元之歲貢馴犀，上林置圈官司養。玉盆金棧非不珍，虎唅猱牢魚食網。渡江之橘踰汶貉，反時易性安能長？臘月北風霜雪深，踡跼鱗身遂長往。行地無疆費傳驛，通天異物罹幽枉。乃知養獸如養人，不必人人自敦獎。不擾則得之於理，不奪有以多於賞。脫衣推食衣食之，不若男耕女令紡。堯民不自知有堯，但見安閑聊擊壤。前觀馴象後觀犀，理國其如指諸掌。

馴犀　白居易

《白居易傳》曰：「貞元丙戌歲，南海進馴犀，詔養苑中。至十三年冬，大寒，馴犀死矣。」

馴犀馴犀通天犀，軀貌駭人角駭雞。海蠻聞有明天子，驅犀乘傳來萬里。一朝得謁大明宮，歡呼拜舞自論功。五年馴養始堪獻，六譯語言方得通。上嘉人獸俱來遠，蠻館四方犀入苑。秫以瑤荄鎖以金，故鄉迢遞君門深。海鳥不知鐘鼓樂，池魚空結江湖心。馴犀生處南方熱，秋無白露冬無雪。一入上林三四年，又逢今歲苦寒月。飲冰臥霰苦踡跼，角骨凍傷鱗甲縮。馴犀死，蠻兒啼，向闕再拜顏色低。奏乞生歸本國去，恐身凍死似馴犀。君不見，建中初，馴象生還放林邑。建中元年，詔盡出苑中馴象，放歸南方也。君不見，貞元末，馴犀凍死蠻兒泣，所嗟建中異貞元，象生犀死何足言。

胡旋女　元稹

《白居易傳》曰：「天寶末，康居國獻胡旋女。」《唐書‧樂志》曰：「康居國樂舞急轉如風，俗謂之胡旋。」《樂府雜錄》曰：「胡旋舞居一小圓毬子上舞，縱橫騰擲，兩足終不離毬上，其妙如此。」

天寶欲末胡欲亂，胡人獻女能胡旋。旋得明王不覺迷，妖胡奄到

長生殿。胡旋之義世莫知，胡旋之容我能傳。蓬斷霜根羊角疾，竿戴朱盤火輪炫。驪珠迸珥逐龍星，虹暈輕巾挈流電。潛鯨暗噏笪波海，迴風亂舞當空霰。萬過其誰辨終始，四座安能分背面？才人觀者相為言，承奉君恩在圓變。是非好惡隨君口，南北東西逐君眄。柔軟依身著珮帶，徘徊遶指同環釧。佞臣聞此心計迴，惑亂君心君眼眩。君言似曲屈如鉤，君言好直舒為箭。巧隨清影觸處行，妙學春鶯百般囀。傾天側地用君力，抑塞周遮恐君見。翠華南幸萬里橋，玄宗始悟坤維轉。寄言旋目與旋心，有國有家當共譴。

胡旋女　<small>天寶末，康居國獻之。</small>　　　　白居易

胡旋女，胡旋女，心應絃，手應鼓。絃鼓一聲雙袖舉，迴雪飄颻轉蓬舞。左旋右轉不知疲，千匝萬周無已時。人間物類無可比，奔車輪緩旋風遲。曲終再拜謝天子，天子為之微啟齒。胡旋女，出康居，徒勞東來萬里餘。中原自有胡旋者，鬭妙爭能爾不如。天寶季年時欲變，臣妾人人學圓轉。中有太真外祿山，二人最道能胡旋。梨花園中冊作妃，金雞障下養為兒。祿山胡旋迷君眼，兵過黃河疑未反。貴妃胡旋惑君心，死棄馬嵬念更深。從茲地軸天維轉，五十年來制不禁。胡旋女，莫空舞，數唱此歌悟明主。

蠻子朝　　　元稹

<small>《唐書》曰：「貞元之初，韋皋招撫諸蠻，至九年四月，南詔異牟尋請歸附，十四年又遣使朝賀。」《李公垂傳》曰：「貞元末，蜀川始通蠻苴。」</small>

西南六詔有遺種，僻在荒陬路尋壅。部落支離君長賤，比諸夷狄為幽冗。犬戎彊盛頻侵削，降有憤心戰無勇。夜防鈔盜保深山，朝望煙塵上高冢。鳥道繩橋來款附，非因慕化因危悚。清平官繫金呿嵯，求天叩地持雙珙。益州大將韋令公，頃實遭時定汧隴。自居劇鎮無他績，幸得蠻來固恩寵。為蠻開道引蠻朝，接蠻送蠻常繼踵。天子臨軒四方賀，朝廷無事唯端拱。漏天走馬春雨寒，瀘水飛蛇瘴煙重。椎頭

醜類除憂患，瘧足役夫勞洶湧。匈奴互市歲不供，雲蠻通好轡長驟。
戎王養馬漸多年，南人耗類西人恐。

附注：「西南六詔」，《唐書》：「貞元之初，韋皋招撫諸蠻，至九年四月，南
　　　詔異牟尋請歸附，十四年又遣使朝賢進貢。」六詔：即蒙嶲詔、麼些
　　　詔、浪穹詔、邆睒詔、施浪詔、蒙舍詔。

蠻子朝　白居易

　　蠻子朝，汎皮船兮渡繩橋，來自巂州道路遙。入界先經蜀川過，
蜀將收功先表賀。臣聞雲南六詔蠻，東連牂牁西連蕃。六詔星居初瑣
碎，合為一詔漸強大。開元皇帝雖聖神，唯蠻倔強不來賓。鮮于仲通
六萬卒，征蠻一陣全軍沒。至今西洱河岸邊，箭孔刀痕滿枯骨。天寶十
三載，鮮于仲通統兵六萬，討雲南王閣羅鳳于西洱河，全軍覆歿也。誰知今日慕華風，
不勞一人蠻自通。誠由陛下休明德，亦賴微臣誘諭功。德宗省表知如
此，笑令中使迎蠻子。蠻子導從者誰何？摩挲俗羽雙隈伽。清平官持
赤藤杖，大軍將繫金呿嗟。異牟尋男尋閣勸，特勒召對延英殿。上心
貴在懷遠蠻，引臨玉座近天顏。冕旒不垂親勞倈，賜衣賜食移時對。
移時對，不可得，大臣相看有羨色。可憐宰相拖紫佩金章，朝日唯聞
對一刻。

縛戎人　元稹

　　《李公垂傳》曰：「近制：西邊每擒蕃囚，例皆傳置南方，不加勦戮，故
李君作歌以諷焉。」

　　邊頭大將差健卒，入抄擒生快於鶻。但逢楨面即捉來，半是蕃人
半戎羯。大將論功重多級，捷書飛奏何超忽？聖朝不殺諧至仁，遠送
炎方示微罰。萬里虛勞肉食費，連頭盡被氈裘喝。華茵重席臥腥臊，
病犬愁鴟聲咽嗢。中有一人能漢語，自言家本長安窟。少年隨父戍安
西，河渭瓜沙眼看沒。天寶末亂家數載，狼星四角光蓬勃。中原禍作
邊防危，果有豺狼四來伐。蕃馬臕成正翹健，蕃兵肉飽爭唐突。煙塵
亂起無亭燧，主帥驚跳棄旌鉞。半夜城摧鵝雁鳴，妻啼子叫曾不歇。

陰森神廟未敢依，脆薄河冰安可越？荊棘深處共潛身，前困蒺藜後齙齭。平明蕃騎四面走，古墓深林盡株椳。少壯為俘頭被髡，老翁留居足多刖。烏鳶滿野屍狼籍，樓榭成灰牆突兀，暗水濺濺入舊池，平沙漫漫鋪明月，戎王遣將來安慰，口不敢言心咄咄。供進腌腌御叱般，豈料穹廬揀肥腯。五六十年消息絕，中間盟會又猖獗。眼穿東日望堯雲，腸斷正朝梳漢髮。近來如此思漢者，半為老病半埋骨。尚教孫子學鄉音，猶話平時好城闕。老者儻盡少者壯，生長蕃中似蕃悖。不知祖父皆漢民，便恐為蕃心矻矻。緣邊飽餧十萬眾，何不齊驅一時發？年年但捉兩三人，精衛銜蘆塞溟渤。

縛戎人　　白居易

　　縛戎人，縛戎人，耳穿面破驅入秦。天子矜憐不忍殺，詔徙東南吳與越。黃衣小使錄姓名，領出長安乘遞行。身被金瘡面多瘠，扶病徒行日一驛。朝餐飢渴費盃盤，夜臥腥臊污床席。忽逢江水憶交河，垂手齊聲嗚咽歌。其中一虜語諸虜，爾苦非多我苦多。同伴行人因借問，欲說喉中氣憤憤。自云鄉管本涼原，大曆年中沒落蕃。一落蕃中四十載，遣著皮裘繫毛帶。唯許正朝服漢儀，斂衣整巾潛淚垂。誓心密定歸鄉計，不使蕃中妻子知。有李如暹者，蓬子將軍之子也。嘗沒蕃中，自云：蕃法，唯正歲一日，許唐人之沒蕃者，服唐衣冠，由是悲不自勝，遂密定歸計也。暗思幸有殘筋力，更恐年衰歸不得。蕃候嚴兵鳥不飛，脫身冒死奔逃歸。晝伏宵行經大漠，雲陰月黑風沙惡。驚藏青塚寒草疏，偷渡黃河夜冰薄。忽聞漢軍鼙鼓聲，路傍走出再拜迎。游騎不聽能漢語，將軍遂縛作蕃生。配向江南卑濕地，定無存卹空防備。念此吞聲仰訴天，若為辛苦度殘年？涼原鄉井不得見，胡地妻兒虛棄捐。沒蕃被囚思漢土，歸漢被劫為蕃虜。早知如此悔歸來，兩地寧如一處苦？縛戎人，戎人之中我苦辛。自古此冤應未有，漢心漢語吐蕃身。

陰山道　　　元稹

年年買馬陰山道，馬死陰山帛空耗。元和天子念女工，內出金銀代酬犒。臣有一言昧死進，死生甘分答恩燾。費財為馬不獨生，耗帛傷工有他盜。臣聞平時七十萬匹馬，關中不省聞嘶謖。四十八監選龍媒，時貢天庭付良造。如今坰野十無一，盡在飛龍相踐暴。萬束芻茭供旦暮，千鍾菽粟長牽漕。屯軍郡國百餘鎮，縑緗歲奉春冬勞。稅戶逋逃例攤配，官司折納仍貪冒。挑紋變緤力倍費，棄舊從新人所好。越縠繚綾織一端，十匹索縑功未到。豪家富賈踰常制，令族清班無雅操。從騎愛奴絲布衫，臂鷹小兒雲錦韜。羣臣利已安差僭，天子深衷空閔悼。綽立花塼罷鳳行，雨露恩波幾時報？

附注：「陰山道」，《通典》曰：「秦始皇平天下，北卻匈奴，築長城，渡河以
　　　　陰山為塞。陰山，唐之安北都護府也。」《唐書》曰：「高宗顯慶初，
　　　　詔蘇定方等併回紇，破賀魯於陰山，即其地也。」《李公垂傳》曰：「元
　　　　和二年，有詔悉以金銀酬回紇馬價。」

陰山道　　　白居易

陰山道，陰山道，紇邏敦肥水泉好。每至戎人送馬時，道傍千里無纖草。草盡泉枯馬病羸，飛龍但印骨與皮。五十疋縑易一匹，縑去馬來無了日。養無所用去非宜，每歲死傷十六七。縑絲不足女工苦，疏織短截充匹數。藕絲蛛網三丈餘，迴鶻訴稱無用處。咸安公主號可敦，遠為可汗頻奏論。元和二年下新敕，內出金帛酬馬直。仍詔江淮馬價縑，從此不令疏短織。合闕將軍呼萬歲，捧授金銀與縑綵。誰知點虜啟貪心，明年馬多來一倍。縑漸好，馬漸多。陰山虜，奈爾何！

八駿圖詩　并序　　　元稹

良馬無世無之，然而終不得與八駿並名，何也？吾聞八駿日行三萬里，夫車行三萬里而無毀輪壞轅之患，蓋神車也。人行三萬里而無喪精誠魄之患。亦神之人也。無是三神而得是八馬。乃破車掣御，躓人之乘也。世焉用之？

今夫畫古者，畫馬而不畫車馭，不畫所以乘馬者，是不知夫古者也。予因作詩以辯之。

穆滿志空闊，將行九州野。神馭四來歸，天與八駿馬。龍種無凡性，龍行無暫捨。朝辭扶桑底，暮宿崑崙下。鼻息吼春雷，蹄聲裂寒瓦。尾掉滄波黑，汗染白雲赭。華輈本修密，翠蓋尚妍冶。御者腕不移，乘者寐不假。車無輪扁斵，轡無王良把。雖有萬駿來，誰是敢騎者？

八駿圖　　　*白居易*

穆王八駿天馬駒，後人愛之寫為圖。背如龍兮頸如象，骨竦筋高脂肉壯。日行萬里速如飛，穆王獨乘何所之？四荒八極踏欲遍，三十二蹄無歇時。屬車軸折趁不及，黃屋草生棄若遺。瑤池西赴王母宴，七廟經年不親薦。璧臺南與盛姬遊，明堂不復朝諸侯。《白雲》《黃竹》歌聲動，一人荒樂萬人愁。周從后稷至文武，積德累功世勤苦。豈知纔及四代孫，心輕王業如灰土。由來尤物不在大，能蕩君心則為害。文帝卻之不肯乘，千里馬去漢道興。穆王得之不為戒，八駿駒來周室壞。至今此物世稱珍，不知房星之精下為怪。八駿圖，君莫愛。

附注：「八駿」，《穆天子傳》曰：「天子之駿赤驥、盜驪、白義、渠黃、黃騮、綠耳、踰輪、山子，所謂八駿也。」郭璞曰：「八駿，皆因其毛色以為名號爾，赤驥、騠驥也，驪、黑色。華騮，色如華而赤。今名馬駿赤者為驊騮，騮、赤色也。」

酬盧祕書　并序　　　*元稹*

予自唐歸京之歲，祕書郎盧拱作〈喜遇白贊善學士〉詩二十韻，兼以見貽。白詩酬和先出，予草麼未暇，盧頻有致師之挑，故篇末不無憤辭，其次用本韻，習然也。

偶有衝天氣，都無處世才。未容榮路穩，先踏禍機開。分久沉荊掾，慚經廁柏臺。理推愁易惑，鄉思病難裁。夜伴吳牛喘，春驚朔雁回。北人腸斷送，西日眼穿頹。唯望魂歸去，那知詔下來。涸魚千丈

水，殭燕一聲雷。幽匣提青鏡，衰顏拂故埃。夢雲期紫閣，厭雨別黃梅。親戚迎時到，班行見處陪。文工猶畏忌，朝士絕嫌猜。新識蓬山傑，深交翰苑材。連投珠作貫，獨和玉成堆。劇敵徒相軋，贏師亦自媒。磨礱刮骨刃，翻擲委心灰。恐被神明哭，憂為造化災。私調破葉箭，定飲搴旗盃。金寶潛砂礫，芝蘭似草萊。憑君毫髮鑒，莫遣翳莓苔。

酬盧祕書二十韻 時初奉詔除贊善大夫　　白居易

謬歷文場選，慚非翰苑才。雲霄高暫致，毛羽弱先摧。識分忘軒冕，知歸返草萊。杜陵書積蠹，豐獄劍生苔。晦厭鳴雞雨，春驚震蟄雷。舊恩收墜履，新律動寒灰。鳳詔容徐起，鵷行許重陪。衰顏雖拂拭，蹇步尚低徊。睡少鐘偏警，行遲漏苦催。風霜趁朝去，泥雪拜陵迴。上感君猶念，傍慚友或推。石頑鐫費力，女醜嫁勞媒。倏忽青春度，奔波白是積。性將時共背，病與老俱來。聞有蓬壺客，知懷杞梓材。世家標甲地，官職滯麟臺。筆盡鉛黃點，詩成錦繡堆。嘗思豁雲霧，忽喜訪塵埃。心為論文合，眉因勸善開。不勝珍重意，滿袖寫瓊瑰。

酬哥舒大少府寄同年科第　　元稹

前年科第偏年少，未解知羞最愛狂。九陌爭馳好鞍馬，八人同着綠衣裳。自言行樂朝朝是，豈料浮生漸漸忙。賴得官閑且疏散，到君花下憶諸郎。

附注：「八人同着綠衣裳」係指同年科第，宏詞科呂二炅，王十一起，拔萃白二十二居易，平判李十一復禮，呂四穎，哥舒大恒，崔十八玄亮，元九稹等八人皆奉榮養。

酬哥舒大見贈 去年與哥舒等八人同共登科第，今敘會散之愁意。
白居易

去歲歡遊何處去，曲江西岸杏園東。花下忘歸因美景，樽前勸酒

是春風。各從微宦風塵裏，共度流年離別中。今日相逢愁又喜，八人分散兩人同。

有酒十章　　元稹

一

有酒有酒雞初鳴，夜長睡足神慮清。悄然危坐心不平，浩思一氣初彭亨。潁洞浩汗真無名，無名胡不終渾成？胡為沉濁以升清，矗然分畫高下程。天蒸地鬱羣動萌，毛鱗裸介如鬐鬐。嗚呼萬物紛已生，我可奈何兮杯一傾。

二

有酒有酒東方明，一盃既進吞元精。尚思天地之始名，一元既二分濁清。地居方直天體明，胡不八荒扞扞如砥平。胡為山高屹崒海泓澄，胡不日車杲杲晝夜行。胡為月輪滅缺星瞳盯？嗚呼不得真宰情。我可奈何兮盃再傾。

三

有酒有酒兮湛渌波，飲將愉兮氣彌和。念萬古之紛羅，我獨慨然而浩歌。歌曰：天耶，地耶，肇萬物耶，儲胥大庭之君耶。恍耶，忽耶，有耶，傳而信耶，久而謬耶。文字生而羲農作耶，仁義別而賢聖出耶。炎始暴耶，蚩尤熾耶，軒轅戰耶，不得已耶。仁耶，聖耶，愍人之毒耶。天蕩蕩耶，堯穆穆耶。豈其讓耶，歸有德耶。舜其貪耶，德能嗣耶。豈其讓耶，授有功耶。禹功大耶，人戴之耶。益不逮耶，啟能德耶。家天下耶，榮後嗣耶。於後嗣之榮則可耶，於天下之榮其可耶。嗚呼！遠堯舜之日耶，何棄舜之速耶。辛癸虐耶，湯武革耶。順天意耶，公天下耶。踵夏榮嗣，私其公耶。並建萬國，均其私耶。專征遞伐，闢海內耶。秦掃其類，威定之耶。二代而殞，守不仁耶。漢魏而降，乘其機耶。短長理亂，繫其術耶。堯耶、舜耶，終不可逮耶。將德之者不位，位者不逮其德耶！時耶，時耶，時其可耶。我可奈何兮，一盃又進歌且歌。

四

有酒有酒兮黯兮溟，仰天大呼兮：天漫漫兮高兮青，高兮漫兮吾孰知天否與靈。取人之仰者，無乃在乎昭昭乎日與夫月星。何三光之並照兮，奄雲雨之冥冥。幽妖倏忽兮水怪族形，黿鼉岸走兮海若鬭鯨。河潰潰兮愈濁，濟翻翻兮不寧。蛇噴雲而出穴，虎嘯風兮屢鳴。汙高巢而鳳去兮，溺厚地而芝蘭以之不生。葵心傾兮何向？松影直而孰明？人懼愁兮戴榮，天寂默兮無聲。嗚呼！天在雲之上兮，人在雲之下兮。又安能決雲而上征！嗚呼！既上征之不可兮，我奈何兮盃復傾。

五

有酒有酒香滿尊，君寧不飲開君顏。豈不知君飲此心恨，君人獨醒誰與言？君寧不見颶風翻海火燎原，巨黿唐突高焰延。精衛銜蘆塞海溢，枯魚噴沫救池燔。筋疲力竭波更大，鰭焦甲裂身已乾。有翼勸爾升九天，有鱗勸爾登龍門。九天下視日月轉，龍門上激雷雨奔。蜣蜋雖怒誰爾懼？鶗旦雖啼誰爾憐？搏空意遠風來壯，我可奈何兮，一盃又進消我煩。

六

有酒有酒歌且哀，江春例早多早梅。櫻桃桃李相續開，間以木蘭之秀香徘徊。東風吹盡南風來，鶯聲漸澁花摧穨。四月清和豔殘卉，芍藥翻紅蒲映水。夏龍痛毒雷雨多，蒲葉離披豔紅死。紅豔猶存榴樹花，紫苞欲綻高筍牙。筍牙成竹冒霜雪，榴花落地還銷歇。萬古盈虧相逐行，君看夜夜當窗月。榮落虧盈可奈何？生存未遍霜霰過。霜霰過兮復奈何！靈芝夐絕荊棘多。荊棘多兮可奈何？可奈何兮終奈何！秦皇堯舜俱腐骨，我可奈何兮，又進一盃歌復歌。

七

有酒有酒方爛漫，飲酣拔劍心眼亂。聲若雷砰目流電，醉舞翻環身眩轉。乾綱倒軋坤維旋，白日橫空星宿見。一夫心醉萬物變，何況蚩尤之蹴踏，安得不以熊羆戰？嗚呼！風后力牧得親見，我可奈何兮，又進一盃除健羨。

八

有酒有酒兮告臨江，風漫漫兮波長。渺渺兮注海，海蒼蒼兮路茫茫。彼萬流之混入兮，又安能分若畎澮淮河與夫岷吳之巨江！味作鹹而若一，雖甘淡兮誰謂爾為良？濟涓涓而縷貫，將奈何兮萬里之渾黃。鯨歸穴兮渤溢，鼇載山兮低昂。陰火然兮眾族沸渭，颶風作兮晝夜猖狂。顧千珍與萬怪兮，皆委潤而深藏。信天地之滀蓄兮，我可奈何兮，一盃又進兮包大荒。

九

有酒有酒兮日將落，餘光委照在林薄。陽烏撩亂兮屋上棲，陰怪跳趫兮水中躍。月爭光兮星又繁，燒橫空兮焰仍爍。我可奈何兮時既昏，一盃又進兮聊處廓。

十

有酒有酒兮再祝，祝予心兮何欲。欲天泰而地寧，欲人康而歲熟。欲鳳翥而鶵隨兮，欲龍亨而驥逐。欲日盛而星微兮，欲滋蘭而殲毒。欲人欲而天從，苟天未從兮。我可奈何兮，一盃又進聊自足。

對酒五首　　*白居易*

一

巧拙賢愚相是非，何如一醉盡忘機。君知天地中寬窄，鵰鶚鸞凰各自飛。

二

蝸牛角上爭何事，石火光中寄此身。隨富隨貧且歡樂，不開口笑是癡人。

三

丹砂見火去無迹，白髮鈀人來不休。賴有酒仙相煖熱，松喬醉即到前頭。

四

百歲無多時壯健，一春能幾日晴明？相逢且莫推辭醉，聽唱陽關

第四聲。

五

昨日低眉問疾來，今朝收淚弔人迴。眼前流例君看取，且遣琵琶送一杯。

勸酒寄元九　　*白居易*

薤葉有朝露，槿枝無宿花。君今亦如此，促促生有涯。既不逐禪僧，林下學楞伽。又不隨道士，山中煉丹砂。百年夜分半，一歲春無多。何不飲美酒，胡然自悲嗟？俗號銷憂藥，神迅無以加。一杯驅世慮，兩杯返天和。三杯即酩酊，或笑任狂歌。陶陶復兀兀，吾孰知其他。況在名利途，平生有風波。深心藏陷穽，巧言織網羅。舉目非不見，不醉欲如何？

酬樂天勸醉　　*元稹*

神麴清濁酒，牡丹深淺花。少年欲相飲，此樂何可涯？沉機造神境，不必悟楞伽。酡顏返童貌，安用成丹砂？劉伶稱酒德，所稱良未多。願君聽此曲，我為盡稱嗟。一盃顏色好，十盃膽氣加。半酣得自咨，酩酊歸太和。共醉真可樂，飛觥撩亂歌。獨醉亦有趣，兀然無與他。美人醉燈下，左右流橫波。王孫醉牀上，顛倒眠綺羅。君今勸我醉，勸醉意如何？

除夜　　*元稹*

憶昔歲除夜，見君花燭前。今宵祝文上，重疊敘新年。閑處低聲哭，空堂背月眠。傷心小兒女，撩亂火堆邊。

和除夜作　　*白居易*

君賦此詩夜，窮陰歲之餘。我和此詩日，微和春之初。老知顏狀

改，病覺支體虛。頭上毛髮短，口中牙齒疏。一落老病界，難逃生死墟。況此促促世，與君多索居。君在浙江東，榮駕方伯輿。我在魏闕下，謬乘大夫車。妻孥常各飽，奴婢亦盈廬。唯是利人事，此君全不如。我統十郎官，君領百吏胥。我掌四曹局，君管千鄉閭。君為父母君，大惠在資儲。我為刀筆吏，小惡乃誅鋤。君提七郡籍，我按三尺書。俱已佩金印，嘗同趨玉除。外寵信非薄，中懷何不攄？恩光未報答，日月空居諸。磊落嘗許君，踽促應笑余。所以自知分，欲先歌歸歟。

杏園花下贈劉郎中　　白居易

怪君把酒偏惆悵，曾是貞元花下人。自別花來多少事，東風二十四迴春。

酬白樂天杏花園　　元稹

劉郎不用閑惆悵，且作花間共醉人。算得貞元舊朝士，幾員同見大和春？

哭子十首　　元稹

一

維鵜受刺因吾過，得馬生災念爾冤。獨在中庭倚閑樹，亂蟬嘶噪欲黃昏。

二

纔能辨別東西位，未解分明管帶身。自食自民猶未得，九重泉路記何人。

三

爾母溺情連夜哭，我身因事不時悲。鐘聲欲絕東方動，便是尋常上學時。

四

蓮花上品生真界，兜率天中離世途。彼此業緣多障礙，不知還得見兒無？

五

節量黎栗愁生疾，教示詩書望早成。鞭朴教多憐教少，又緣遺恨哭三聲。

六

深嗟爾更無兄弟，自嘆予應絕子孫。寂寞講堂基址在，何人車馬入高門？

七

往年鬢已同潘岳，垂老年教作鄧攸。煩惱數中除一事，自茲無復子孫憂。

八

長年苦境知何限？豈得因兒獨喪明！消遣又來緣爾母，夜深和淚有經聲。

九

烏生八子今無一，猿叫三聲月正孤。寂寞空堂天欲曙，拂簾雙燕引新雛。

十

頻頻子落長江水，夜夜巢邊舊處棲。若是愁腸終不斷，一年添得一聲啼。

吟前篇因寄微之　　　白居易

君顏貴茂不清羸，君句雄華不苦悲。何事遣君還似我，髭鬚早白亦無兒。

哭崔兒　　白居易

掌珠一顆兒三歲，髮雪千莖父六旬。豈料汝先為異物，常憂吾不見成人。悲腸自斷非因劍，啼眼加昏不是塵。懷抱又空天默默，依前重作鄧攸身。

初喪崔兒報微之晦叔　　白居易

書報微之晦叔知，欲題崔字淚先垂。世間此恨偏敦我，天下何人不哭兒？蟬老悲鳴拋蛻後，龍眠驚覺失珠時。文章十帙官三品，身後傳誰庇廕誰？

三月三十日程氏館餞杜十四歸京　　元稹

江春今日盡，程館祖筵開。我正南冠縶，君尋北路迴。謀身誠太拙，從宦苦無媒。處困方明命，遭時不在才。踰年長倚玉，連夜共銜盃。涸溜沾濡沫，餘光照死灰。行看鴻欲翥，敢憚酒相催。拍逐飛觥絕，香隨舞袖來。消梨拋五遍，娑葛殢三臺。已許樽前倒，臨風淚莫頹。

和三月三十日四十韻　　白居易

送春君何在，君在山陰署。憶我蘇杭時，春遊亦多處。為君歌往事，豈敢亂勞慮。莫怪言語狂，須知酬答遽。江南臘月半，冰凍凝如瘀。寒景尚蒼茫，和風已吹噓。女牆城似竈，雁齒橋如鋸。魚尾上瀟淪，草芽生沮洳。律遲太簇管，日緩羲和馭。布澤木龍催，迎春土牛助。雨師習習灑，雲將飄飄翥。四野萬里晴，千山一時曙。杭土麗且康，蘇民富而庶。善惡有懲勸，剛柔無吐茹。兩衙少辭牒，四境稀書疏。俗以勞倈安，政因閑暇著。仙亭日登眺，虎丘時遊預。尋幽駐旌軒，選勝迴賓御。舟移溪鳥避，樂作林猿覷。池古莫耶沉，石奇羅剎踞。水苗泥易耨，畬粟灰難鋤。紫蕨抽出畦，白蓮埋在淤。菱花紅帶黯，濕葉黃含菸。鏡動波颭菱，雪迴風旋絮。手經攀桂馥，齒為嘗梅

楚，坐併船腳歌，行多馬蹄跙。聖賢清濁醉，水陸鮮肥飫。魚鱠芥醬
調，水葵鹽豉絮。雖微五袴詠，幸免兆人詛。但令樂不荒，何必遊無
倨。吳苑僕尋罷，越城公尚據。舊遊幾客存，新宴誰人與？莫空文舉
酒，強下何曾筯。江上易優遊，城中多毀譽。分應當自畫，事勿求人
恕。我既無子孫，君仍畢婚娶。久為雲雨別，終擬江湖去。范蠡有扁
舟，陶潛有籃輿。兩心苦相憶，兩口遙相語。最恨七年春，春來各一
處。

元相公挽歌詞三首　　白居易

一

銘旌官重威儀盛，騎吹聲繁鹵簿長。後魏帝孫唐宰相，六年七月
葬咸陽。

二

墓門已閉笳聲去，唯有夫人哭不休。蒼蒼露草咸陽壠，此是千秋
第一秋。

三

送葬萬人皆慘澹，反虞駟馬亦悲鳴。琴書劍珮誰收拾，三歲遺孤
新學行。

哭微之二首　　白居易

一

八月涼風吹白幕，寢門廊下哭微之。妻孥朋友來相弔，唯道皇天
無所知。

二

文章卓犖生無敵，風骨英靈歿有神。哭送咸陽北原上，可能隨例
作灰塵？

夢微之　　白居易

夜來攜手夢同遊，晨起盈巾淚莫收。漳浦老身三度病，咸陽宿草八迴秋。君埋泉下泥銷骨，我寄人間雪滿頭。阿衛韓郎相次去，夜臺茫昧得知不？

敘詩寄樂天書　　元稹

積九歲學賦詩，長者往往驚其可教。年十五六，粗識聲病。時貞元十年已後，德宗皇帝春秋高，理務因人，最不欲文法吏生天下罪過。外閫節將動十餘年不許朝覲，死於其地不易者十八九。而又將豪卒愎之處，因喪負眾，橫相賊殺，告變駱驛，使者迭窺。旋以狀聞天子曰：「某邑將某能遏亂，亂眾寧附，願為帥。」名為眾情，其實逼詐，因而可之者又十八九。前置介倅因緣交授者亦十四五。由是諸侯敢自為旨意，有羅列兒孫以自固者，有開導蠻夷以自重者，省寺符篆固几閣，甚者礙詔旨，視一境如一室，刑殺其下，不啻僕畜。厚加剝奪，名為進奉，其實貢入之數百一焉。京城之中，亭第邸店以曲巷斷，侯甸之內，水陸腴沃以鄉里計，其餘奴婢資財，生生之備稱之。朝廷大臣以謹慎不言為樸雅，以時進見者，不過一二親信。直臣義士，往往抑塞。禁省之間。時或繕完隤墜。豪家大帥，乘聲相扇，延及老佛，土木妖熾，習俗不怪。上不欲令有司備宮闈中小碎須求，往往持幣帛以易餅餌，吏緣其端，剽奪百貨，勢不可禁。僕時孩騃，不慣聞見，獨於書傳中初習，理亂萌漸，心體悸震，若不可活，思欲發之久矣。

適有人以陳子昂〈感遇〉詩相示，吟玩激烈，即日為〈寄思玄子〉詩二十首。故鄭京兆於僕為外諸翁，深賜鄰獎，因以所賦呈獻。京兆翁深相駭異，祕書少監王表在座，顧謂表曰：「使此兒五十不死，其志義何如哉！惜吾輩不見其成就。」因召諸子訓責泣下。僕亦竊不自得，由是勇於為文。又久之，得杜甫詩數百首，愛其浩蕩津涯，處處臻到，始病沉、宋之不存寄興，而訝子昂之未暇旁備矣。不數年，與詩人楊巨源友善，日課為詩，性復僻懶，人事常有閑暇，間則有作，識足下時有詩數百篇矣。習慣性靈，遂成病蔽。每公私感憤，道義激揚，朋

友切磨，古今成敗，日月遷逝，光景慘舒，山川勝勢，風雲景色，當花對酒，樂罷哀餘，通滯屈伸，悲歡合散，至於疾恙躬身，悼懷惜逝，凡所對遇異於常者，則欲賦詩。又不幸，年三十二時有罪譴棄。今三十七矣，五六年之間，是丈夫心力壯時，常在閑處無所役用。性不近道，未能淡然忘懷，又復懶於他欲。全盛之氣，注射語言，雜糅精粗，遂成多大，然亦未嘗繕寫。

適值河東李明府景儉在江陵時，僻好僕詩章，謂為能解，欲得盡取觀覽，僕因撰成卷軸。其中有旨意可觀，而詞近古往者，為古諷。意亦可觀，而流在樂府者，為樂諷。詞雖近古，而止於吟寫性情者，為古體。詞實樂流，而止於模象物色者，為新題樂府。聲勢沿順屬對穩切者，為律詩，仍以七言、五言為兩體。其中有稍存寄興，與諷為流者為律諷。不幸少有伉儷之悲，撫存感往，成數十詩，取潘子〈悼亡〉為題。又有以干教化者，近世婦人暈淡眉目，綰約頭鬢，衣服修廣之度，及匹配色澤，尤劇怪豔，因為豔詩百餘首。詞有古今，又兩體，自十六時，至是元和七年矣，有詩八百餘首，色類相從，共成十體，凡二十卷。自笑冗亂，亦不復置之於行李。昨來京師，偶在筐篋，及通行，盡置足下，僕亦有說。

僕聞上士立德，其次主事，不遇立言。凡人急位，其次急利，下急食。僕天與不厚，既乏全然之德，命與不遇，未遭可為之事，性與不惠，復無垂範之言，兀兀狂癡，行近四十，徵名取位不過於第八品，而冒憲已六七年。授通之初，有習通之熟者曰：「通之地濕墊卑褊，人士稀少，近荒札，死亡過半。邑無吏，市無貨，百姓茹木草，刺史以下計粒而食。大有虎、貘、蛇、虺之惡，小有蟆蚋、浮塵、蜘蛛、蛒蜂之類，皆能鑽嚙飢膚，使人瘡痏。夏多陰霾，秋為痢瘧，地無醫巫，藥石萬里，病者有百死一生之慮。」夫何以僕之命不厚也如此，智不足也又如此，其所詣之憂險也又復如此！則安能保持萬全，與足下必復京輦，以須他日立言事之驗耶？但恐一旦與急食者相扶而終，使足下受天下友不如己之誚。是用悉所為文，留穢箱笥，比夫格奕樗蒲之戲，猶曰愈於飽食，僕所為不又愈於格奕樗蒲府戲乎？

　　昨行巴南道中，又有詩五十一首，文書中得七年已後所為，向二百篇，繁亂冗雜，不復置之執事。前所為〈寄思玄子〉者，小歲云為，文不能自足其意。貴其起予之始，且志京兆翁見遇之由，今亦寫為古諷之一，移諸左右。僕少時授吹噓之術於鄭先生，病懶不就，今在閑處，思欲怡神保和，以求其病，異日亦不復費詞於無用之文矣。省視之煩，庶亦已於是乎！

劉白唱和集

子劉子自傳　　劉禹錫

　　子劉子，名禹錫，字夢得。其先漢景帝賈夫人子勝，封中山王，諡曰靖，子孫因封爲中山人也。七代祖亮，事北朝爲冀州刺史，散騎常侍，遇遷都洛陽，爲北部都昌里人。世爲儒而仕。墳墓在洛陽北山，其後地狹不可依，乃葬滎陽之檀山原。由大王父已還，一昭一穆如平生。曾祖凱，官至博州刺史。祖鍠，由洛陽主簿察視行馬外事，歲滿，轉殿中丞、侍御史，贈尚書祠部郎中。父諱緒，亦以儒學。天寶末應進士。遂及大亂，舉族東遷，以違患難，因爲東諸侯所用。後爲浙西從事，本府就加鹽鐵副使，遂轉殿中，主務於埇橋。其後罷歸浙右，至揚州，遇疾不諱。小子承夙訓，稟遺教，眇然一身，奉尊夫人不敢殞滅。後忝登朝，或領郡，蒙恩澤，先府君累贈至吏部尚書，先太君盧氏由彭城縣太君贈至范陽郡太夫人。

　　初，禹錫既冠，舉進士，一幸而中試。間歲，又以文登吏部取士科，授太子校書。官司閑曠，得以請告奉溫清。是時年少，名浮於實，士林榮之。及丁先尚書憂，迫禮不死，因成痼疾。既免喪，相國揚州節度使杜公領徐、泗，素相知，遂請爲掌書記。捧檄入告，太夫人曰：「吾不樂江、淮間，汝宜謀之於始」。因白丞相以請，曰：「諾。」居數月而罷徐、泗，而河路猶艱，遂改爲揚州掌書記。涉二年，而道無虞，前約乃行，調補京兆渭南主簿。明年冬，擢爲監察御史。

　　貞元二十一年春，德宗新棄天下，東宮即位。時有寒儁王叔文，以善奕棋得通籍博望。因間隙得言及時事，上大奇之。如是者積久，眾未之知。至是起蘇州掾，超拜起居舍人，充翰林學士，遂陰薦丞相杜公爲度支鹽鐵等使。翌日，叔文以本官及內職兼充副使。未幾，特遷戶部侍郎，賜紫，貴振一時。愚前已爲杜丞相奏署崇陵使判官，居月餘日，至是改屯田員外郎，判度支鹽鐵等案。初，叔文北海人，自言猛之後，有遠祖風，惟東平呂溫、隴西李景儉、河東柳宗元以爲信然。三子者皆與予厚善，日夕過，言其能。叔文實工言治道，能以口辯移人。既得用，自春至秋，其所施爲，人不以爲當非。

　　時上素被疾，至是尤劇。詔下內禪，自稱太上皇，後諡曰順宗。東宮即皇帝位。是時，太上久寢疾，宰臣及用事者都不得召對。宮掖事秘，而建桓立順，功歸貴臣。於是，叔文首貶渝州，後命終死。宰相貶崖州。予出爲連

州，途至荊南，又貶朗州司馬。居九年，詔徵，復授連州。自連歷夔、和二郡，又除主客郎中，分司東都。明年追入，充集賢殿學士。轉蘇州刺史，賜金紫。移汝州，兼御史中丞。又遷同州，充本州防禦，長春宮使。後被足疾，改太子賓客，分司東都，又改秘書監分司。一年，加檢校禮部尚書兼太子賓客。行年七十有一，身病之日，自爲銘曰：

不夭不賤，天之祺兮；重屯累厄，數之奇兮。天與所長，不使施兮；人或加訕，心無疵兮。寢於北牖，盡所期兮；葬近大墓，如生時兮。魂無不之，庸詎知兮！

劉氏集略說　　劉禹錫

子劉子曰：五達之井，百汲而盈科，未必涼而甘，所處之勢然也。人之詞待扣而揚，猶井之利汲耳。

始余爲童兒，居江湖間，喜與屬詞者游，謬以爲可教。視長者所行止，必操觚從之。及冠，學秀才，一幸而中說。有司懼不厭於衆，亟以口譽之。長安中，多循空言，以爲誠，果有名字，益與曹輩畋漁於書林，宵語途話，琴酒調謔，一出於文章。俄被召爲記室參軍。會出師淮上，恒磨墨於楯鼻，或寢止群書中。居一二歲，由甸服升諸朝。凡三進班，而所掌猶外府，或官課，或爲人所倩，昌言、奏記，移讓、告諭、奠神、志葬，或猥并焉。及謫於沅、湘間，爲江山風物之所蕩，往往指事成歌詩，或讀書有所感，輒立評議。窮愁著書，古儒者之大同，非高冠長劍之比耳。

前年，蒙恩澤，授以郡符。居海壖，多雨愿作。適晴，喜，躬曬書於庭，得已書四十通。逌爾自哂曰：道不加益，焉用是空文爲？眞可供醬蒙藥褚耳！它日，子婿博陵崔生關言曰：「某也龘游京師，偉人多問丈人新書幾何？且欲取去。而某應曰無有，輒媿起於顏間。今當復西，期有以弭媿者。」由是刪取四之一，爲《集略》，以貽此郎，非敢行乎遠也。

《劉白唱和集》解　　白居易

彭城劉夢得，詩豪者也，其鋒森然，少敢當者。予不量力，往往犯之。夫合應者聲同，交爭者力敵，一往一復，欲罷不能。由是每製一篇，先相視草，視竟則興作，興作則成文。一二年來，日尋筆硯，同和贈答，不覺滋

多。至大和三年春已前，紙墨所存者，凡一百三十八首。其餘乘興扶醉，率然口號者，不在此數。因命小姪龜兒編錄，勒成兩卷，仍寫二本：一付龜兒，一授夢得小兒崙郎，各令收藏，附兩家集。予頃以元微之唱和頗多，或在人口。常戲微之云：僕與足下，二十年來，為文友詩敵，幸也，亦不幸也。吟詠情性，播揚名聲，其適遺形，其樂忘老，幸也；然江南士女，語才子者，多云「元、白」。以子之故，使僕不得獨步於吳越間，亦不幸也。今垂老，復遇夢得，得非重不幸耶！夢得，夢得！文之神妙，莫先於詩。若妙與神，則吾豈敢？如夢得「雪裡高山頭白早，海中仙果子生遲」；「沉舟側畔千帆過，病樹前頭萬木春」之句之類，真謂神妙，在在處處，應當有靈物護之，豈唯兩家子姪秘藏而已？

己酉歲三月五日　樂天解

《因繼集》重序　　白居易

　　去年，微之取予《長慶集》中詩未對答者五十七首追和之，合一百一十四首寄來，題為《因繼集》卷之一。今年，予復以近詩五十首寄去。微之不踰月，依韻盡和，合一百首，又寄來，題為《因繼集》卷之二。卷末批云：「更揀好者寄來。」蓋示餘勇，磨礪以須我耳。予不敢退舍，即日又收拾新作格律詩共五十首寄去。雖不得好，且以供命。夫文，猶戰也，一鼓作氣，再而衰，三而竭。微之轉戰，迨茲三矣，即不知百勝之術，多多益辦耶？抑又不知鼓衰氣竭，自此為遷延之役耶？進退維命。微之，微之！走與足下和答之多，從古未有。足下雖少我六七年，然俱已白頭矣。竟不能捨章句，拋筆硯；何癖習如此之甚歟？而又未忘少年時心，每因唱酬，或相侮謔。忽忽自哂，況他人乎？《因繼集》卷，且止於三可也。忽恐足下懶發，不能成就至三。前言戲之者，姑為巾幗之挑耳。然此一戰後，師亦老矣。宜其櫜弓匣刃，彼此與心休息乎？〈和晨興〉一章，錄在別紙。語盡於此，亦不修書。二年，十月十五日，樂天重序。

與劉蘇州書　　白居易

　　夢得閣下：前者枉手札數幅，兼惠答〈憶春草〉、〈報白君〉已下五六章，發函披文，而後喜可知也。又覆視書中，有攘臂痛拳之戲，笑與抃會，

甚樂！甚樂！誰復知之，因有所云，續前言之戲耳，試爲留聽。僕與閣下在長安時，合所著詩數百首，題爲《劉白唱和集》卷上、下。事具集解中去年冬，夢得由禮部郎中、集賢學士遷蘇州刺史，冰雪塞路，自秦徂吳。僕方守三川，得爲東道主。閣下爲僕稅駕十五日，朝觴夕詠，頗極平生之歡，各賦數篇，視草而別。歲月易得，行復周星，一往一來，忽又盈篋。誠知老醜冗長，爲少年者所嗤。然吳苑、洛城，相去二三千里，捨此何以啓齒而解頤哉？嗟乎！微之先我去矣，詩敵之勍者，非夢得而誰？前後相答，彼此非一。彼雖無虛可擊，此亦非利不行；但祇交綏，未嘗失律。然得雋之句，警策之篇，多因彼唱此和中得之，他人未嘗能發也。所以輒自愛重，今復編而次焉，以附前集。合前三卷，題此卷爲「下」，遷前「下」爲「中」，命曰《劉白吳洛寄和卷》。自大和六年冬，送夢得之任之作始。居易頓首。

與劉禹錫書　　白居易

多候斗寒，不審動止何似？居易蒙免。韋楊子遞中，李宗直、陳清等至，連奉三問，並慰馳心。洛下今年旱損至甚，蠲放大半，經費不充，見議停減料錢。公私之況可見，蓋天災流行也。承貴部大稔，流亡悉歸，既遇豐年，又加仁政，否極則泰，物數之常。且使君之心，得以與眾同樂，即宴遊酬詠，當隨日來。前月二十六日崔家送終事畢，執紼之時，長慟而已！況見所示祭文及祭微哀辭，豈勝悽咽！來使到遲，不及發引，反虞之明日申奠，亦足以及哀。因睹二文，並錄祭敦並微誌同往，覽之當一惻惻耳！平生相識雖多，深者蓋寡。就中與夢得同厚者：深、敦、微而已。今相次而去，奈老心何！以此思之，遂有奉寄長句。長句而下，或感事，或遣懷，或對境，共十篇，今又錄往，公事之暇，爲遍覽之，亦可悲，亦可哂也。微既往矣，知音兼勍敵者，非夢而誰？故來示有脫膊毒拳、腦門起倒之戲，如此之樂，誰復知之？從報白君䪘榴裙之逸句，少有登高稱，豈人之遠思，唯餘兩僕射之歡詞？乃至金環翠羽之悽韻，每吟皆數四，如清光在前。或復命酒宴賓，與之同詠，不覺便醉便臥。即不知拙句到彼，有何人同諷耶？向前兩度修狀寄詩，皆酒酣操簡，或書不成字，或言涉無端，此病固蒙素知，終在希君恕醉人耳。所報男有藝，雌無容，少嘉賓，多乞客，其來尚矣。幸有家園渭城，豈假外物乎？昨問李宗直，知是久親事，常在左右，引於青氈前，飲之數

盃，隅坐與語。先問貴體，次問高牆，略得而知，聊用爲慰，即瞻戀饑渴之深淺可知也，復何言哉！沃洲僧記，又蒙與書，便是數百年盛事，可謂頭頭結緣耳。宗直還，奉狀不宣。居易再拜

夢得閣下　十一月日，謹空。

按：見《淳熙祕閣續帖》，故宮博物院藏。

醉吟先生傳　　白居易

醉吟先生者，忘其姓字、鄉里、官爵，忽忽不知吾爲誰也。宦遊三十載，將老，退居洛下，所居有池五六畝，竹數千竿，喬木數十株，臺榭舟橋，具體而微，先生安焉。家雖貧，不至寒餒；年雖老，未及耄。性嗜酒，耽琴，淫詩。凡酒徒、琴侶、詩客，多與之游。游之外，棲心釋氏，通學小中大乘法。與嵩山僧如滿爲空門友，平泉客韋楚爲山水友，彭城劉夢得爲詩友，安定皇甫朗之爲酒友。每一相見，欣然忘歸。洛城內外六七十里間，凡觀寺、丘墅，有泉石花竹者，靡不游；人家有美酒、鳴琴者，靡不過；有圖書、歌舞者，靡不觀。自居守洛川泊布衣家，以宴遊召者，亦時時往。每良辰美景，或雪朝月夕，好事者相過，必爲之先拂酒罍，次開詩篋。酒既酣，乃自援琴，操宮聲，弄〈秋思〉一遍。若興發，命家僮調法部絲竹，合奏〈霓裳羽衣〉一曲。若歡甚，又命小妓歌〈楊柳枝〉新詞十數章。放情自娛，酩酊而後已。往往乘興，屨及鄰，杖於鄉，騎遊都邑，肩舁適野。舁中置一琴、一枕，陶、謝詩數卷。舁竿左右，懸雙酒壺。尋水望山，率情便去；抱琴引酌，興盡而返。如此者凡十年。其間日賦詩約千餘首，日釀酒約數百斛。而十年前後賦釀者不與焉。妻孥弟姪，慮其過也，或譏之，不應；至於再三，乃曰：凡人之性，鮮得中，必有所偏好。吾非中者也，設不幸，吾好利，而貨殖焉；以至於多藏潤屋，賈禍危身，奈吾何？設不幸，吾好博奕，一擲數萬，傾財破產，以至於妻子凍餓，奈吾何？設不幸，吾好藥，損衣削食，鍊鉛燒汞，以至於無所成，有所誤，奈吾何？今吾幸不好彼，而自適於盃觴諷詠之間：放則放矣，庸何傷乎？不猶愈於好彼三者乎？此劉伯倫所以聞婦言而不聽，王無功所以遊醉鄉而不還也。遂率子弟，入酒房，環釀甕，箕踞仰面，長吁太息曰：吾生天地間，才與行，不逮於古人遠矣；而富於黔婁，壽於顏回，飽於伯夷，樂於榮啓期，健於衛叔寶，幸甚！幸甚！餘何求哉？

若捨吾所好，何以送老？因而自吟〈詠懷〉詩云：「抱琴榮啓樂，縱酒劉伶達，放眼看青山，任頭生白髮。不知天地內，更得幾年活？從此到終身，盡爲閑日月。」吟罷自哂，揭甕撥醅，又引數盃，兀然而醉。繼而醉復醒，醒復吟，吟復飲，飲復醉，醉吟相仍，若循環然。由是得以夢身世，雲富貴，幕席天地，瞬息百年，陶陶然，昏昏然，不知老之將至，古所謂得全於酒者，故自號爲「醉吟先生」。于時，開成三年，先生之齒，六十有七，鬚盡白，髮半禿，齒雙缺；而觸詠之興未衰。顧謂妻子云：今之前，吾適矣；今之後，吾不自知其興何如？

達哉樂天行　　*白居易*

達哉達哉白樂天！分司東都十三年。七旬纔滿冠已掛，半祿未及車先懸。或伴遊客春行樂，或隨山僧夜坐禪。二年忘卻問家事，門庭多草廚少煙。庖童朝告鹽米盡，侍婢暮訴衣裳穿。妻孥不悅甥姪悶，而我醉臥方陶然。起來與爾畫生計，薄產處置有後先。先賣南坊十畝園，次賣東郭五頃田。然後兼賣所居宅，髣髴獲緡二三千。半與爾充衣食費，半與吾供酒肉錢。吾今已年七十一，眼昏鬚白頭風眩。但恐此錢用不盡，即先朝露歸夜泉。未歸且住亦不惡，饑餐樂飲安穩眠。死生無可無不可，達哉達哉白樂天。

杭州春望　　*白居易*

望海樓明照曙霞，護江隄白蹋晴沙。濤聲夜入伍員廟，柳色春藏蘇小家。紅袖織綾誇柿蔕，青旗沽酒趁梨花。誰開湖寺西南路，草綠裙腰一道斜。

附注：城東樓，名望海樓。杭州出柿蔕花者尤佳也。其俗釀酒趁梨花時熟，號為「梨花春」。孤山寺路在湖洲中，草綠時，望如裙帶。

白舍人自杭州寄新詩有柳色春藏蘇小家之句因而戲酬兼寄浙東元相公　　*劉禹錫*

錢塘山水有奇聲，暫謫仙官守百城。女妓還聞名小小，使君誰許喚卿卿？黿鼉震海風雷起，蜃蛤噓天樓閣成。莫道騷人在三楚，文星今向斗牛明。

自詠　　*白居易*

形容瘦薄詩情苦，豈是人間有相人。只合一生眠白屋，何因三度擁朱輪？金章未佩雖非貴，銀榼常攜亦不貧。唯是無兒頭白早，被天磨折恰平均。

蘇州白舍人寄新詩有歎早白無兒之句因以贈之

劉禹錫

莫嗟華髮與無兒，卻是人間久遠期。雪裏高山頭白早，海中仙果子生遲。于公必有高門慶，謝守何煩曉鏡悲。幸免如新分非淺，祝君長詠夢熊詩。

醉贈劉二十八使君　　白居易

為我引杯添酒飲，與君把筯擊盤歌。詩稱國手徒為爾，命壓人頭不奈何。舉眼風光長寂寞，滿朝官職獨蹉跎。亦知合被才名折，二十三年折太多。

酬樂天揚州初逢席上見贈　　劉禹錫

巴山楚水淒涼地，二十三年棄置身。懷舊空吟聞笛賦，到郡翻似爛柯人。沉舟側畔千帆過，病樹前頭萬木春。今日聽君歌一曲，暫憑杯酒長精神。

憶舊遊　寄劉蘇州　　白居易

憶舊遊，舊遊安在哉？舊遊之人半白首，舊遊之地多蒼苔。江南舊遊凡幾處，就中最憶吳江隈。長洲苑綠柳萬樹，齊雲樓春酒一杯。閶門曉嚴旗鼓出，皋橋夕鬧船舫迴。修娥慢臉燈下醉，急管繁絃頭上催。六七年前狂爛漫，三千里外思徘徊。李娟張態一春夢，周五殷三歸夜臺。虎丘月色為誰好，娃宮花枝應自開。賴得劉郎解吟詠，江山氣色合歸來。

樂天寄憶舊遊因作報白君以答　　劉禹錫

報白君，別來已度江南春。江南春色何處好？燕子雙飛故宮道。春城三百七十橋，夾岸朱樓隔柳條。丫頭小兒蕩畫槳，長袂女郎簪翠翹。郡齋北軒卷羅幕，碧池逶迤繞華閣。池邊綠竹桃李花，花下舞筵

鋪綵霞。吳娃足情言語黠，越客有酒巾冠斜。座中皆言白太守，不負
風光向杯酒。酒酣襞牋飛逸韻，至今傳在人人口。報白君，相思空望
嵩丘雲。其奈錢塘蘇小小，憶君淚黦石榴裙。

杏園花下贈劉郎中　　　白居易

怪君把酒偏惆悵，曾是貞元花下人。自別花來多少事，東風二十
四迴春。

杏園花下酬樂天見贈　　　劉禹錫

二十餘年作逐臣，歸來還見曲江春。遊人莫笑白頭醉，老醉花間
有幾人？

夢得臥病攜酒相尋先以此寄　　　白居易

病來知少客，誰可以為娛？日晏開門未，秋寒有酒無？自宜相慰
問，何必待招呼。小疾無妨飲，還須挈一壺。

秋晚病中樂天以詩見問力疾奉酬　　　劉禹錫

耳虛多聽遠，展轉晨雞鳴。一室背鑪臥，中庭掃葉聲。蘭芳經雨
散，鶴病得秋輕。肯躡衡門草，唯應是友生。

秋涼閑臥　　　白居易

殘暑晝猶長，早涼秋尚嫩。露荷散清香，風竹含疏韻。幽閑竟日
臥，衰病無人問。薄暮宅門前，槐花深一寸。

和樂天秋涼閑臥　　　劉禹錫

暑退人體輕，雨餘天色改。荷珠貫索斷，竹粉殘妝在。高僧埽室
請，逸客登樓待。槐柳漸蕭疏，閑門少光彩。

晚夏閑居絕無賓客欲尋夢得先寄此詩　　白居易

魚笋朝餐飽，蕉紗暑服輕。欲為窗下寢，先傍水邊行。晴引鶴雙舞，秋生蟬一聲。無人解相訪，有酒共誰傾？老更諳時事，閑多見物情。只應劉與白，二叟自相迎。

酬樂天晚夏閑居欲相訪先以詩見貽　　劉禹錫

池榭堪臨泛，翛然散鬱陶。步因驅鶴緩，吟為聽蟬高。林密添新竹，枝低縋晚桃。酒醅晴易熟，藥圃夏頻薅。老是班行舊，閑為鄉里豪。經過更何處？風景屬吾曹。

洛下雪中頻與劉李二賓客宴集因寄汴州李尚書
白居易

水南水北雪紛紛，雪裏歡遊莫厭頻。日日暗來唯老病，年年少去是交親。碧氈帳暖梅花濕，紅燎爐香竹葉春。今日鄒枚俱在洛，梁園置酒召何人？

和樂天洛下雪中宴集寄汴州李尚書　　劉禹錫

洛城無事足杯盤，風雪相和歲欲闌。樹上因依見寒鳥，座中收拾盡閑官。笙歌要請頻何爽，笑語忘機拙更歡。遙想兔園今日會，瓊林滿眼映旍竿。

真娘墓　墓在虎丘寺　　白居易

真娘墓，虎丘道。不識真娘鏡中面，唯見真娘墓頭草。霜摧桃李風折蓮，真娘死時猶少年。脂膚荑手不牢固，世間尤物難留連。難留連，易銷歇。塞北花，江南雪。

和樂天題真娘墓　　劉禹錫

舊蜀林中黃土堆，羅襦繡袂已成灰。芳魂雖死人不怕，蔓草逢春

花自開。幡蓋向風疑舞袖，鏡燈臨曉似妝臺。吳王嬌女墳相近，一片行雲應往來。

耳順吟寄敦詩夢得　　白居易

三十四十五慾牽，七十八十百病纏。五十六十却不惡，恬淡清靜心安然。已過愛貪聲利後，猶在病羸昏耄前。未無筋力尋山水，尚有心情聽管絃。閑開新酒嘗數盞，醉憶舊詩吟一篇。敦詩夢得且相勸，不用嫌他耳順年。

和樂天耳順吟兼寄敦詩　　劉禹錫

吟君新什慰蹉跎，屈指同登耳順科。鄧禹功成三紀事，孔融書就八年多。已經將相誰能爾？拋卻丞郎爭奈何！獨恨長洲數千里，且隨魚鳥泛煙波。

按：鄧禹：東漢新野人，字仲華，少能誦詩文，與光武帝同學於長安，雅相親近，及光武起具禹北上從之，進言光武，延攬英雄，務悅民心，光武甚樂從，封大將軍，中興幃幄大計多師策肅，而所舉諸將皆當其才，尋拜前將軍西入關內，下河東，圍安邑，破更始，將樊參王匡等，光武即位於鄗，拜禹爲大司徒，封酇侯，時禹年僅廿四，復渡汾陰河入夏陽，師行有紀民多感悅，選破赤眉兵，名震關西，更封梁侯，赤眉西走扶風，禹乃南入長安，不久赤眉反撲復還，禹爲所敗，尋授右將軍，擊平延岑，建武十三年，天下平定封高密侯，禹深沉有大度篤引淳厚，天下既定，欲遠名勢，乃使其子嗣十三人，各習一藝各守一業，修正閨門，教養子孫從學習經，皆可爲後世法，資用節儉不修產業，不營私利，帝益重之，庶民敬仰，顯宗即位，乃拜爲太傅，後疾卒，諡元、帝繪二十八名將像於雲臺，以誌其功，禹居於首位。

孔融：東漢魯國人，字文舉，孔子後裔，靈帝時累官虎賁中郎將，獻帝時爲北海相，黃巾寇至退保朱虛，移屯都昌，志在靖難，苦無功勳，後遷太中大夫，因酒忤曹瞞被害。融幼有異才，十歲時謁河南尹李膺，自稱通家子弟，膺異之，融曰：「先君孔子與君先人李老君同德比義，而相

師友，則融與君乃累世通家爾。」眾坐莫不嘆息稱奇。陳煒獨曰：「夫人於小時了了，大未必佳。」融曰：「聽君所言，君早定不慧！」煒大踧踖。融官北海時，立學校，重儒術，薦人才，鄭玄、彭璆、邴原等多爲所薦舉，善文好客，嘗謂：但得座上客常滿，杯中酒不空，吾無憂矣！著有《孔北海集》。

喜劉蘇州恩賜金紫遙想賀宴以詩慶之　　白居易

海內姑蘇太守賢，恩加章綬豈徒然。賀賓喜色欺杯酒，醉妓歡聲遏管弦。魚佩葺鱗光照地，鵯銜瑞帶勢衝天。莫嫌鬢上些些白，金紫由來稱長年。

酬樂天見貽賀金紫之什　　劉禹錫

久學文章含白鳳，卻因政事賜金魚。郡人未識聞謠詠，天子知名與詔書。珍重賀詩呈錦繡，願言歸計並園廬。舊來詞客多無位，金紫同遊誰得如？

池上篇　并序　　白居易

都城風土水木之勝在東南偏，東南之勝在履道里，里之勝在西北隅，西閈北垣第一第即白氏叟樂天退老之地。地方十七畝，屋室三之一、水五之一、竹九之一、而島樹橋道間之。初，樂天既爲主，喜且曰：雖有臺池，無粟不能守也，乃作池東粟廩。又曰：雖有子弟，無書不能訓也，乃作池北書庫。又曰：雖有賓朋，無琴酒不能娛也，乃作池西琴亭，加石樽焉。樂天罷杭州刺史時，得天竺石一，華亭鶴二以歸，始作西平橋，開環池路。罷蘇州刺史時，得太湖石，白蓮、折腰菱，青板舫以歸，又作中高橋，通三島逕。罷刑部侍郎時，有粟千斛、書一車、泊臧獲之習筦磬絃歌者指百以歸。先是潁川陳孝山與釀法酒，味甚佳。博陵崔晦叔與琴、韻甚清。蜀客姜發授〈秋思〉，聲甚淡。弘農楊貞一與青石三，方長平滑。可以坐臥。大和三年夏，樂天始得請爲太子賓客，分秩於洛下，息躬於池上。凡三任所得，四人所與，泊吾不才身，今率爲池中物矣。每至池風春，池月秋、水香蓮開之旦，露清鶴唳之夕，拂楊石，舉陳酒，授崔琴，彈姜〈秋思〉頹然自適，不知其他。酒酣

琴罷，又命樂童登中島亭，合奏〈霓裳散序〉。聲隨風飄，或凝或散，悠揚於竹烟波月之際者久之。曲未竟而樂天陶然已醉，睡於石上矣。睡起偶詠，非詩非賦。阿龜握筆，因題石間。視其粗成韻章，命爲〈池上篇〉云爾。

　　十畝之宅，五畝之園。有水一池，有竹千竿。勿謂土狹，勿謂地偏。足以容膝，足以息肩。有堂有亭，有橋有船。有書有酒，有歌有絃。有叟在中，白鬚飄然。識分知足，外無求焉。如鳥擇木，姑務巢安。如龜居坎，不知海寬。靈鶴怪石，紫菱白蓮。皆吾所好，盡在我前。時飲一杯，或吟一篇。妻孥熙熙，雞犬閑閑。優哉遊哉，吾將終老乎其間。

樂天池館夏景方妍白蓮初開綵舟空泊唯邀緇侶因以戲之　　劉禹錫

　　池館今正好，主人何寂然？白蓮方出水，碧樹未鳴蟬。靜室宵聞磬，齋廚晚絕煙。番僧如共載，應不是神仙。

送河南尹馮學士赴任　　白居易

　　石渠金谷中間路，軒騎翩翩十里程。清洛飲冰添苦節，碧嵩看雪助高情。謾誇河北操旄鉞，莫羨江西擁斾旌。何似府寮京令外，別教三十六峰迎。

同樂天送河南尹馮學士　　劉禹錫

　　可憐玉馬風流地，暫輟金貂侍從才。閣上掩書劉向去，門前修刺孔融來。崤陵路靜寒無雨，洛水橋長晝起雷。共羨府中棠棣好，先於城外百花開。

同諸客題于家公主舊宅　　白居易

　　平陽舊宅少人遊，應是遊人到即愁。春穀鳥啼桃李院，絡絲蟲怨鳳凰樓。臺傾滑石猶殘砌，簾斷真珠不滿鉤。聞道至今蕭史在，髭鬚

雪白向明州。

按：「于家公主」，《新唐書・諸帝公主傳》：「樂國惠康公主，始封普寧，帝
特愛之。下嫁于季友。元和中，徒永昌。薨詔追封及諡」。

蕭史：春秋時人，父欽好道，老君降其家而生，初無名周宣王以史籍散
失，召爲史官，故以史名之，善吹簫能致孔雀白鶴於庭，秦穆公以女弄
玉妻之，日教玉吹簫作鳳鳴，數年而似，有鳳止其屋，公爲之築鳳台，
一日隨鳳飛去，故秦人作鳳女祠於雍宮中時有簫聲。按《列仙傳》云：
蕭史乘龍弄玉乘鳳飛昇去。又《江西通志》云：夫婦跨鶴上昇，。

題于家公主舊宅　　劉禹錫

樹繞荒臺葉滿池，簫聲一絕草蟲悲。鄰家猶學宮人髻，園客爭偷
御果枝。馬埒蓬蒿藏狡兔，鳳樓煙雨嘯愁鴟。何郎猶在無恩澤，不似
當初傅粉時。

按：何郎：即何晏，三國魏宛平人，字平叔，性自喜粉白不去手，美姿儀，
好裝扮，時有「傅粉何郎」之稱，尚魏公主，累官侍中尚書，爵列侯位，
好老莊言，與夏侯玄等競尚清談，士大夫效之，遂成一時風尚，後與曹
爽等陰謀叛逆，而爲司馬懿所誅，嘗有《道德論》及《文賦》數十篇，《論
語集解》等書流傳於世。

初冬早起寄夢得　　白居易

起戴烏紗帽，行披白布裘。爐溫先煖酒，手冷未梳頭。早景煙霜
白，初寒鳥鵲愁。詩成遣誰知，還是寄蘇州。

酬樂天初冬早寒見寄　　劉禹錫

乍起衣猶冷，微吟帽半欹。霜凝南屋瓦，雞唱後園枝。洛水碧雲
曉，吳宮黃葉時。兩傳千里意，書札不如詩。

小臺晚坐憶夢得　　白居易

汲泉灑小臺，臺上無纖埃。解帶面西坐，輕襟隨風開。晚涼閑興動，憶同傾一杯。月明候柴戶，藜杖何時來？

酬樂天小臺晚坐見憶　　劉禹錫

小臺堪遠望，獨上清秋時。有酒無人勸，看山祇自知。幽禽囀深竹，孤蓮落靜池。高門勿遽掩，好客無前期。

早春憶蘇州寄夢得　　白居易

吳苑四時風景好，就中偏好是春天。霞光曙後殷於火，水色晴來嫩似煙。士女笙歌宜月下，使君金紫稱花前。誠知歡樂堪留戀，其奈離鄉已四年。

早春對雪奉寄澧州元郎中　　劉禹錫

新賜魚書墨未乾，賢人暫屈遠人安。朝驅旌旆行時令，夜見星辰憶舊官。梅藥覆階鈴閣燠，雪峰當戶戟枝寒。寧知楚客思公子，北望長吟澧有蘭。

聞新蟬贈劉二十八　　白居易

蟬發一聲時，梅花帶兩枝。只應催我老，兼遣報君知。白髮生頭速，青雲入手遲。無過一杯酒，相勸數開眉。

編者按：蟬爲夏蟲，噪鳴於盛夏，梅怒放於嚴冬，不逾新春，故「蟬發一聲時」應是「槐花帶兩枝」。是爲「槐」謬誤成「梅」。

始聞蟬有懷白賓客去歲白有聞蟬見寄詩云祇應催我老兼遣報君知之句　　劉禹錫

蟬韻極清切，始聞何處悲？人含不平意，景值入秋時。此歲方晼晚，誰家無別離？君言催我老，已是去年詩。

開成二年夏聞新蟬贈夢得　十年來常與夢得索居，同在洛

下，每聞蟬，多有寄答，今喜以此篇唱之。　　白居易

十載與君別，常感新蟬鳴。今年共君聽，同在洛陽城。噪處知林
靜，聞時覺景清。涼風忽嫋嫋，秋思先秋生。殘槿花邊立，老槐陰下
行。雖無索居恨，還動長年情。且喜未聾耳，年年聞此聲。

附注：「十年與君別」朱籤：「禹錫大和五年冬赴蘇州刺史任，過洛陽，與居
　　　易別後，至開成二年，僅有七年」。此云：「十年與君別」舉成數耳。

酬樂天聞新蟬見贈　　劉禹錫

碧樹有蟬後，煙雲改容光。瑟然引秋氣，芳草日夜黃。夾道喧古
槐，臨池思垂楊。離人下憶淚，志士激剛腸，昔聞阻山川，今聽同匡
床。人情便所遇，音韻豈殊常？因之比笙竽，送我遊醉鄉。

答夢得聞蟬見寄　　白居易

開緘思浩然，獨詠晚風前。人貌非前日，蟬聲似去年。槐花新雨
後，柳影欲秋天。聽罷無他計，相思又一篇。

答白刑部聞新蟬　　劉禹錫

蟬聲未發前，已自感流年。一入淒涼耳，如聞斷續弦。晴清依露
葉，晚急思霞天。何事秋卿詠，逢時一悄然！

立秋夕有懷夢得　　白居易

露簟荻竹清，風扇蒲葵輕。一與故人別，再見新蟬鳴。是夕涼飆
起，閑境入幽情。迴燈見棲鶴，隔竹聞吹笙。夜茶一兩杓，秋吟三數
聲。所思渺千里，雲外長洲城。

酬樂天七月一日夜即事見寄　　劉禹錫

夜樹風韻清，天河雲彩輕。故苑多露草，隔城聞鶴鳴。搖落從此

始，別離含遠情。聞君當是夕，倚瑟吟商聲。外物豈不足，中懷向誰
傾？秋來念歸去，同聽嵩陽笙。

與夢得同登棲靈塔　　白居易

半月悠悠在廣陵，何樓何塔不同登？共憐筋力猶堪在，上到棲靈
第九層。

同樂天登棲靈寺塔　　劉禹錫

步步相攜不覺難，九層雲外倚欄杆。忽然語笑半天上，無限遊人
舉眼看。

哭崔兒　　白居易

掌珠一顆兒三歲，髮雪千莖父六旬。豈料汝先為異物，常憂吾不
見成人。悲腸自斷非因劍，啼眼加昏不是塵。懷抱又空天默默，依前
重作鄧攸身。

初喪崔兒報微之晦叔　　白居易

書報微之晦叔知，欲題崔字淚先垂。世間此恨偏敦我，天下何人
不哭兒？蟬老悲鳴拋蛻後，龍眠驚覺失珠時。文章十帙官三品，身後
傳誰庇蔭誰？

吟白君哭崔兒二篇愴然寄贈　　劉禹錫

吟君苦調我霑纓，能使無情盡有情。四望車中心未釋，千秋亭下
賦初成。庭梧已有雛棲處，池鶴今無子和聲。從此期君比瓊樹，一枝
吹折一枝生。

府齋感懷酬夢得　時初喪崔兒，夢得以詩相安云：「從此期君比瓊樹，一枝吹折一枝生。」故有此落句以報之。　白居易

府伶呼喚爭先到，家醞提攜動輒隨。合是人生開眼日，自當年老斂眉時。丹砂鍊作三銖土，玄髮看成一把絲。勞寄新詩遠安慰，不聞枯樹更生枝。

答樂天所寄詠懷且釋其枯樹之歎　劉禹錫

衙前有樂饌常精，宅內連池酒任傾。自是官高無狎客，不論年長少歡情。驪龍頷被探珠去，老蚌胎還應月生。莫羨三春桃與李，桂花成實向秋榮。

詠老贈夢得　白居易

與君俱老也，自問老如何？眼澀夜先臥，頭慵朝未梳。有時扶杖出，盡日閉門居。懶照新磨鏡，休看小字書。情於故人重，跡共少年疏。唯是閑談興，相逢尚有餘。

酬樂天詠老見示　劉禹錫

人誰不願老，老去有誰憐？身瘦帶頻減，髮稀冠自偏。廢書緣惜眼，多炙為隨年。經事還諳事，閱人如閱川。細思皆幸矣，下此便翛然。莫道桑榆晚，為霞尚滿天。

鸚鵡　白居易

隴西鸚鵡到江東，養得經年觜漸紅。常恐思歸先剪翅，每因餧食暫開籠。人憐巧語情雖重，鳥憶高飛意不同。應似朱門歌舞妓，深藏牢閉後房中。

和樂天鸚鵡　劉禹錫

養來鸚鵡觜初紅，宜在朱樓繡戶中。頻學喚人緣性慧，偏能識主

為情通。斂毛睡足難銷日，斁翅愁時願見風。誰遣聰明好顏色，事須安置入深櫳。

長相思二首　　白居易

一

汴水流，泗水流。流到瓜洲古渡頭，吳山點點愁。思悠悠，恨悠悠。恨到歸時方始休，月明人倚樓。

二

深畫眉，淺畫眉。蟬鬢鬅鬙雲滿衣，陽臺行兩迴。巫山高，巫山低。暮雨瀟瀟郎不歸，空房獨守時。

瀟湘神二首　　劉禹錫

一

湘水流，湘水流，九疑雲物至今愁。君問二妃何處所？零陵香草露中秋。

二

斑竹枝，斑竹枝，淚痕點點寄相思。楚客欲聽瑤瑟怨，瀟湘深夜月明時。

早春醉吟寄太原令狐相公蘇州劉郎中　　白居易

雪夜閑遊多秉燭，花時暫出亦提壺。別來少遇新詩敵，老去難逢舊飲徒。大振威名降北虜，勤行惠化活東吳。不知歌酒騰騰興，得似河南醉尹無？

和樂天洛下醉吟寄太原令狐相公兼見懷長句
劉禹錫

舊相臨戎非稱意，詞人作尹本多情。從容自使邊塵靜，談笑不聞柝鼓聲。章句新添塞下曲，風流舊占洛陽城。昨來亦有吳趨詠，唯寄

東都與北京。

燒藥不成命酒獨醉　　白居易

白髮逢秋王，丹砂見火空。不能留姹女，爭免作衰翁？賴有杯中綠，能為面上紅。少年心不遠，只在半酣中。

和樂天燒藥不成命酒獨醉　　劉禹錫

九轉欲成就，百神陰主持。嬰啼鼎上去，老貌鏡前悲。卻顧空丹竈，回心向酒巵。醺然耳熱後，暫似少年時。

微之敦詩晦叔相次長逝歸然自傷因成二絕
白居易

一

併失鶺鴒侶，空留麋鹿身。只應嵩洛下，長作獨遊人。

二

長夜君先去，殘年我幾何？秋風滿衫淚，泉下故人多。

樂天見示傷微之敦詩晦叔三君子皆有深分因成是詩以寄　　劉禹錫

吟君歎逝雙絕句，使我傷懷奏短歌。世上空驚故人少，集中唯覺祭文多。芳林新葉催陳葉，流水前波讓後波。萬古到今同此恨，聞琴淚盡欲如何！

酬劉和州戲贈　　白居易

錢塘山水接蘇臺，兩地賽帷愧不才。政事素無爭學得，風情舊有且將來。雙蛾解珮啼相送，五馬鳴珂笑却迴。不似劉郎無景行，長拋春恨在天台。

答樂天戲贈　　劉禹錫

才子聲名白侍郎，風流雖老尚難當。詩情逸似陶彭澤，齋日多如周太常。矻矻將心求淨法，時時偷眼看春光。知君技癢思歡燕，欲倩天魔破道場。

柘枝妓　　白居易

平鋪一合錦筵開，連擊三聲畫鼓催。紅蠟燭移桃葉起，紫羅衫動柘枝來。帶垂鈿胯花腰重，帽轉金鈴雪面迴。看即曲終留不住，雲飄雨送向陽臺。

和樂天柘枝　　劉禹錫

柘枝本出楚王家，玉面添嬌舞態奢。鬢鬟故梳鸞鳳髻，新衫別織鬥雞紗。鼓催殘拍腰身軟，汗透羅衣雨點花。畫筵曲罷辭歸去，便隨王母上煙霞。

早寒　　白居易

黃葉聚牆角，青苔圍柱根。被經霜後薄，鏡遇雨來昏。半卷寒簷幕，斜開煖閣門。迎冬兼送老，只仰酒盈樽。

和樂天早寒　　劉禹錫

雨引苔侵壁，風驅葉擁階。久留閑客話，宿請老僧齋。酒甕新陳接，書籤次第排。翛然自有處，搖落不傷懷。

憶江南，春詞　　白居易

春過也，共惜艷陽年，猶有桃花流水上，無辭竹葉醉樽前，惟待見春天。

和樂天春詞依憶江南曲拍爲句　　劉禹錫

春去也，多謝洛陽人。弱柳從風疑舉袂，叢蘭裛露似霑巾。獨笑亦含嚬。

按：白居易所作〈憶江南〉詞、原著共有三首：此曲亦名〈謝秋娘〉，其結構
　　形式特殊，長辭短句相間，以三、五、七、七、五言爲句貫通全詩涵意，
　　每首五句，從轉折的韻調益見其趣，於變換的節拍中深蘊另種風情，別
　　有一番風味，表現於字句之間，與字面之外，在視覺與聽覺兩者之間，
　　製造出深刻的感應，既屬傑作，也是絕唱。

憶江南詞三首　　白居易

一

江南好，風景舊曾諳。日出江花紅勝火，春來江水綠如藍。能不憶江南？

二

江南憶，最憶是杭州。山寺月中尋桂子，郡亭枕上看潮頭。何日更重遊？

三

江南憶，其次憶吳宮。吳酒一杯春竹葉，吳娃雙舞醉芙蓉。早晚復相逢。

春詞　　白居易

低花樹映小妝樓，春入眉心兩點愁。斜倚欄杆臂鸚鵡，思量何事不回頭？

和樂天春詞　　劉禹錫

新妝宜面下朱樓，深鎖春光一院愁。行到中庭數花朵，蜻蜓飛上玉搔頭。

送鶴與斐相臨別贈詩　　白居易

司空愛爾爾須知，不信聽吟送鶴詩。羽翮勢高寧惜別，稻粱恩厚莫愁飢。夜棲少共雞爭樹，曉浴先饒鳳占池。穩上青雲勿回顧，的應勝在白家時。

和樂天送鶴上斐相公別鶴之作　　劉禹錫

昨日看成送鶴詩，高櫳提出白雲詞。朱門乍入應迷路，玉樹容棲莫揀枝。雙舞庭中花落處，數聲池上月明時。三山碧海不歸去，且向人間呈羽儀。

劉蘇州寄釀酒糯米李浙東寄楊柳枝舞衫偶因嘗酒試衫輒成長句寄謝之　　白居易

柳枝慢踏試雙袖，桑落初香嘗一杯。金屑醅濃吳米釀，銀泥衫穩越娃裁。舞時已覺愁眉展，醉後仍教笑口開。慚愧故人憐寂寞，三千里外寄歡來。

酬樂天衫酒見寄　　劉禹錫

酒法眾傳吳米好，舞衣偏尚越羅輕。動搖浮蟻香濃甚，裝束輕鴻意態生。閱曲定知能自適，舉杯應歎不同傾。終朝相憶終年別，對景臨風無限情。

戊申歲暮詠懷三首　　白居易

一

窮冬月末兩三日，半百年過六七時。龍尾趁朝無氣力，牛頭參道有心期。榮華外物終須悟，老病傍人豈得知。猶被妻兒教漸退，莫求致仕且分司。

二

唯生一女才十二，秖欠三年未六旬。婚嫁累輕何怕老，飢寒心慣

不憂貧。紫泥丹筆皆經手，赤紱金章盡到身。更擬踟躕覓何事，不歸嵩洛作閑人？

三

七年囚閉作籠禽，但願開籠便入林。幸得展張今日翅，不能辜負昔時心。人間禍福愚難料，世上風波老不禁。萬一差池似前事，又應追悔不抽簪。

春日書懷寄東洛白二十二楊八二庶子　　劉禹錫

曾向空門學坐禪，如今萬事盡忘筌。眼前名利同春夢，醉里風情敵少年。野草芳菲紅錦地，游絲撩亂碧羅天。心知洛下閑才子，不作詩魔即酒顛。

病免後喜除賓客　　白居易

臥在漳濱滿十旬，起為商皓伴三人。從今且莫嫌身病，不病何由索得身。

刑部白侍郎謝病長告改賓客分司以詩贈別
劉禹錫

鼎食華軒到眼前，拂衣高謝豈徒然？九霄路上辭朝客，四皓叢中作少年。它日臥龍終得雨，今朝放鶴且沖天。洛陽舊有衡茅在，亦擬抽身伴地仙。

洛陽春贈劉李二賓客　　白居易

水南冠蓋地，城東桃李園。雪銷洛陽堰，春入永通門。淑景芳靄靄，遊人稍喧喧。年豐酒漿賤，日晏歌吹繁。中有老朝客，華髮映朱軒。從容三兩人，籍草開一樽。樽前春可惜，身外事勿論。明日期何處，杏花遊趙村。

和樂天洛城春齊梁體八韻　　劉禹錫

帝城宜春入，遊人喜日長。草生季倫谷，花出莫愁坊。斷雲發山色，輕風漾水光。樓前戲馬地，樹下鬭雞場。白頭自為侶，綠酒亦滿觴。潘園觀種植，謝墅閱池塘。至閑似隱逸，過老不悲傷。相問為功德，銀黃遊故鄉。

南園試小樂　　白居易

小園斑駁花初發，新樂錚摐教欲成。紅萼紫房皆手植，蒼頭碧玉盡家生。高調管色吹銀字，慢拽歌詞唱渭城。不飲一杯聽一曲，將何安慰老心情？

和樂天南園試小樂　　劉禹錫

閑步南園煙雨晴，遙聞絲竹出牆聲。欲拋丹筆三川去，先教清商一部成。花木手栽偏有興，歌詞自作別生情。多才遇景皆能詠，當日人傳滿鳳城。

曲江春望　　劉禹錫

鳳城煙雨歇，萬象含佳氣。酒後人倒狂，花時天似醉。三春車馬客，一代繁華地。何事獨傷懷？少年曾得意。

和劉郎中曲江春望見示　　白居易

芳草多遊客，衰翁獨在家。肺傷妨飲酒，眼痛忌看花。寺路隨江曲，宮牆夾樹斜。羨君猶健壯，不枉度年華。

秋日書懷寄白賓客　　劉禹錫

州遠雄無益，年高健亦衰。興情逢酒在，筋力上樓知。蟬噪芳意盡，雁來愁望時。商山紫芝客，應不向秋悲。

答夢得秋日書懷見寄　　　白居易

幸免非常病，甘當本分衰。眼昏燈最覺，腰瘦帶先知。樹葉霜紅日，髭鬚雪白時。悲愁緣欲老，老過却無悲。

閑臥　　　白居易

薄食當齋戒，散班同隱淪。佛容為弟子，天許作閑人。唯置牀臨水，都無物近身。清風散髮臥，兼不要紗巾。

酬樂天閑臥見憶　　　劉禹錫

散誕向陽眠，將閑敵地仙。詩情茶助爽，藥力酒能宣。風碎竹間日，露明池底天。同年未同隱，緣欠買山錢。

和僕射牛相公寓言二首　　　劉禹錫

一

兩度竿頭立定誇，回眸舉袖拂青霞。盡拋今日貴人樣，複振前朝名相家。御史定來休直宿，尚書依舊趁參衙。具瞻尊重誠無敵，猶憶洛陽千樹花。

二

心如止水鑒常明，見盡人間萬物情。雕鶚騰空猶逞俊，驊騮齧足自無驚。時來未覺權為祟，貴了方知退是榮。隻恐重重世緣在，事須三度副蒼生。

代夢得吟　　　白居易

後來變化三分貴，同輩凋零太半無。世上爭先從盡汝，人間鬪在不如吾。竿頭已到應難久，局勢雖遲未必輸。不見山苗與林葉，迎春先綠亦先枯。

贈王山人　　白居易

玉芝觀裏王居士，服氣餐霞善養身。夜後不聞龜喘息，秋來唯長鶴精神。容顏盡怪長如故，名姓多疑不是真。貴重榮華輕壽命，知君悶見世間人。

同白二十二贈王山人　　劉禹錫

愛名之世忘名客，多事之時無事身。古老相傳見來久，歲年雖變貌長新。飛章上達三清路，受籙平交五嶽神。笑聽蓼蓼朝暮鼓，只能催得市朝人。

鏡換杯　　白居易

欲將珠匣青銅鏡，換取金樽白玉卮。鏡裏老來無避處，樽前愁至有消時。茶能散悶為功淺，萱縱忘憂得力遲。不似杜康神用速，十分一盞便開眉。

和樂天以鏡換酒　　劉禹錫

把取菱花百鍊鏡，換他竹葉十旬杯。顰眉厭老終難去，蘸甲須歡便到來。妍醜太分迷忌諱，松喬俱傲絕嫌猜。校量功力相千萬，好去從空白玉臺。

醉中重留夢得　　白居易

劉郎劉郎莫先起，蘇臺蘇臺隔雲水。酒盞從來一百分，馬頭去便三千里。

醉答樂天　　劉禹錫

洛城洛城何日歸？故人故人今轉稀。莫嗟雪裡暫時別，終擬雲間相逐飛。

寄劉蘇州　　　白居易

去年八月哭微之，今年八月哭敦詩。何堪老淚交流日，多是秋風搖落時。泣罷幾回深自念，情來一倍苦相思。同年同病同心事，除却蘇州更是誰？

酬樂天見寄　　　劉禹錫

元君後輩先零落，崔相同年不少留。華屋坐來能幾日？夜臺歸去便千秋。背時猶自居三品，得老終須卜一丘。若使吾徒還早達，亦應簫鼓入松楸。

喜夢得自馮翊歸洛兼呈令公　　　白居易

上客新從左輔迴，高陽興助洛陽才。已將四海聲名去，又占三春風景來。甲子等頭憐共老，文章敵手莫相猜。鄒枚未用爭詩酒，且飲梁王架喜杯。

自左馮歸洛下酬樂天兼呈裴令公　　　劉禹錫

新恩通籍在龍樓，分務神都近舊丘。自有園公紫芝侶，仍追少傅赤松遊。華林霜葉紅霞晚，伊水晴光碧玉秋。更接東山文會酒，始知江左未風流。

閑臥寄劉同州　　　白居易

軟褥短屏風，昏昏醉臥翁。鼻香茶熟後，腰暖日陽中。伴老琴長在，迎春酒不空。可憐閑氣味，唯欠與君同。

酬樂天閑臥見憶　　　劉禹錫

散誕向陽眠，將閑敵地仙。詩情茶助爽，藥力酒能宣。風碎竹間日，露明池底天。同年未同隱，緣欠買山錢。

喜見劉同州夢得　　白居易

紫綬白髭鬚，同年二老夫。論心共牢落，見面且歡娛。酒好攜來否，詩多記得無？應須為春草，五馬少跰躕。

酬喜相遇同州與樂天替代　　劉禹錫

舊托松心契，新交竹使符。行年同甲子，筋力羨丁夫。別後詩成帙，攜來酒滿壺。今朝停五馬，不獨為羅敷。

齋戒滿夜戲招夢得　　白居易

紗籠燈下道場前，白日持齋夜坐禪。無復更思身外事，未能全盡世間緣。明朝又擬親杯酒，今夕先聞理管絃。方丈若能來問疾，不妨兼有散花天。

和樂天齋戒月滿夜對道場偶懷詠　　劉禹錫

常修清淨去繁華，人識王城長者家。案上香煙鋪貝葉，佛前燈焰透蓮花。持齋已滿招閑客，理曲先聞命小娃。明日若過方丈室，還應問為法來邪？

酬樂天齋滿日裴令公置宴席上戲贈　　劉禹錫

一月道場齋戒滿，今朝華幄管絃迎。銜杯本自多狂態，事佛無妨有佞名。酒力半酣愁已散，文鋒未鈍老猶爭。平陽不獨容賓醉，聽取喧呼吏舍聲。

題酒甕呈夢得　　白居易

若無清酒兩三甕，爭向白鬚千萬莖？麴糵消愁真得力，光陰催老苦無情。凌煙閣上功無分，伏火爐中藥未成。更擬共君何處去，且來同作醉先生。

酬樂天偶題酒甕見寄　　劉禹錫

從君勇斷拋名後，世路榮枯見幾回？門外紅塵人自走，甕頭清酒我初開。三冬學任胸中有，萬戶侯須骨上來。何幸相招同醉處，洛陽城裡好池臺。

對酒勸令公開春遊宴　　白居易

時泰歲豐無事日，功成名遂自由身。前頭更有忘憂日，向上應無快活人。自去年來多事故，從今日去少交親。宜須數數謀歡會，好作開成第二春。

酬樂天請裴令公開春嘉宴　　劉禹錫

高名大位能兼有，恣意遨遊是特恩。二室煙霞成步障，三川風物是家園。晨窺苑樹韶光動，晚渡河橋春思繁。弦管常調客常滿，但逢花處即開樽。

與夢得偶同到敦詩宅感而題壁　　白居易

山東繾副蒼生願，川上俄驚逝水波。履道淒涼新第宅，宣城零落舊笙歌。園荒唯有薪堪採，門冷兼無雀可羅。今日相隨偶同到，傷心不是故經過。

樂天示過敦詩舊宅有感一篇吟之泫然追想昔事因成繼和以寄苦懷　　劉禹錫

淒涼同到故人居，門枕寒流古木疏。向秀心中嗟棟宇，蕭何身後散圖書。本營歸計非無意，唯筭生涯尚有餘。忽憶前言更惆悵，叮嚀相約速懸車。

敦詩與余及樂天三人同年共甲子，平生相約同時退休隱於洛中。

同題分應一唱眾和

　　過去一般好舞文弄墨，長於詩賦的辭人詩士，通常都有將自己認為寫得稱心適意，忖度可以「公諸於世，示之予人」的詩篇辭作，主動地分別寄贈給散居在各地的親朋文友，分享遠近愛好詩文的同道同好，時而會引起各方受贈者不同程度的關注，進而分別獲得眾家應有的回音，這是基於一般的社交慣例，屬於禮貌性常有的致意問候，是閑談家常式的聊天對話，其間不外乎是彼此對某些特定事物的觀點主張，和對歲時節令，時光轉換的感受情懷，以及對遠人遊子，謫官逐臣的關懷寄語之類的韻文信件。

　　在相互酬答往復應和之間，不但展示了詩人的風格情懷，同時也顯現了對方的私衷內思，透過魚雁的往返，在吟韻唱和之間，相對地產生了觀摩學習的效應，讓作者有了見賢思齊，踵步隨行的啟發感應，透過來自各方的信息，出自眾家手筆的唱和應答，而其最明顯的效益，是使原本只呈單一面向，亦如「一枝獨秀」或者是「孤芳自賞」、「單枝獨株」的盆栽，在交錯搭配，相互襯托之下，轉變成五彩繽紛的花團錦簇，斑爛華瞻的瓶花園卉，而顯得更為搶眼奪目，尤能引人入勝。

　　聚匯參照著各家對同一主題，在不同時地場景所發表的詩辭，作對比式的閱覽，暫不以良窳優劣，高低先後為著眼，而以「浴風看雲」、「望月觀星」的眼光來加以欣賞，則未嘗不是另有一種情趣，別有一番風味的閱覽鑑識，且有全盤的瞻顧，全局的掌握，而能作全面的對照和理解。

同夢得酬牛相公初到洛中小飲見贈　　　白居易

時牛相公辭罷揚州節度使，就拜東都留守。

　　淮南揮手拋紅旆，洛下迴頭向白雲。政事堂中老丞相，制科場裡舊將軍。宮城煙月饒全占，關塞風光請中分。詩酒放狂猶得在，莫欺白叟與劉君。

酬思黯見示「小飲」四韻　　劉禹錫

拋卻人間第一官，俗情驚怪我方安。兵符相印無心戀，洛水嵩雲恣意看。三足鼎中知味久，百尋竿上擲身難。追呼故舊連宵飲，直到天明興未闌。

裴令公見示詶樂天寄奴買馬絕句斐然仰和且戲樂天　　劉禹錫

常奴安得似方回，爭望追風絕足來？若把翠娥酬綠耳，始知天下有奇才。

酬裴令公贈馬相戲　　白居易

裴詩云：「君若有心求逸足，我還留意在名姝」。蓋引妾換馬戲，意亦有所屬也。

安石風流無奈何，欲將赤驥換青娥。不辭便送東山去，臨老何人與唱歌？

一字至七字詩（又名寶塔詩）賦得「詩」字
　　白居易

樂天分司東洛，朝賢悉會興化池亭送別，各詩一字至七字詩，以題為韻：

詩
綺美
瓌奇
明月夜
落花時
能助歡笑
亦傷別離
調清金石怨
吟苦鬼神悲

天下祇應我愛
世間唯有君知
自從都尉別詩句
便到司空送白詞

嘆水別白二十二賦得「水」
一至七字詩（又名寶塔詩）　　劉禹錫

水
至清
盡美
從一勺
至千里
利人利物
時行時止
道性淨皆然
交情淡如此
君遊金谷堤上
我在石渠署裡
兩心相憶似流波
潺湲日夜無窮己

一字至七字詩賦得「茶」字　　元稹

茶
香葉
嫩芽
慕詩客
愛僧家
碾雕白玉

羅織紅紗
銚煎黃蕊色
椀轉麴塵花
夜後邀陪明月
晨前命對朝霞
洗盡古今人不倦
將知醉後豈堪誇

同留守王僕射各賦春中一物賦得「鶯」字
一至七字詩（又名寶塔詩）　　　劉禹錫

鶯
能語
多情
春將半
天欲明
始逢南陌
復集東城
林疎時見影
花密但聞聲
營中緣催短笛
樓上來定哀箏
千門萬戶垂楊裏
百囀如簧煙景晴

生春二十首　用中、風、融、叢四韻　　　元稹

一

何處生春早？春生雲色中。籠葱閑着水，晻淡欲隨風。度曉分霞態，餘光庇雪融。晚來低漠漠，渾欲泥幽叢。

二

何處生春早？春生漫雪中。渾無到底片，唯逐入樓風。屋上些些薄，池心旋旋融。自悲銷散盡，誰假入蘭叢？

三

何處生春早？春生霽色中。遠林橫反照，高樹亞東風。水凍霜威在，泥新地氣融。漸知殘雪薄，杪近最憐叢。

四

何處生春早？春生曙火中。星圍分暗陌，煙氣滿晴風。宮樹棲鴉亂，城樓帶雪融。競排閶闔側，珂傘自相叢。

五

何處生春早？春生曉禁中。殿階龍旆日，漏閣寶箏風。藥樹香煙重，天顏瑞氣融。柳梅渾未覺，青紫已叢叢。

六

何處生春早？春生江路中。雨移臨浦市，晴候過湖風。蘆筍錐猶短，凌澌玉漸融。數宗船載足，商婦兩眉叢。

七

何處生春早？春生野墅中。病翁閑向日，征婦懶成風。矻笴天雖暖，穿區凍未融。鞭牛縣門外，爭土蓋蠶叢。

八

何處生春早？春生冰岸中。尚憐扶臘雪，漸覺受東風。織女雲橋斷，波神玉貌融。便成嗚咽去，流恨與蓮叢。

九

何處生春早？春生柳眼中。芽新纔綻日，茸短未含風。綠誤眉心重，黃驚蠟淚融。碧條殊未合，愁緒已先叢。

十

何處生春早？春生梅援中。蕊排難犯雪，香乞擬來風。隴迥羌聲怨，江遙客思融。年年最相惱，緣未有諸叢。

十一

何處生春早？春生鳥思中。鵲巢移舊歲，戴羽旋高風。鴻雁驚沙暖，鴛鴦愛水融。最憐雙翡翠，飛入小梅叢。

十二

何處生春早？春生池榭中。鏤瓊冰陷日，文縠水迴風。柳愛和身動，梅愁合樹融。草芽猶未出，挑得小萱叢。

十三

何處生春早？春生稚戲中。亂騎殘爆竹，爭唾小旋風。罵雨愁妨走，呵冰喜旋融。女兒針線盡，偷學五辛叢。

十四

何處生春早？春生人意中。曉妝雖近火，晴戲漸憐風。暗入心情懶，先添酒思融。預知花好惡，偏在最深叢。

十五

何處生春早？春生半睡中。見燈如見霧，聞雨似聞風。開眼猶殘夢，攲身便恐融。卻成雙翅蝶，還繞庫花叢。

十六

何處生春早？春生曉鏡中。手寒勻面粉，鬟動倚簾風。宿霧梅心滴，朝光幕上融。思牽梳洗懶，空拔綠絲叢。

十七

何處生春早？春生綺戶中。玉櫳穿細日，羅幔張輕風。柳軟腰支嫩，梅香密氣融。獨眠傍妬物，偷鏟合歡叢。

十八

何處生春早？春生老病中。土膏蒸足腫，天暖癢頭風。似覺肌膚展，潛知血氣融。又添新一歲，衰白轉成叢。

十九

何處生春早？春生客思中。旅魂驚北雁，鄉信是東風。縱有心灰動，無由鬢雪融。未知開眼日，空繞未開叢。

二十

何處生春早？春生濛雨中。裏塵復有氣，拂面細如風。柳誤啼珠密，梅驚粉汗融。滿空愁澹澹，應豫憶芳叢。

和春深二十首 用家、花、車、斜四韻　　　白居易

一

何處春深好，春深富貴家。馬為中路鳥，妓作後庭花。羅綺驅論隊，金銀用斷車。眼前何所苦，唯苦日西斜。

二

何處春深好，春深貧賤家。荒涼三逕草，冷落四鄰花。奴困歸傭力，妻愁出賃車。途窮平路險，舉足劇褒斜。

三

何處春深好，春深執政家。鳳池添硯水，雞樹落衣花。詔借當衢宅，恩容上殿車。延英開對久，門與日西斜。

四

何處春深好，春深方鎮家。通犀排帶胯，瑞鶻勘袍花。飛絮衝毬馬，垂楊拂妓車。戎裝拜春設，左握寶刀斜。

五

何處春深好，春深刺史家。陰繁棠布葉，歧秀麥分花。五疋鳴珂馬，雙輪畫軾車。和風引行樂，葉葉隼旟斜。

六

何處春深好，春深學士家。鳳書裁五色，馬鬣剪三花。蠟炬開明火，銀臺賜物車。相逢不敢揖，彼此帽低斜。

七

何處春深好，春深女學家。慣看溫室樹，飽識浴堂花。御印提隨仗，香牋把下車。宋家宮樣髻，一片綠雲斜。

八

何處春深好，春深御史家。絮縈驄馬尾，蝶繞繡衣花。破柱行持斧，埋輪立駐車。入班遙認得，魚貫一行斜。

九

何處春深好，春深遷客家。一杯寒食酒，萬里故園花。炎瘴蒸如火，光陰走似車。為憂鵬鳥至，只恐日光斜。

十

何處春深好，春深經業家。唯求太常第，不管曲江花。折桂名慚郄，收螢志慕車。官場泥鋪處，最怕寸陰斜。

十一

何處春深好，春深隱士家。野衣裁薜葉，山飯曬松花。蘭索紉幽珮，蒲輪駐軟車。林間箕踞坐，白眼向人斜。

十二

何處春深好，春深漁父家。松灣隨棹月，桃浦落船花。投餌移輕檝，牽輪轉小車。蕭蕭蘆葉裏，風起釣絲斜。

十三

何處春深好，春深潮戶家。濤翻三月雪，浪噴四時花。曳練馳千馬，驚雷走萬車。餘波落何處，江轉富陽斜。

十四

何處春深好，春深痛飲家。十分杯裏物，五色眼前花。鋪甃眼槽甕，流涎見麴車。中山一沉醉，千度日西斜。

杜甫詩云：「路見麴車口流涎」

十五

何處春深好，春深上巳家。蘭亭席上酒，曲洛岸邊花。弄水游童棹，湔裾小婦車。齊橈爭渡處，一匹錦標斜。

十六

何處春深好，春深寒食家。玲瓏鏤雞子，宛轉綵毬花。碧草追遊

騎，紅塵拜掃車。鞦韆細腰女，搖曳逐風斜。

十七

何處春深好，春深博奕家。一先爭破眼，六聚鬭成花。鼓應投壺馬，兵衝象戲車。彈棋局上事，最妙是長斜。

十八

何處春深好，春深嫁女家。紫排襦上雉，黃帖鬢邊花。轉燭初移障，鳴環欲上車。青衣傳氈褥，錦繡一條斜。

十九

何處春深好，春深娶婦家。兩行籠裏燭，一樹扇間花。賓拜登華席，親迎障幰車。催妝詩未了，星斗漸傾斜。

二十

何處春深好，春深妓女家。眉欺楊柳葉，裙妒石榴花。蘭麝熏行被，金銅釘坐車。楊州蘇小小，人道最夭斜。

同樂天和微之深春二十首 同用家、花、車、斜四韻
劉禹錫

一

何處深春好？春深萬乘家。宮門皆映柳，輦路盡穿花。池色連天漢，城形象帝車。旌旗暖風裡，獵獵向西斜。

二

何處深春好？春深阿母家。瑤池長不夜，珠樹正開花。橋峻通星渚，樓喧近日車。層城十二闕，相對玉梯斜。

三

何處深春好？春深執政家。恩光貪捧日，貴重不看花。玉饌堂交印，沙堤柱礙車。多門一已閉，直道更無斜。

四

何處深春好？春深大鎮家。前旌光照日，後騎蹙成花。節院收衙

隊，毬場簇看車。廣筵歌舞散，書號夕陽斜。

五

何處深春好？春深貴戚家。櫪嘶無價馬，庭發有名花。欲進宮人食，先薰命婦車。晚歸長帶酒，冠蓋任傾斜。

六

何處深春好？春深恩澤家。鑪添龍腦炷，綬結虎頭花。賓客珠成履，嬰孩錦縛車。畫堂簾幕外，來去燕飛斜。

七

何處深春好？春深京兆家。人眉新柳葉，馬色醉桃花。盜息無鳴鼓，朝回自走車。能令帝城外，不敢徑由斜。

八

何處深春好？春深刺史家。夜闌猶命樂，雨甚亦尋花。傲客多憑酒，新姬苦上車。公門吏散後，風擺戟衣斜。

九

何處深春好？春深羽客家。芝田繞舍色，杏樹滿山花。雲是淮王宅，風為列子車。古壇操簡處，一逕入林斜。

十

何處深春好？春深小隱家。芰庭留野菜，撼樹去狂花。醉酒一千日，貯書三十車。雉衣從露體，不敢有餘斜。

十一

何處深春好？春深富貴家。唯多貯金帛，不擬負鶯花。國樂呼聯轡，行廚載滿車。歸來看理曲，鐙下寶釵斜。

十二

何處深春好？春深豪士家。多沽味濃酒，貴買色深花。已臂鷹隨馬，連催妓上車。城南踏青處，邨落逐原斜。

十三

何處深春好？春深貴冑家。迎呼偏熟客，揀選最多花。飲饌開華

幄，笙歌出鈿車。興酣樽易罄，連瀉酒餅斜。

十四

何處深春好？春深唱第家。名傳一紙榜，興管九衢花。薦聽諸侯樂，來隨計吏車。杏園拋曲處，揮袖向風斜。

十五

何處深春好？春深少婦家。能偷新禁曲，自剪入時花。追逐同遊伴，平章貴價車。從來不墜馬，故遣髻鬟斜。

十六

何處深春好？春深釋女家。雙鬟梳頂髻，兩面繡裙花。妝壞頻臨鏡，身輕不占車。鞦韆爭次第，牽拽彩繩斜。

十七

何處深春好？春深蘭若家。當香收栢葉，養蜜近梨花。野迳宜行藥，遊人盡駐車。菜園籬落短，遙見桔橰斜。

十八

何處深春好？春深老宿家。小欄圍蕙草，高架引藤花。四字香書印，三乘壁畫車。遲回聽句偈，雙樹晚陰斜。

十九

何處深春好？春深種蒔家。分畦十字水，接樹兩般花。櫛比栽籬槿，咿啞轉井車。可憐高望處，棋布不曾斜。

二十

何處深春好？春深幼子家。爭騎一竿竹，偷折四鄰花。笑擊羊皮鼓，行牽犢領車。中庭貪夜戲，不覺玉繩斜。

奉和裴令公新成綠野堂即事　　劉禹錫

藹藹鼎門外，澄澄洛水灣。堂皇臨綠野，坐臥看青山。位極卻忘貴，功威欲愛閑。官名司管籥，心術去機關。禁苑凌晨出，園花及露攀。池塘魚撥刺，竹迳鳥綿蠻。志在安瀟灑，賞經歷險艱。高情方造

適，眾意望徵還。好客交珠履，華筵舞玉顏。無因隨賀燕，翔集畫樑間。

奉和裴令公新成午橋莊綠野堂即事　白居易

舊逕開桃李，新池鑿鳳凰。只添丞相閣，不改午橋莊。遠處塵埃少，閑中日月長。青山為外屏，綠野是前堂。引水多隨勢，栽松不趁行。年華玩風景，春事看農桑。花妬謝家妓，蘭偷荀令香。遊絲飄酒席，瀑布濺琴床。巢許終身隱，蕭曹到老忙。千年落公便，進退處中央。

其時裴加中書令。

大和戊申歲大有年詔賜百僚出城觀秋稼謹書盛事以俟采詩者　劉禹錫

長安銅雀鳴，秋稼與雲平。玉燭調寒暑，金風報順成。川原呈上瑞，恩澤賜閑行。欲及重城掩，猶聞歌吹聲。

大和戊申歲大有年詔賜百寮出城觀稼謹書盛事以俟采詩　白居易

清晨承詔命，豐歲閱田閭。膏雨抽苗足，涼風吐穗出。早禾黃錯落，晚稻綠扶疏。好人詩家詠，宜令史館書。散為萬姓食，堆作九年儲。莫道如雲稼，今秋雲不如。

聚蚊謠　劉禹錫

沉沉夏夜閑堂開，飛蚊伺暗聲如雷。嘈然欻起初駭聽，殷殷若自南山來。喧騰鼓舞喜昏黑，昧者不分聰者惑。露花滴瀝月上天，利嘴迎人看不得。我軀七尺爾如芒，我孤爾眾能我傷。天生有時不可遏，為爾設幄潛匡床。清商一來秋日曉，羞爾微形飼丹鳥。

蚊蟆　　白居易

巴徼炎毒早，三月蚊蟆生。咂膚拂不去，遶耳薨薨聲。斯物頗微細，中人初甚輕。如有膚受譖，久則瘡痏成。痏成無奈何，所要防其萌。麼蟲何足道，潛喻儆人情。

蟆子三首　并序　　元微之

蟆、蚊類也。其實黑而小，不礙紗縠，夜伏而晝飛，聞柏煙與麝香輒去。蚊蟆與浮塵，皆巴蛇鱗中之細蟲耳，故囓人成瘡，秋夏不瘉，膏楸葉而傅之，則差。

一

蟆子微於蚋，朝繁夜則無。毫端生羽翼，針喙嚼肌膚。暗毒應難免，羸形日漸枯。將身遠相就，不敢恨非辜。

二

晦景權藏毒，明時敢噬人。不勞生姤怒，祇足助酸辛。隼皆看無物，蛇軀庇有鱗。天方猰狗我，甘與爾相親。

三

有口深堪異，趨時詎可量。誰令通鼻息，何故辨馨香。沉水來滄海，崇蘭泛露光。那能枉焚爇，爾眾我微茫。

和汴州令狐相公到鎮改月偶書所懷二十二韻
劉禹錫

受脤新梁苑，和羹舊傅巖。援毫動星宿，垂釣取韜鈐。赫奕三川至，歡呼萬姓瞻。綠油貔虎擁，青紙鳳凰銜。外壘曾無警，中廚亦罷監。推誠人自服，去殺令逾嚴。趑趄容皆飾，幡幡口盡鉗。為兄憐庾翼，選婿得蕭咸。鬱屈咽喉地，駢闐水陸兼。渡橋鳴紺幰，入肆揚雲颭。端月當中氣，東風應遠占。管弦喧夜景，鐙燭掩寒蟾。酒每傾三雅，書能發百函。詞人羞布鼓，遠客獻貂襜。歌榭白團扇，舞筵金縷衫。旌旗遙一簇，舄履近相攙。花樹當朱閣，晴河逼翠簾。夜風飄罌

夔，燭淚滴巉巖。玉斝虛頻易，金鑪暖重添。映鐶窺艷艷，隔袖見纖纖。謝傅何由接？桓伊定不凡。應憐郡齋老，旦夕鑷霜髯。

奉和汴州令狐相公二十二韻　白居易

客有東征者，夷門一落帆。二年方得到，五日未為淹。在浚旌重葺，遊梁館更添。心因好善樂，貌為禮賢謙。俗阜知敦勸，民安見察廉。仁風扇道路，陰雨膏閭閻。文律操將柄，兵機釣得鈐。碧幢油葉葉，紅旆火襜襜。景象春加麗，威容曉助嚴。槍森赤豹尾，纛吒黑龍髯。門靜塵初歛，城昏日半銜。選幽開後院，占勝坐前簷。平展絲頭毯，高褰錦額簾。雷搥柘枝鼓，雪擺胡騰衫。髮滑歌釵墜，妝光舞汗霑。迴燈花簇簇，過酒玉纖纖。饌盛盤心殢，醅濃盞底粘。陸珍熊掌爛，海味蟹螯鹹。福履千夫祝，形儀四座瞻。羊公長在峴，傅說莫歸巖。眷愛人人遍，風情事事兼。猶嫌客不醉，同賦夜厭厭。

<small>按：相公原本作「令公」，今據《文苑英華》改。唐代凡官中書令者：始得簡稱「令公」或「中令」，其以他官同中書門下平章事者，皆不得有此稱。</small>

和思黯憶南莊見示　劉禹錫

丞相新家伊水頭，智囊心匠日增修。化成池沼無痕跡，奔走清波不自由。臺上看山徐舉酒，潭中見月慢迴舟。從來天下推尤物，合屬人間第一流。

奉和思黯自題南莊見示兼呈夢得　白居易

謝家別墅最新奇，山展屏風花夾籬。曉月漸沉橋腳底，晨光初照屋梁時。台頭有酒鶯呼客，水面無塵風洗池。除卻吟詩兩閑客，此中情狀更誰知。

奉酬淮南牛相公思黯見寄二十四韻　白居易

白老忘機客，牛公濟世賢。鷗棲心戀水，鵬舉翅摩天。累就優閑

秩，連操造化權。貧司甚蕭灑，榮路自喧闐。望苑三千日，台階十五
年。是人皆棄忘，何物不陶甄？籃輿遊嵩嶺，油幢鎮海壖。竹篙撐釣
艇，金甲擁樓船。雪夜尋僧舍，春朝列妓筵。長齋儼香火，密宴簇花
鈿。自覺閑勝鬧，遙知醉笑禪。是非分未定，會合杳無緣。我正思楊
府，君應望洛川。西來風嫋嫋，南去雁連連。日落龍門外，潮生瓜步
前。秋同一時盡，月共兩鄉圓。舊眷交歡在，新文氣調全。慚無白雪
曲，難答碧雲篇。金谷詩誰賞，蕪城賦眾傳。珠應哂魚目，鉛未伏龍
泉。遠訊驚魘物，深情寄酒錢。霜紈一百疋，玉柱十三絃。楚體來樽
裏，秦聲送耳邊。何時紅燭下，相對一陶然。

酬淮南牛相公述舊見貽　　劉禹錫

少年曾忝漢庭臣，晚歲空餘老病身。初見相如成賦日，尋為丞相
掃門人。追思往事杳嗟久，喜奉清光笑語頻。猶有登朝舊冠冕，待公
三入拂埃塵。

酬牛相公宮城早秋寓言見示兼呈夢得　　白居易

七月中氣後，金與火交爭。一聞白雪唱，暑退清風生。碧樹未搖
落，寒蟬始悲鳴。夜涼枕簟滑，秋燥衣巾輕。疏受老慵出，劉楨疾未
平。何人伴公醉，新月上宮城。

酬留守牛相公宮樹早秋寓言見寄　　劉禹錫

曉月映宮樹，秋光起天津。涼風梢動葉，宿露未生塵。景氣尚芳
麗，曠望感心神。揮毫成逸韻，開閤遲來賓。擺去將相印，漸為逍遙
身。如招後房宴，卻要白頭人。

秋日書懷寄白賓客　　劉禹錫

州遠雄無益，年高健亦衰。興情逢酒在，筋力上樓知。蟬噪芳意盡，雁來愁望時。商山紫芝客，應不向秋悲。

答夢得秋日書懷見寄　　白居易

幸免非常病，甘當本分衰。眼昏燈最覺，腰瘦帶先知。樹葉霜紅日，髭鬚雪白時。悲愁緣欲老，老過却無悲。

冬日晨興寄樂天　　劉禹錫

庭樹曉禽動，郡樓殘點聲。燈挑紅燼落，酒暖白光生。髮少嫌梳利，顏衰恨鏡明。獨吟誰應和？須寄洛陽城。

和夢得冬日晨興　　白居易

漏傳初五點，雞報第三聲。帳下從容起，窗間曨晱明。照書燈未滅，煖酒火重生。理曲弦歌動，先聞唱渭城。

樂天少傅五月長齋廣延緇徒謝絕文友坐成睽閑因以戲之　　劉禹錫

一月長齋戒，深居絕送迎。不離通德里，便是法王城。舉目皆僧事，全家少俗情。精修無上道，結念未來生。賓閣田衣占，書堂信鼓鳴。戲童為塔象，啼鳥學經聲。黍用青菰角，葵承玉露烹。馬家供薏苡，劉氏餉蘺菁。暗網籠歌扇，流塵晦酒鐺。不知何次道，作佛幾時成？

酬夢得以予五月長齋延僧徒絕賓友見戲十韻
白居易

賓客懶逢迎，翛然池館清。簷閑空燕語，林靜未蟬鳴。葷血還休食，杯觴亦罷傾。三春多放逸，五月暫修行。香印朝烟細，紗燈夕焰

明。交遊諸長老，師事古先生。禪後心彌寂，齋來體更輕。不唯忘肉味，兼擬減風情。蒙以聲聞待，難將戲論爭。虛空若有佛，靈運恐先成。

白太守行　　劉禹錫

聞有白太守，棄官歸舊溪。蘇州十萬戶，盡作嬰兒啼。太守駐行舟，閶門草萋萋。揮袂謝啼者，依然兩眉低。朱戶非不崇，我心如重桎。華池非不清，意在寥廓棲。夸者竊所怪，賢者默思齊。我為太守行，題在隱起珪。

答　　白居易

吏滿六百石，昔賢輒去之。秩登二千石，今我方罷歸。我秩訝已多，我歸慚已遲。猶勝塵土下，終老無休期。臥乞百日告，起吟五篇詩。朝與府吏別，暮與州民辭。去年到郡時，麥穗黃離離。今年去郡日，稻花白霏霏。為郡已周歲，半歲罹旱饑。襦袴無一片，甘棠無一枝。何乃老與幼，泣別盡露衣。下慚蘇人淚，上愧劉君辭！

自詠五首　　白居易

一

朝亦隨羣動，暮亦隨羣動。榮華瞬息間，求得將何用？形骸與冠蓋，假合相戲弄。何異睡著人，不知夢是夢。

二

一家五十口，一郡十萬戶。出為差科頭，入為衣食主。水旱合心憂，飢寒須手撫。何異食蓼蟲，不知苦是苦。

三

公私頗多事，衰憊殊少歡。迎送賓客懶，鞭笞黎庶難。老耳倦樂聲，病口厭杯盤。既無可戀者，何以不休官？

四

一日復一日，自問何留滯？為貪逐日俸，擬作歸田計。亦須隨豐約，可得無限劑？若待足始休，休官在何歲？

五

官舍非我廬，官園非我樹。洛中有小宅，渭上有別墅。既無婚嫁累，幸有歸休處。歸去誠已遲，猶勝不歸去。

贈樂天　　　劉禹錫

一別舊遊盡，相逢俱涕零。在人雖晚達，於樹似冬青。痛飲連宵醉，狂吟滿座聽。終期拋印綬，共占少微星。

代夢得吟　　　白居易

後來變化三分貴，同輩凋零太半無。世上爭先從盡汝，人間鬭在不如吾。竿頭已到應難久，局勢雖遲未必輸。不見山苗與林葉，迎春先綠亦先枯！

樂天重寄和晚達冬青一篇因成再答　　　劉禹錫

風雲變化饒年少，光景蹉跎屬老夫。秋隼得時陵汗漫，寒龜飲氣受泥塗。東隅有失誰能免？北叟之言豈便誣？振臂猶堪呼一擲，爭知掌下不成盧？

按：以上所舉劉白二賢，彼此唱和互寄酬答三詩，題意都是圍繞在第一首〈贈樂天〉詩句所示：「晚達，冬青」的旨趣上，除寄情之外，亦在慰懷，並且是在互勉互勵，而有「涸轍鮒魚，相濡以吐」的期許冀望。三首詩作：先發於劉禹錫〈贈樂天〉的五言，但白居易則賡續和以〈代夢得吟〉的七言律詩，非屬酬唱的常規韻律，故云：「代」。夢得再據以回答七言絕句一首，因而稱其為「再答」。

江陵嚴司空見示與成都武相公唱和因命同作　　劉禹錫

南荊西蜀大行臺，幕府旌門相對開。名重三司平水土，威雄八陣役風雷。彩雲朝望青城起，錦浪秋經白帝來。不是郢中清唱發，誰當丞相揆天才？

酬劉和州戲贈　　白居易

錢塘山水接蘇臺，兩地褰帷愧不才。政事素無爭學得，風情舊有且將來。雙蛾解珮啼相送，五馬鳴珂笑却迴。不似劉郎無景行，長拋春恨在天台。

月夜憶樂天兼寄微之　　劉禹錫

今宵帝城月，一望雪相似。遙想洛陽城，清光正如此。知君當此夕，亦望鏡湖水。展轉相憶心，月明千萬里。

酬集賢劉郎中對月見寄兼懷元浙東　　白居易

月在洛陽天，天高淨如水。下有白頭人，擥衣中夜起。思遠鏡亭上，光深書殿裏。眇然三處心，相去各千里。

題集賢閣　　劉禹錫

鳳池西畔圖書府，玉樹玲瓏景氣閑。長聽餘風送天樂，時登高閣望人寰。青山雲繞欄干外，紫殿香來步武間。曾是先賢翔集地，每看壁記一慚顏。

和劉郎中學士題集賢閣　　白居易

朱閣青山高庫齊，與君才子作詩題。傍聞大內笙歌近，下視諸司屋舍低。萬卷圖書天祿上，一條風景月華西。欲知丞相優賢意，百步新廊不躡泥。

洛中逢白監同話遊梁之樂因寄宣武令狐相公

劉禹錫

曾經謝病各遊梁，今日相逢憶孝王。少有一身兼將相，更能四面占文章。開顏座內摧飛瑲，回首庭中看舞槍。借問風前兼月下，不知何客對胡牀？

早春同劉郎中寄宣武令狐相公　　白居易

梁園不到一年強，遙想清吟對綠觴。更有何人能飲酌，新添幾卷好篇章？馬頭拂柳時迴彎，豹尾穿花暫亞槍。誰引相公開口笑，不逢白監與劉郎？

鶴歎二首　并序　　劉禹錫

友人白樂天去年罷吳郡，挈雙鶴雛以歸。余相遇于揚子津，閑玩終日。翔舞調態，一符相書，信華亭之尤物也。今年春，樂天爲秘書監，不以鶴隨，置之洛陽第。一旦，予入門，問訊其家人，鶴軒然來睨，如記相識，俳個俯仰，似含情顧慕填膺而不能言者。因以作〈鶴歎〉以贈樂天。

一

寂寞一雙鶴，主人在西京。故巢吳苑樹，深院洛陽城。徐引竹間步，遠含雲外情。誰憐好風月，鄰舍夜吹笙。

二

丹頂宜承日，霜翎不染泥。愛池能久立，看月未成棲。一院春草長，三山歸路迷。主人朝謁早，貪養汝南雞。

有雙鶴留在洛中忽見劉郎中依然鳴顧劉因爲《鶴歎》二篇寄予予以二絕句答之　　白居易

一

辭鄉遠隔華亭水，逐我來棲緩嶺雲。慚愧稻粱長不飽，未曾迴眼向雞群。

二

荒草院中池水畔，銜恩不去又經春。見君驚喜雙迴顧，應為吟聲似主人。

曲江春望　　劉禹錫

鳳城煙雨歇，萬象含佳氣。酒後人倒狂，花時天似醉。三春車馬客，一代繁華地。何事獨傷懷？少年曾得意。

和劉郎中曲江春望見示　　白居易

芳景多遊客，衰翁獨在家。肺傷妨飲酒，眼痛忌看花。寺路隨江曲，宮牆夾樹斜。羨君猶壯健，不枉度年華。

白舍人曹長寄新詩有遊宴之盛因以戲酬　　劉禹錫

蘇州刺史例能詩，西掖今來替左司。二八城門開道路，五千兵馬引旌旗。水通山寺笙歌去，騎過虹橋劍戟隨。若共吳王鬬百草，不如應是欠西施。

重答劉和州　　白居易

來篇云：「蘇州刺史例能詩，西掖今來替左司。」又云：「若共吳王鬬百草，不如應是欠西施。」

分無佳麗敵西施，敢有文章替左司？隨分笙歌聊自樂，等閑篇詠被人知。花邊妓引尋香徑，月下僧留宿劍池。可惜當時好風景，吳王應不解吟詩。

歷陽書事七十韻　并引　　劉禹錫

長慶四年八月，余自夔州轉歷陽，浮岷江，觀洞庭，歷夏口，涉潯陽而東。友人崔敦詩罷丞相，鎮宛陵，緘書來抵曰：「必我覿而之藩，不十日飲，不置子。」故予自池州道宛陵，如其素。敦詩出祖于敬亭祠下，由姑孰西渡江，乃吾圍也。至則考圖經，參見事，為之詩，俟采之夜諷者。

—171—

一夕為湖地，千年列郡名。霸王迷路處，亞父所封城。漢置東南尉，梁分肘腋兵。本吳風俗剽，兼楚語音傖。沸井今無湧，烏江舊有名。土臺遊柱史，石室隱彭鏗。曹操祠猶在，濡須塢未平。海潮隨月大，江水應春生。一昨深山裏，終朝看火耕。魚書來北闕，鷁首下南荊。雲雨巫山暗，蕙蘭湘水清。章華樹已失，鄂渚草來迎。盧阜香爐出，溢城粉堞明。雁飛彭蠡暮，鴉噪大雷晴。平野分風使，恬和趁夜程。貴池登陸峻，春穀度橋鳴。絡繹主人問，悲歡故舊情。幾年方一面，卜晝便三更。助喜栳盤盛，忘機笑語旬。管清疑警鶴，弦巧似嬌鶯。爐炭烘蹲獸，華茵織鬪鯨。回裾飄霧雨，急節墮瓊英。斂黛凝愁色，安鈿耀翠晶。容華本南國，妝梳學西京。日落方收鼓，天寒更炙笙。促筵交履舄，痛飲倒簪纓。謔浪容優孟，嬌矜許智瓊。蔽明添翠帟，命燭柱金莖。坐久羅衣皺，杯頻粉面騂。興來從請曲，意墮即飛觥。令急重須改，歡憑醉盡呈。詰朝還選勝，來日又尋盟。道別殷勤惜，邀筵次第爭。唯聞嗟短景，不復有餘酲。眾散扃朱戶，相攜話素誠。語言猶亹亹，殘漏自丁丁。出祖千夫擁，行廚五飪烹。離亭臨野水，別思入哀箏。接境人情洽，方冬饌具精。中流為界道，隔岸數飛甍。沙浦王渾鎮，滄洲謝朓城。望夫人化石，夢帝日環營。半渡趨津吏，緣隄簇郡甿。場黃堆晚稻，籬碧見冬菁。里社爭來獻，壺漿各自擎。鴟夷傾底寫，粔籹鬪成文。採石風傳柝，新林暮擊鉦。繭綸牽撥剌，犀焰照澄泓。露晃觀原野，前驅杭斾旌。分庭展賓主，望闕拜恩榮。比屋惸嫠輩，連年水旱并。退思常後已，下令必先庚。遠岫低屏列，支流曲帶縈。湖魚香勝肉，官酒重於餳。憶惜泉源變，斯須地軸傾。雞籠為石顆，龜眼入泥坑。事繫人風重，官從物論輕。江春俄澹蕩，樓月幾虧盈。柳長千絲宛，田塍一線絣。游魚將婢從，野雉見媒驚。波淨攢鳧鷖，洲香發杜蘅。一鍾菰封米，千里水葵羹。受譴時方久，分憂政未成。比瓊雖碌碌，於鐵尚錚錚。早忝登三署，曾聞奏六英。無能甘負弩，不慎在騎衡。口語成中遘，毛衣阻上征。時聞關利鈍，智亦有聾盲。昔媿山東妙，今慚海內兄。後來登甲乙，早已在蓬瀛。心託秦明鏡，才非楚白珩。齒衰親藥物，宦薄傲公卿。捧日皆元

老，宣風盡大彭。好令朝集使，結束赴新正。

答劉和州禹錫　　<small>白居易</small>

換印雖頻命未通，歷陽湖上又秋風。不教才展休明代，為罰詩爭造化功。我亦思歸田舍下，君應厭臥郡齋中。好相收拾為閑伴，年齒官班約略同。

秋夕不寐寄樂天　　<small>劉禹錫</small>

洞戶夜簾捲，華堂秋簟清。螢飛過池影，蛩思繞階聲。老枕知將雨，高窗報欲明。何人諳此景？遠問白先生。

酬夢得秋夕不寐見寄　　<small>白居易</small>

碧簟絳紗帳，夜涼風景清。病聞和樂氣，渴聽碾茶聲。露竹偷燈影，煙松護月明，何言千里隔，秋思一時生。

郡齋書懷寄河南白尹兼簡分司崔賓客　　<small>劉禹錫</small>

謾讀圖書三十車，年年為郡老天涯。一生不得文章力，百口空為飽暖家。綺季衣冠稱鬢面，吳公政事副詞華。還思謝病今歸去，同醉城東桃李花。

和夢得　　<small>白居易</small>

<small>夢得來詩云：「謾讀圖書四十車，年年爲郡老天涯，一生不得文章力，百口空爲飽煖家。」</small>

綸閣沉沉無寵命，蘇臺籍籍有能聲。豈惟不得清文力，但恐空傳冗吏名。郎署迴翔何水部，江湖留滯謝宣城。所嗟非獨君如此，自古才難共命爭。

八月十五日夜半雲開然後玩月因書一時之景寄呈樂天　劉禹錫

半夜碧雲收，中天素月流。開城邀好客，置酒賞清秋。影透衣香潤，光凝歌黛愁。斜輝猶可玩，移宴上西樓。

答夢得八月十五日夜玩月見寄　白居易

南國碧雲客，東京白首翁。松江初有月，伊水正無風。遠思兩鄉斷，清光千里同。不知娃館上，何似石樓中？

其夜，余在龍門石樓上望月

送宗密上人歸南山草堂寺因詣河南尹白侍郎　劉禹錫

宿習修來得慧根，多聞第一却忘言。自從七祖傳心印，不要三乘入便門。東泛滄江尋古跡，西歸紫閣出塵喧。河南白尹大檀越，好把真經相對翻。

贈草堂宗密上人　白居易

吾師道與佛相應，念念無為法法能。口藏傳宣十二部，心臺照耀百千燈。盡離文字非中道，長住虛空是小乘。少有人知菩薩行，世間只是重高僧。

洛中早春贈樂天　劉禹錫

漠漠復靄靄，半晴將半陰。春來自何處？無迹日以深。韶嫩冰後水，輕盈煙際林。藤生欲有託，柳弱不自任。花意已含蓄，鳥言尚沉吟。期君當此時，與我恣追尋。翻愁爛熳後，春莫却傷心。

和夢得洛中早春見贈七韻　白居易

眾皆賞春色，君獨憐春意。春意竟如何？老夫知此味。燭餘減夜

漏，衾暖添朝睡。恬和臺上風，虛潤池邊地。開遲花養豔，語懶鶯含
思。似訝隔年齋，如勸迎春醉。何日同宴遊，心期二月二。此日出齋，
故云。

歲杪將發楚州呈樂天　　劉禹錫

楚澤雪初霽，楚城春欲歸。清淮變寒色，遠樹含清暉。原野已多
思，風霜潛減威。與君同旅雁，北向刷毛衣。

除日答夢得同發楚州　　白居易

共作千里伴，俱為一郡迴。歲陰中路盡，鄉思先春來。山雪晚猶
在，淮冰晴欲開。歸歟吟可作，休戀主人杯。

謫居悼往二首　　劉禹錫

一

悒悒何悒悒，長沙地卑濕。樓上見春多，花前恨風急。猿愁腸斷
叫，鶴病翹趾立。牛衣獨自眠，誰哀仲卿泣？

二

鬱鬱何鬱鬱，長安遠於日。終日念鄉關，燕來鴻復還。潘岳歲寒
思，屈平憔悴顏。殷勤望歸路，無雨即登山。

西樓夜　　白居易

悄悄復悄悄，城隅隱林杪。山郭燈火稀，峽天星漢少。年光東流
水，生計南枝鳥。月沒江沉沉，西樓殊未曉。

東樓曉　　白居易

脈脈復脈脈，東樓無宿客。城暗雲霧多，峽深田地窄。宵燈尚留
焰，晨禽初展翮。欲知山高低，不見東方白。

臥病聞常山旋師策勳宥過王澤大洽因寄李六侍御

劉禹錫

寂寂重寂寂，病夫臥秋齋。夜蟲思幽壁，槁葉鳴空階。南國異氣候，火旻尚昏霾。瘴煙躓飛羽，沴氣傷百骸。昨聞凱歌旋，飲至酒如淮。無戰陋丹水，垂仁輕稿街。清廟既策勳，圓丘俟燔柴。車書一以混，幽遠靡不懷。逐客顤頷久，故鄉雲雨乖。禽魚各有化，予欲問齊諧。

惻惻吟　　白居易

惻惻復惻惻，逐臣返鄉國。前事難重論，少年不再得。泥塗絳老頭斑白，炎瘴靈均面黎黑。六年不死卻歸來，道著姓名人不識。

早秋雨後寄樂天　　劉禹錫

夜雲起河漢，朝雨灑高林。梧葉先風落，草蟲迎濕吟。簟涼扇恩薄，室靜琴思深。且喜炎前別，安能懷寸陰！

雨後秋涼　　白居易

夜來秋雨後，秋氣颯然新。團扇先辭手，生衣不著身。更添砧引思，難與簟相親。此境誰偏覺，貧閑老瘦人。

立秋夕有懷夢得　　白居易

露簟荻竹清，風扇蒲葵輕。一與故人別，再見新蟬鳴。是夕涼颸起，閑境入幽情。迴燈見棲鶴，隔竹聞吹笙。夜茶一兩杓，秋吟三數聲。所思渺千里，雲外長洲城。

酬樂天七月一日夜即事見寄　　劉禹錫

夜樹風韻清，天河雲彩輕。故苑多露草，隔城聞鶴鳴。搖落從此始，別離含遠情。聞君當是夕，倚瑟吟商聲。外物豈不足，中懷向誰

傾。秋來念歸去，同聽嵩陽笙。

終南秋雪　　劉禹錫

南嶺見秋雪，千門坐早寒。閑時駐馬望，高處捲簾看。霧散瓊枝出，日斜鉛粉殘。偏宜曲江上，倒影入清瀾。

和劉郎中望終南山秋雪　　白居易

遍覽古今集，都無秋雪詩。陽春先唱後，陰嶺未消時。草訝霜凝重，松疑鶴散遲。清光莫獨占，亦對白雲司。

附注：「清光莫獨占，亦對白雲司」，朱《箋》：「指居易任刑部侍郎。」按《左
　　　傳》：郯子曰：黃帝以雲紀，故爲雲師而雲名職。杜注云：黃帝受命有
　　　雲端，故以雲紀事。春官爲青雲，夏官爲縉雲，秋官爲白雲，冬官爲
　　　黑雲，中官爲黃雲。故《類要》刑部曰：白雲司職，人命是懸。

洛濱病臥戶部李侍郎見惠藥物謔以文星之句斐然仰酬　　劉禹錫

隱几支頤對落暉，故人書信到柴扉。周南留滯商山老，星象如今屬少微。

看夢得題答李侍郎詩詩中有文星之句因戲和之
　　　白居易

看題錦繡報瓊瑰，俱是人天第一才。好遣文星守躔次，亦須防有客星來。

附注：《晉書・天文志》云：「東壁二星，主文章，天下圖書之祕府也。星明，
　　　王者興，道術行，國多君子，星失色，大小不同，王者好武，經士不
　　　用，圖書隱。星動，則有土功」。又：客星，張衡曰：「老子四星及周
　　　伯、王蓬絮、芮各一一，錯乎五緯之間，其見無期，其行無度。」《荊州

−177−

占》云：「老子星色淳白，然所見之國，爲饑爲凶，爲善爲惡，爲喜爲怒。周伯星黃色煌煌，所至之國大昌。蓬絮星色青而熒熒然，所至之國風雨不節，焦旱，物不生，五穀不登，多蝗蟲。」

寄賀東川楊尙書慕巢兼寄西川繼之二公近從弟兄情分偏睦早忝遊舊因成是詩　　劉禹錫

太華蓮峯降嶽靈，兩川棠樹接郊坰。政同兄弟人人樂，曲奏塤箎處處聽。楊葉百穿榮會府，芝泥五色耀天庭。各拋筆硯誇旌鉞，莫遣文星讓將星。

同夢得寄賀東西川二楊尙書　　白居易

龍節對持真可愛，雁行相接更堪誇。兩川風景同三月，千里江山屬一家。魯衛定知聯氣色，潘楊亦覺有光華。應憐洛下分司伴，冷宴閑遊老看花。

閑坐憶樂天以詩問酒熟未　　劉禹錫

案頭開縹帙，肘後檢青囊。唯有達生理，應無治老方。減書存眼力，省事養心王。君酒何時熟？相攜入醉鄉。

酒熟憶皇甫十　　白居易

新酒此時熟，故人何日來？自從金谷別，不見玉山頹。疏索柳花盌，寂寥荷葉杯。今冬問氈帳，雪里爲誰開？

有所嗟二首　　劉禹錫

之一

庾令樓中初見時，武昌春柳似腰支。相逢相失盡如夢，爲雨爲雲今不知。

之二

鄂渚蒙蒙煙雨微，女郎魂逐暮雲歸。只應長在漢陽渡，化作鴛鴦一隻飛。

和劉郎中傷鄂姬　　白居易

不獨君嗟我亦嗟，西風北雪殺南花。不知月夜魂歸處，鸚鵡洲頭第幾家？

秋中暑退贈樂天　　劉禹錫

暑服宜秋著，清琴入夜彈。人情皆向菊，風意欲摧蘭。歲稔貧心泰，天涼病體安。相逢取次第，卻甚少年歡。

新秋曉興　　白居易

濁暑忽已退，清宵未全長。晨釭耿殘焰，宿閣凝微香。喔喔雞下樹，輝輝日上梁。枕低茵蓐軟，臥穩身入牀。睡足景猶早，起初風乍涼。展張小屏障，收拾生衣裳。還有惆悵事，遲遲未能忘。拂鏡梳白髮，可憐冰照霜。

臨都驛送崔十八　　白居易

勿言臨都五六里，扶病出城相送來。莫道長安一步地，馬頭西去幾時迴？與君後會知何處，為我今朝盡一杯。

答樂天臨都驛見贈　　劉禹錫

北固山邊波浪，東都城裡風塵。世事不同心事，新人何似舊人？

再贈樂天　　劉禹錫

一政政官軋軋，一年年老駸駸。身外名何足算？別來詩且同吟。

臨都驛答夢得六言二首　　白居易

之一

楊子津頭月下，臨都驛裡燈前。昨日老於前日，去年春似今年。

之二

謝守歸為祕監，馮公老作郎官。前事不須問著，新詩且更吟看。

秋晚新晴夜月如練有懷樂天　　劉禹錫

雨歇晚霞明，風調夜景清。月高微暈散，雲薄細鱗生。露草百蟲思，秋林千葉聲。相望一步地，脈脈萬重情。

酬夢得暮秋晴夜對月相憶　　白居易

霽月光如練，盈庭復滿池。秋深無熱後，夜淺未寒時。露葉團荒菊，風枝落病梨。相思懶相訪，應是各年衰。

和思黯南莊見示　　劉禹錫

丞相新家伊水頭，智囊心匠日增修。化成池沼無痕跡，奔走清波不自由。臺上看山徐舉酒，潭中見月慢回舟。從來天下推尤物，合屬人間第一流。

奉和思黯自題南莊見示兼呈夢得　　白居易

謝家別墅最新奇，山展屏風花夾籬。曉月漸沉橋腳底，晨光初照屋梁時。臺頭有酒鶯呼客，水面無塵風洗池。除卻吟詩兩閑客，此中情狀更誰知？

秋齋獨坐寄樂天兼呈吳方之大夫　劉禹錫

空齋寂寂不生塵，藥物方書繞病身。纖草數莖勝靜地，幽禽忽至似佳賓。世間喜憂雖無定，釋氏銷磨盡有因。同向洛陽閑度日，莫教風景屬他人。

答夢得秋庭獨坐見贈　白居易

林梢隱映夕陽殘，庭際蕭疏夜氣寒。霜草欲枯蟲思急，風枝未定鳥棲難。容衰見鏡同惆悵，身健逢盃且喜歡。應是天教相煖熱，一時垂老與閑官。

早秋雨後寄樂天　劉禹錫

夜雲起河漢，朝雨灑高林。梧葉先風落，草蟲迎濕吟。簟涼扇恩薄，室靜琴思深。且喜炎前別，安能懷寸陰。

新秋夜雨　白居易

蟋蟀暮啾啾，光陰不少留。松簷半夜雨，風幌滿牀秋。曙早燈猶在，涼初簟未收。新晴好天氣，誰伴老人遊？

三年除夜　白居易

晰晰燎火光，氳氳臘酒香。嗤嗤童稚戲，迢迢歲夜長。堂上書帳前，長幼合成行。以我年最長，次第來稱觴。七十期漸近，萬緣心已忘。不唯少歡樂，兼亦無悲傷。素屏應居士，青衣侍孟光。夫妻老相對，各坐一繩床。

歲夜詠懷　劉禹錫

彌年不得意，新歲又如何？念昔同遊者，而今有幾多？以閑為自在，將壽補蹉跎。春色無情故，幽居亦見過。

吳方之見示獨酌小醉首篇樂天續有酬答皆含戲謔極至風流兩篇之中并蒙見屬輒呈濫吹益美來章

劉禹錫

閑門共寂任張羅，靜室同虛養太和。塵世歡娛開意少，醉鄉風景獨遊多。散金疏傅尋常樂，枕麴劉生取次歌。計會雪中爭挈榼，鹿裘鶴氅遞相過。

吳祕監每有美酒獨酌獨醉但蒙詩報不以飲招輒此戲酬兼呈夢得

白居易

蓬山仙客下烟霄，對酒唯吟獨酌謠。不怕道狂揮玉爵，亦曾乘興換金貂。君稱名士誇能飲，我是愚夫肯見招？賴有伯倫為醉伴，何愁不解傲松喬。

新秋對月寄樂天

劉禹錫

月露發光彩，此時方見秋。夜涼金氣應，天靜火星流。蛩響偏依井，螢飛直過樓。相知盡白首，清景沒追遊。

酬夢得霜夜對月見懷

白居易

淒清冬夜景，搖落長年情。月帶新霜色，砧和遠雁聲。暖憐爐火近，寒覺被衣輕。枕上酬佳句，詩成夢不成。

秋晚題湖城驛上池亭

劉禹錫

秋次池上館，林塘照南榮。塵衣紛未解，幽思浩已盈。風蓮墜故萼，露菊含晚英。恨為一夕客，愁聽晨雞鳴。

新秋喜涼

白居易

過得炎蒸月，尤宜老病身。衣裳朝不潤，枕簟夜相親。樓月纖纖

早，波風嫋嫋新。光陰與時節，先感是詩人。

元日樂天見過因舉酒爲賀　　劉禹錫

漸入有年數，喜逢新歲來。震方天籟動，寅位帝車回。門巷掃殘雪，林園驚早梅。與君同甲子，壽酒讓先杯。

新歲贈夢得　　白居易

暮齒忽將及，同心私自憐。漸衰宜減食，已喜更加年。紫綬行聯袂，籃輿出比肩。與君同甲子，歲酒合誰先？

摩鏡篇　　劉禹錫

流塵翳明鏡，歲久看如漆。門前負局生，為我一摩拂。苹開綠池滿，暈盡金波溢。白日照空心，圓光走幽室。山神祇氣沮，野魅真形出。卻思未摩時，瓦礫來唐突。

新磨鏡　　白居易

衰容常晚櫛，秋鏡偶新磨。一與清光對，方知白髮多。鬢毛從幻化，心地付頭陀。任意渾成雪，其如似夢何？

和裴相公傍水閑行　　劉禹錫

為愛逍遙第一篇，時時閑步賞風煙。看花臨水心無事，功業成來二十年。

和裴相公傍水閑行絕句　　白居易

行尋春水坐看山，早出中書晚未還。為報野僧巖客道，偷閑氣味勝長閑。

和令狐相公初歸京國賦詩言懷　　劉禹錫

陵雲羽翮掞天才，揚歷中樞與外臺。相印昔辭東閣去，將星還拱北辰來。殿庭捧日影縈入，閣道看山曳履回。口不言功心自適，吟詩釀酒待花開。

令狐相公拜尚書後有喜從鎮歸朝之作劉郎中先和因以繼之　　白居易

車騎從新梁苑迴，履聲珮響入中臺。鳳池望在終重去，龍節功成且納來。金勒最宜乘雪出，玉觴何必待花開。尚書首唱郎中和，不計官資只計才。

曹剛　　劉禹錫

大弦嘈嘈小弦清，噴雪含風意思生。一聽曹剛彈薄媚，人生不合出京城。

聽曹剛琵琶兼示重蓮　　白居易

撥撥絃絃意不同，胡啼番語兩玲瓏。誰能截得曹剛手，插向重蓮衣袖中。

附注：《樂府雜錄》：「貞元中有王芬、曹保保，其子善才，其孫綱，皆襲所藝。次有裴興奴與綱同時，曹綱善運撥，苦風雨，而不能扣弦。興奴長於攏撚，指撥稍軟。時人謂曹綱有右手，興奴有左手。」劉禹錫〈曹剛〉：「一聽曹剛彈薄媚，人生不合出京城。」薛逢亦有〈聽曹剛彈琵琶〉。

與歌童田順郎　　劉禹錫

天下能歌御史娘，花前月底奉君王。九重深處無人見，分付新聲與順郎。

聽田順兒歌　　白居易

戛玉敲冰聲未停，嫌雲不遏入青冥。爭得黃金滿衫袖，一時拋與斷年聽？

田順郎歌　　劉禹錫

清歌不是世間音，玉殿嘗聞稱主心。唯有順郎全學得，一聲飛出九重深。

附注：《唐音癸籤》卷十三：「御史娘乃歌者之名，田順郎是其弟子」。任半塘《教坊記箋訂》所考是。

湖州崔郎中曹長寄三癖詩自言癖在詩與琴酒其詞逸而高吟詠不足昔柳吳興亭皐隴首之句王融書之白團扇故為四韻以謝之　　劉禹錫

視事畫屏中，自稱三癖翁。管弦泛春渚，旌旆拂晴虹。酒對青山月，琴韻白蘋風。曾書團扇上，知君文字工。

詩酒琴人例多薄命予酷好三事雅當此科而所得已多為幸斯甚偶成狂詠聊寫愧懷　　白居易

愛琴愛酒愛詩客，多賤多窮多苦辛。中散步兵終不貴，孟郊張籍過於貧。一之已嘆關於命，三者何堪併在身。只合飄零隨草木，誰教凌厲出風塵。榮名厚祿二千石，樂飲閑遊三十春。何得無厭時咄咄，猶言薄命不如人？

北窗三友　　白居易

今日北窗下，自問何所為？欣然得三友，三友者為誰？琴罷輒舉酒，酒罷輒吟詩。三友遞相引，循環無已時。一彈愜中心，一詠暢四支。猶恐中有間，以醉彌縫之。豈獨吾拙好，古人多若斯。嗜詩有淵明，嗜琴有啟期。嗜酒有伯倫，三人皆我師。或乏儋石儲，或穿帶索

衣。弦歌復觴詠，樂道知所歸。三師已去遠，高風不可追。三友遊甚
熟，無日不相隨。左擲白玉卮，右拂黃金徽。興酣不疊紙，走筆操狂
詞。誰能持此詞，為我謝親知？縱未以為是，豈以我為非？

夢得相遇援琴命酒因彈秋思偶詠所懷兼寄繼之待價二相府　　白居易

閑居靜侶偶相招，小飲初酣琴欲調。我正風前弄秋思，君應天上
聽雲韶。時和始見陶鈞力，物遂方知盛聖朝。雙鳳棲梧魚在藻，飛沉
隨分各逍遙。

附注：《舊唐書·王涯傳》：「大和三年正月入為太常卿，文宗以樂府之間鄭
　　　　衛太甚，欲聞古樂，命涯詢於樂工，取開元時雅樂，選樂童按之，名
　　　　曰〈雲韶樂〉。樂曲成，涯與太常丞李廓、少府監庾承憲押樂工獻於梨
　　　　園亭，帝按之於會昌殿上，悅，賜涯等錦綵。」
　　　　又〈音樂志〉：「大和八年十一月，宣太常寺，準〈雲韶樂〉舊用人數，
　　　　令於本寺閱習進來者。至開成元年十月，教成。三年，武德司奉宣索
　　　　〈雲韶樂懸圖〉二軸進之。」

同夢得和思黯見贈來詩中先敘三人同讌之歡次有歎鬢髮漸衰嫌孫子催老之意因繼妍唱兼吟鄙懷　　白居易

醉伴騰騰白與劉，何朝何夕不同遊？留連燈下明猶飲，斷送樽前
倒即休。催老莫嫌孫稚長，加年須喜鬢毛秋。教他伯道爭存活，無子
無孫亦白頭。

失婢　　白居易

宅院小牆庳，坊門帖牓遲。舊恩漸自薄，前事悔難追。籠鳥無常
主，風花不戀枝。今宵在何處，唯有明月知。

和樂天詣失婢牓者　　劉禹錫

把鏡朝猶在，添香夜不歸。鴛鴦拂瓦去，鸚鵡透櫳飛。不逐張公子，即隨劉武威。新知正相樂，從此脫青衣。

分司初到洛中偶題六韻兼戲呈馮尹　　白居易

相府念多病，春宮容不才。官銜依口得，俸祿逐身來。白首林園在，紅塵車馬迴。招呼新客旅，掃掠舊池臺。小舫宜攜樂，新荷好蓋杯。不知金谷主，早晚賀筵開？

遙知白賓客分司初到洛中戲呈馮尹　　劉禹錫

西辭望苑去，東占洛陽才。度嶺無歸思，看山不懊來。冥鴻何所慕？遼鶴乍飛回。洗竹通新逕，攜琴上舊臺。塵埃長者轍，風月故人杯。聞道龍門峻，還因上客開。

巴水　　白居易

城下巴江水，春來似麴塵。軟砂如渭曲，斜岸憶天津。影蘸新黃柳，香浮小白蘋。臨流搔首坐，惆悵為何人？

始至雲安寄兵部韓侍郎中書白舍人二公近曾遠守故有屬焉　　劉禹錫

天外巴子國，山頭白帝城。波清蜀栐盡，雲散楚臺傾。迅瀨下哮吼，兩岸勢爭衡。陰風鬼神過，暴雨蛟龍生。硤斷見孤邑，江流照飛甍。蠻軍擊嚴鼓，筰馬引雙旌。望闕遙拜舞，分庭備將迎。銅符一以合，文墨紛來縈。暮色四山起，愁猿數處聲。重關群吏散，靜室寒鐙明。故人青霞意，飛舞集蓬瀛。昔曾在池籞，應知魚鳥情。

自問　　白居易

依仁臺廢悲風晚，履信池荒宿草春。自問老身騎馬出，洛陽城裡

覓何人？

吟樂天自問愴然有作　　劉禹錫

親友關心皆不見，風光滿眼倍傷神。洛陽城裡多池館，幾處花開有主人？

小童薛陽陶吹觱篥歌　和浙西李大夫作　　白居易

剪削乾蘆插寒竹，九孔漏聲五音足。近來吹者誰得名？關璀老死李袞生。袞今又老誰其嗣？薛氏樂童年十二。指點之下師授聲，含嚼之間天與氣。潤州城高霜月明，吟霜思月欲發聲。山頭江底何悄悄，猿鳥不喘魚龍聽。翕然聲作疑管裂，詘然聲盡疑刀截。有時婉軟無筋骨，有時頓挫生稜節。急聲圓轉促不斷，鞿鞿鏻鏻似珠貫。緩聲展引長有條，有條直直如筆描。下聲乍墜石沉重，高聲忽舉雲飄蕭。明旦公堂陳宴席，主人命樂娛賓客。碎絲細竹徒紛紛，宮調一聲雄出羣。眾聲覼縷不落道，有如部伍隨將軍。嗟爾陽陶方稚齒，下手發聲已如此。若教頭白吹不休，但恐聲名壓關李。

和浙西李大夫霜夜對月聽小童吹觱篥歌依本韻
劉禹錫

海門雙青暮煙歇，萬頃金波湧明月。侯家小兒能觱篥，對此清光天性發。長江凝練樹無風，瀏慄一聲霄漢中。涵胡畫角怨邊草，蕭瑟清蟬吟野叢。沖融頓挫心使指，雄吼如風轉如水。思婦多情珠淚垂，仙禽欲舞雙翅起。郡人寂聽衣滿霜，江城月斜樓影長。繞驚指下繁韻息，已見樹杪明星光。謝公高齋吟激楚，戀闕心同在羈旅。一奏荊人白雪歌，如聞雒客扶風鄔。吳門水驛接山陰，文字殷勤寄意深。欲識陽陶能絕處，少年榮貴道傷心。

府西池北新葺水齋即事招賓偶題十六韻　白居易

繚繞府西面，潺湲池北頭。鑿開明月峽，決破白蘋洲。清淺漪瀾急，寅緣浦嶼幽。直衝行徑斷，平入臥齋流。石疊青稜玉，波翻白片鷗。噴時千點雨，澄處一泓油。絕境應難別，同心豈易求？少逢人愛玩，多是我淹留。夾岸鋪長覽，當軒泊小舟。枕前看鶴浴，床下見魚游。洞戶斜開扇，疏簾半上鉤。紫浮萍泛泛，碧亞竹修修。讀罷書仍展，棋終局未收。午茶能散睡，卯酒善銷愁。簷雨晚初霽，窗風涼欲休。誰能伴老尹，時復一閑遊？

白侍郎大尹自河南寄示池北新葺水齋即事招賓十四韻兼命同作　劉禹錫

公府有高政，新齋池上開。再吟佳句後，一似畫圖來。結構疏林下，奫淪曲岸隈。綠波穿戶牖，碧甃疊瓊瑰。幽興當軒滿，清光繞砌回。潭心澄曉鏡，渠口起晴雷。瑤草緣隄種，煙松上島栽。遊魚驚撥刺，浴鷺喜毰毸。為客烹林筍，因僧采石苔。酒缾常不罄，書案任成堆。檻外青雀舫，座中鸚鵡杯。蒲根抽九節，蓮萼捧重臺。芳訊此時到，勝遊何日陪？共譏吳太守，自占洛陽才。

池上早春即事招夢得　白居易

老更驚年改，閑先覺日長。晴薰榆莢黑，春染柳梢黃。雪破山呈色，冰融水放光。低平穩船舫，輕暖好衣裳。白角三升榼，紅茵六尺床。偶遊難得伴，獨醉不成狂。我有中心樂，君無外事忙。經過莫慵懶，相去兩三坊。

答樂天見憶　劉禹錫

與老無期約，到來如等閑。偏傷朋友盡，移興子孫間。筆底心猶毒，栖前膽不豟。唯餘憶君夢，飛過武牢關。

早春憶遊思黯南莊因寄長句　白居易

南莊勝處心常憶，借問軒車早晚遊？美景難忘竹廊下，好風爭奈柳橋頭？冰消見水多於地，雪霽看山盡入樓。若待春深始同賞，鶯殘花落却堪愁。

和牛相公遊南莊醉後寓言戲贈樂天兼見示
劉禹錫

城外園林初夏天，就中野趣在西偏。薔薇亂發多臨水，鸂鶒雙遊不避船。水底遠山雲似雪，橋邊平岸草如煙。白家唯有杯觴興，欲把頭盤打少年。

夢劉二十八因詩問之　白居易

昨夜夢夢得，初覺思踟躕。忽忘來汝郡，猶疑在吳都。吳都三千里，汝郡二百餘。非夢亦不見，近與遠何殊？尚能齊近遠，焉用論榮枯。但問寢與食，近日兩何如。病後能吟否，春來曾醉無？樓臺與風景，汝又如何蘇？相思一相報，勿復慵為書。

憶樂天　劉禹錫

尋常相見意殷勤，別後想思夢更頻。每遇登臨好風景，羨它天性少情人。

晚春酒醒尋夢得　白居易

料合同惆悵，花殘酒亦殘。醉心忘老易，醒眼別春難。獨出雖慵懶，相逢定喜歡。還攜小蠻去，試覓老劉看。

附注：「小蠻」，酒榼名也。《海錄碎事》：「小蠻」有二義。若「楊柳小蠻腰」即白公侍姬。若「晚春酒醒尋夢得」云「還攜小蠻去，試覓老劉看」此酒榼名小蠻也。

春有情篇　　劉禹錫

為問遊春侶，春情何處尋？花含欲語意，草有鬭生心。雨頻唯發色，雲輕不作陰。縱令無月夜，芳興暗中深。

櫻桃花下有感而作　開成三年春李周美賓客南池者　　白居易

藹藹美周宅，櫻繁春日斜。一為洛下客，十見池上花。爛熳豈無意，為君占年華。風光饒此樹，歌舞勝諸家。失盡白頭伴，長成紅粉娃。停杯兩相顧，堪喜且堪嗟。

和樂天燕李美周中丞宅池上賞櫻桃花　　劉禹錫

櫻桃千萬枝，照耀如雪天。王孫燕其下，隔水疑神仙。宿露發清香，初陽動暄妍。妖姬滿髻插，酒客折枝傳。同此賞芳月，幾人有華筵？杯行勿遽辭，好醉逸三年。

病免後喜除賓客　　白居易

臥在漳濱滿十旬，起為商皓伴三人。從今且莫嫌身病，不病何由索得身。

刑部白侍郎謝病長告改賓客分司以詩贈別
劉禹錫

鼎食華軒到眼前，拂衣高謝豈徒然。九霄路上辭朝客，四皓叢中作少年。他日臥龍終得雨，今朝放鶴且沖天。洛陽舊有衡茆在，亦擬抽身伴地仙。

與夢得沽酒閑飲且約後期　　白居易

少時猶不憂生計，老後誰能借酒錢？共把十千沽一斗，相看七十欠三年。閑徵雅令窮經史，醉聽清吟勝管絃。更待菊黃家醞熟，共君一醉一陶然。

樂天以愚相訪沽酒致歡因成七言聊以奉答　劉禹錫

少年曾醉酒旗下，同輩黃衣領亦黃。蹴踏青雲尋入仕，蕭條白髮且飛觴。令徵古事歡生雅，客喚閑人興任狂。猶勝獨居荒草院，蟬聲聽盡到寒螿。

和令狐相公寄劉郎中兼見示長句　白居易

日月天衢仰面看，尚淹池鳳滯臺鸞。碧幢千里空移鎮，赤筆三年未轉官。別後縱吟終少興，病來雖飲不多歡。酒軍詩敵如相遇，臨老猶能一據鞍。

和留守令狐相公答白賓客　劉禹錫

麥隴和風吹樹枝，商山逸客出關時。身無拘束起長晚，路足交親行自遲。官拂象筵終日待，私將雞黍幾人期。君來不用飛書報，萬戶先從紙貴知。

贈夢得　白居易

年顏老少與君同，眼未全昏耳未聾。放醉臥為春日伴，趁歡行入少年叢。尋花借馬煩川守，弄水偷船煩令公。聞道洛城人盡怪，呼為劉白二狂翁。

重別　劉禹錫

二十年來萬事同，今朝歧路忽西東。皇恩若許歸田去，晚歲當為鄰舍翁。

立秋夕涼風忽至炎暑稍消即事詠懷寄汴州節度使李二十尚書　白居易

嫋嫋簷樹動，好風西南來。紅釭靄微滅，碧幌飄飄開。披襟有餘

涼，拂簟無纖埃。但喜煩暑退，不惜光陰催。河秋稍清淺，月午方徘徊。或行或坐臥，體適心悠哉。美人在浚都，旌旗繞樓臺。雖非滄溟阻，難見如蓬萊。蟬迎節又換，雁送書未迴。君位日寵重，我年日摧頹。無因風月下，一舉平生杯。

酬樂天感秋涼見寄　　劉禹錫

庭晚初辨色，林秋微有聲。槿衰猶強笑，蓮迵卻多情。檐燕歸心動，轅鷹俊氣生。閑人占閑景，酒熟且同傾。

開成二年三月三日河南尹李待價以人和歲稔將禊於洛濱前一日啓留守裴令公公明日召太子少傅白居易太子賓客蕭籍李仍叔劉禹錫前中書舍人鄭居中國子司業斐惲河南少君李道樞倉部郎中崔璹司封員外郎張可續駕部員外郎盧言虞部員外郎苗愔和州刺史裴儔淄州刺史裴洽檢校禮部員外郎楊魯士四門博士談弘謨等一十五人合宴於舟中由斗亭歷魏堤抵津橋登臨沂沿自晨及暮簪組交映歌笑間發前水嬉而後妓樂左筆硯而右壺觴望之若仙觀者如堵盡風光之賞極遊泛之娛美景良辰賞心樂事盡得於今日矣若不記錄謂洛無人晉公首賦一章鏗然玉振顧謂四座繼而和之居易舉酒抽毫奉十二韻以獻　　白居易

三月草萋萋，黃鶯歇又啼。柳橋晴有絮，沙路潤無泥。禊事修初畢，遊人到欲齊。金鈿耀桃李，絲管駭鳧鷖。轉岸迴船尾，臨流簇馬蹄。鬧於楊子渡，踏破魏王堤。妓接謝公宴，詩陪荀令題。舟同李膺汎，體為穆生攜。水引春心蕩，花牽醉眼迷。塵街從鼓動，烟樹任鴉棲。舞急紅腰凝，歌遲翠黛低。夜歸何用燭，新月鳳樓西。

三月三日與樂天及河南李尹奉陪裴令公泛洛禊飲各賦十二韻　　劉禹錫

洛下令修禊，羣賢勝會稽。盛筵陪玉鉉，通籍盡金閨。波上神仙妓，岸傍桃李蹊。水嬉如鷺振，歌響雜鶯啼。歷覽風光好，沿洄意思迷。棹歌能儷曲，墨客競分題。翠幄連雲起，香車向道齊。人跨綾步障，馬惜錦障泥。塵暗宮牆外，霞明苑樹西。舟形隨鷁轉，橋影與虹低。川色晴猶遠，鳥聲莫欲棲。唯余蹋青伴，待月魏王隄。

憶夢得　　夢得能唱《竹枝詞》，聽者愁絕　　白居易

齒髮各蹉跎，疏慵與病和。愛花心在否，見酒興如何？年長風情少，官高俗慮多。幾時紅燭下，聞唱竹枝歌？

竹枝詞九首　並引　　劉禹錫

四方之歌，異音而同樂。歲正月，余來建平，里中兒聯歌〈竹枝〉，吹短笛，擊鼓以赴節。歌者揚袂睢舞，以曲多爲賢。聆其音，中黃鐘之羽。其卒章激訐如吳聲，雖傖儜不可分，而含思宛轉，有淇、濮之艷。昔屈原居沅、湘間，其民迎神，詞多鄙陋，乃爲作〈九歌〉，到于今，荊、楚鼓舞之。故余亦作〈竹枝詞〉九篇，俾善歌者颺之，附于末，後之聆巴歈，知變風之自焉。

一

白帝城頭春草生，白鹽山下蜀江清。南人上來歌一曲，北人陌上動鄉情。

二

山桃紅花滿上頭，蜀江春水拍山流。花紅易衰似郎意，水流無限似濃愁。

三

江上朱樓新雨晴，瀼西春水縠紋生。橋東橋西好楊柳，人來人去踏歌行。

四

日出三竿春霧消，江頭蜀客駐蘭橈。憑寄狂夫書一紙，住在成都萬里橋。

五

兩岸山花似雪開，家家春酒滿銀桮。昭君坊中多女伴，永安宮外踏青來。

六

城西門前灩澦堆，年年波浪不能摧。懊惱人心不如石，少時東去復西來。

七

瞿唐嘈嘈十二灘，此中道路古來難。長恨人心不如水，等閑平地起波瀾。

八

巫峽蒼蒼烟雨時，清猿啼在最高枝。箇里愁人腸自斷，由來不是此聲悲。

九

山上層層桃李花，雲間煙火是人家。銀釧金釵來負水，長刀短笠去燒畬。

紇那曲詞二首　　劉禹錫

一

楊柳鬱青青，竹枝無限情。周郎一回顧，聽唱紇那聲。

二

踏曲興無窮，調同詞不同。願郎千萬壽，長作主人翁。

竹枝詞　　白居易

一

瞿塘峽口水煙低，白帝城頭月向西。唱到竹枝聲咽處，寒猿闇鳥一時啼。

二

竹枝苦怨怨何人，夜靜山空歇又聞。蠻兒巴女齊聲唱，愁殺江樓病使君。

三

巴東船舫上巴西，波面風生雨腳齊。水蓼冷花紅簇簇，江蘺濕葉碧淒淒。

四

江畔誰人唱竹枝，前聲斷咽後聲遲。怪來調苦緣詞苦，多是通州司馬詩。

竹枝詞二首　　劉禹錫

一

楊柳青青江水平，聞郎江上唱歌聲。東邊日出西邊雨，道是無晴還有晴。

二

楚水巴山江雨多，巴人能唱本鄉歌。今朝北客思歸去，回入紇那披綠羅。

楊柳枝二首　　劉禹錫

一

迎得春光先到來，淺黃輕綠映樓臺。只緣裊娜多情思，便被春風長請挼。

二

巫峽巫山楊柳多，朝雲暮雨遠相和。因想陽臺無限事，為君回唱
竹枝歌。

楊柳枝詞八首　　白居易

一

六么水調家家唱，白雪梅花處處吹。古歌舊曲君休聽，聽取新翻
楊柳枝。

二

陶令門前四五樹，亞夫營裏百千條。何似東都正二月，黃金枝映
洛陽橋。

三

依依嫋嫋復青青，勾引清風無限情。白雪花繁空撲地，綠絲條弱
不勝鶯。

四

紅板江橋青酒旗，館娃宮暖日斜時。可憐雨歇東風定，萬樹千條
各自垂。

五

蘇州楊柳任君誇，更有錢塘勝館娃。若解多情尋小小，綠楊深處
是蘇家。

六

蘇家小女舊知名，楊柳風前別有情。剝條盤作銀環樣，卷葉吹為
玉笛聲。

七

葉含濃露如啼眼，枝嫋輕風似舞腰。小樹不禁攀折苦，乞君留取
兩三條。

八

人言柳葉似愁眉，更有愁腸似柳絲。柳絲挽斷腸牽斷，彼此應無續得期。

楊柳枝詞九首　　劉禹錫

一

寒北梅花羌笛吹，淮南桂樹小山詞。請君莫奏前朝曲，聽唱新翻楊柳枝。

二

南陌東城春早時，相逢何處不依依？桃紅李白皆誇好，須得垂楊相發揮。

三

鳳闕輕遮翡翠幃，龍池遙望麯塵絲。御溝春水相輝映，狂殺長安年少兒。

四

金谷園中鶯亂飛，銅駝陌上好風吹。城東桃李須臾盡，爭似垂楊無限時。

五

花萼樓前初種時，美人樓上鬭腰支。如今拋擲長街裏，露葉如啼欲恨誰？

六

煬帝行宮汴水濱，數株殘柳不勝春。晚來風起花如雪，飛入宮牆不見人。

七

御陌青門拂地垂，千條金縷萬條絲。如今綰作同心結，將贈行人知不知？

八

城外春風吹酒旗，行人揮袂日西時。長安陌上無窮樹，唯有垂楊綰別離。

九

輕盈嫋娜占年華，舞榭妝樓處處遮。春盡絮飛留不得，隨風好去落誰家？

浪淘沙詞六首　　白居易

一

一泊沙來一泊去，一重浪滅一重生。相攪相淘無歇日，會教山海一時平。

二

白浪茫茫與海連，平沙浩浩四無邊。暮去朝來淘不住，遂令東海變桑田。

三

青草湖中萬里程，黃梅雨裏一人行。愁見灘頭夜泊處，風翻暗浪打船聲。

四

借問江湖與海水，何似君情與妾心？相恨不如潮有信，相思始覺海非深。

五

海底飛塵終有日，山頭化石豈無時。誰道小郎拋小婦，船頭一去沒迴期。

六

隨波逐浪到天涯，遷客生還有幾家？却到帝鄉重富貴，請君莫忘浪淘沙。

浪淘沙詞九首　　劉禹錫

一

九曲黃河萬里沙，浪淘風簸自天涯。如今直上銀河去，同到牽牛織女家。

二

洛水橋邊春日斜，碧流清淺見瓊砂。無端陌上狂風急，驚起鴛鴦出浪沙。

三

汴水東流虎眼文，清淮曉色鴨頭春。君看渡口淘沙處，渡却人間多少人。

四

鸚鵡洲頭浪颭沙，青樓春望日將斜。銜泥燕子爭歸舍，獨自狂夫不憶家。

五

濯錦江邊兩岸花，春風吹浪正淘沙。女郎剪下鴛鴦錦，將向中流定晚霞。

六

日照澄洲江霧開，淘金女伴滿江隈。美人手飾侯王印，盡是沙中浪底來。

七

八月濤聲吼地來，頭高數丈觸山回。須臾却入海門去，卷起沙堆似雪堆。

八

莫道讒言如浪深，莫言遷客似沙沉。千淘萬灑雖辛苦，吹盡狂沙始到金。

九

流水淘沙不暫停，前波未滅後波生。令人忽憶瀟湘渚，回唱迎神

三兩聲。

分司洛中多暇數與諸客宴遊醉後狂吟偶成十韻因招夢得賓客兼呈思黯奇章公　　白居易

性與時相遠，身將世兩忘。寄名朝士籍，寓興少年場。老豈無談笑，貧猶有酒漿。隨時求伴侶，逐日用風光。數數遊何爽，些些病未妨。天教榮啟樂，人恕接輿狂。改業為逋客，移家住醉鄉。不論招夢得，兼擬誘奇章。要路風波險，權門市井忙。世間無可戀，不是不思量。

酬樂天醉後狂吟十韻　　來章有「移家住醉鄉」之句　　劉禹錫

散誕人間樂，逍遙地上仙。詩家登逸品，釋氏悟真筌。制誥留臺閣，歌詞入管弦。處身於木雁，任世變桑田。吏隱情兼遂，儒玄道兩全。八關齋適罷，三雅興尤偏。文墨中年舊，松筠晚歲堅。魚書曾替代，香火有因緣。欲向醉鄉去，猶為色界牽。好吹楊柳曲，為我舞金鈿。

懶放二首呈劉夢得吳方之　　白居易

一

青衣報平旦，呼我起盥櫛。今早天氣寒，郎君應不出。又無賓客至，何以銷閑日？已向微陽前，暖酒開詩袟。

二

朝憐一床日，暮愛一爐火。床暖日高眠，爐溫夜深坐。雀羅門懶出，鶴髮頭慵裹。除却劉與吳，何人來問我？

秋齋獨坐寄樂天兼呈吳方之大夫　　劉禹錫

空齋寂寂不生塵，藥物方書繞病身。纖草數莖勝靜地，幽禽忽至似佳賓。世間憂喜雖無定，釋氏銷磨盡有因。同向洛陽閑度日，莫教

風景屬他人。

答夢得秋庭獨坐見贈　　白居易

林梢隱映夕陽殘，庭際蕭疏夜氣寒。霜草欲枯蟲思急，風枝未定鳥棲難。容衰見鏡同惆悵，身健逢杯且喜歡。應是天教相暖熱，一時垂老與閑官。

送令狐相公赴太原　　白居易

六纛雙旌萬鐵衣，并汾舊路滿光輝。青衫書記何年去，紅旆將軍昨日歸。詩作馬蹄隨筆走，獵酣鷹翅伴靴飛。北都莫作多時計，再為蒼生入紫微。

和白侍郎送令狐相公鎮太原　　劉禹錫

十萬天兵貂錦衣，晉城風日斗生輝。行臺僕射新恩重，從事中郎舊路歸。疊鼓蹙成汾水浪，閃旗驚斷塞鴻飛。邊庭自此無烽火，擁節還來坐紫微。

小亭寒夜寄夢得　　白居易

亭小同蝸舍，門閑稱羅雀。火將燈共盡，風與雪相和。老睡隨年減，衰情向夕多。不知同病者，爭奈夜長何？

酬樂天小亭寒夜有懷　　劉禹錫

寒夜陰雲起，疎林宿鳥驚。斜風閃燈影，迸雪打窗聲。竟夕不能寐，同年知此情。漢皇無奈老，何況本書生？

編集拙詩成一十五卷因題卷末戲贈元九李二十　　白居易

一篇長恨有風情，十首秦吟近正聲。每被老元偷格律，苦教短李

伏歌行。世間富貴應無分，身後文章合有名。莫怪氣粗言語大，新排
十五卷詩成。

翰林白二十二學士見寄詩一百篇因以答貺

劉禹錫

吟君遺我百篇詩，使我獨坐形神馳。玉琴清夜人不語，琪樹春朝
風正吹。郢人斤斲無痕跡，仙人衣裳棄刀尺。世人方內欲相尋，行盡
四維無處覓。

送東都留守令狐尚書赴任　　　白居易

翠華黃屋未東巡，碧落青嵩付大臣。地稱高情多水竹，山宜閑望
少風塵。龍門即擬為遊客，金谷先憑作主人。歌酒家家花處處，莫空
管領上陽春。

同樂天送令狐相公赴東都留守　　　劉禹錫

尚書劍履出明光，居守旌旗赴洛陽。世上功名兼將相，人間身價
是文章。衙門曉闢分天仗，賓幕初開辟省郎。從發坡頭向東望，春風
處處有甘棠。

酬令狐相公春日尋花見寄六韻　　　白居易

病臥帝王州，花時不得遊。老應隨日至，春肯為人留？粉壞杏將
謝，火繁桃尚稠。白飄僧院地，紅落酒家樓。空裏雪相似，晚來風不
休。吟君悵望句，如到曲江頭。

和令狐相公春日尋花有懷白侍郎閣老　　　劉禹錫

芳菲滿雍州，鸞鳳許同遊。花逕須深入，時光不少留。色鮮由樹
嫩，枝亞為房稠。靜對仍持酒，高看特上樓。晴宜連夜賞，雨便一年
休。共憶秋官處，餘霞曲水頭。

樂天少傅五月長齋廣延緇徒謝絕文友坐成晼閑因以戲之　　劉禹錫

一月長齋戒，深居絕送迎。不離通德里，便是法王城。舉目皆僧事，全家少俗情。精修無上道，結念未來生。賓閣緇衣占，書堂信鼓鳴。戲童為塔像，啼鳥學經聲。黍用青菰角，葵承玉露烹。馬家供薏苡，劉氏餉蕪菁。暗網籠歌扇，流塵晦酒鎗。不知何次道，作佛幾時成？

五月齋戒罷宴撤樂聞韋賓客皇甫郎中飲會亦稀又知欲攜酒饌出齋先以長句呈謝　　白居易

妓房匣鏡滿紅埃，酒庫封瓶生綠苔。居士爾時緣護戒，車公何事亦停杯？散齋香火今朝散，開素盤筵後日開。隨意往還君莫怪，坐禪僧去飲徒來。

長齋月滿攜酒先與夢得對酌醉中同赴令公之宴戲贈夢得　　白居易

齋宮前日滿三旬，酒榼今朝一拂塵。乘興還同訪戴客，解酲仍對姓劉人。病心湯沃寒灰活，老面花生朽木春。若怕平原怪先醉，知君未慣吐車茵。

樂天是月長齋鄙夫此時愁臥里閭非遠雲霧難披因以寄懷遂爲聯句所期解悶焉敢驚禪　　劉禹錫

五月長齋月，文心苦行心。蘭葱不入戶，舊蔔自成林。　劉
護戒先辭酒，嫌喧亦徹琴。塵埃賓位靜，香火道場深。　白
我清馴狂象，吾餘施眾禽。定知於佛佞，豈復向書淫？　劉
欄藥凋紅豔，庭槐換綠陰。風光徒滿目，雲霧未披襟。　白
樹為清涼倚，池因盥漱臨。蘋芳遭燕拂，蓮坼待蜂尋。　劉
舍下環流水，窗中列遠岑。苔斑錢剝落，石怪玉嶔崟。　白

鵲頂迎秋禿，鶯喉入夏瘖。柳絲垂色綖，棘刺露長鍼。 劉
散秩身猶幸，趨朝力不任。官將才共拙，年與病交侵。 白
徇樂非時選，忘機似陸沈。鑒容稱四皓，捫腹有三壬。 劉
攜手慚連璧，同心許斷金。紫芝雖繼唱，白雪少知音。 白
憶罷吳門守，相逢楚水潯。舟中頻曲宴，夜後各加斟。 劉
燭淚銷殘漏，弦聲間遠砧。酡顏舞長袖，密坐接華簪。 白
持論峰巒峻，戰文矛戟森。笑言誠莫逆，造次必相箴。 劉
往事輒如昨，餘歡迄至今。迎君常倒屣，訪我輒攜衾。 白
陰魄初離畢，陽光正在參。待公休一食，縱飲共狂吟。 劉

送劉郎中赴任蘇州　白居易

仁風膏雨去隨輪，勝境歡遊到逐身。水驛路穿兒店月，花船棹入女湖春。宣城獨詠窗中岫，柳惲單題汀上蘋。何似姑蘇詩太守，吟詩相繼有三人。

赴蘇州酬別樂天　劉禹錫

吳郡魚書下紫宸，長安廐吏送朱輪。二南風化承遺愛，八詠聲名躡後塵。梁氏夫妻為寄客，陸家兄弟是州民。江城春日追遊處，共憶東都舊主人。

福先寺雪中餞別劉蘇州　白居易

送君何處展離筵，大梵王宮大雪天。庾嶺梅花落歌管，謝家柳絮撲金田。亂從紈袖交加舞，醉入籃輿取次眠。却笑召鄒兼訪戴，只持空酒駕空船。

福先寺雪中酬別樂天　劉禹錫

龍門賓客會龍宮，東去旌旗駐上東。二八笙歌雲幕下，三千世界雪花中。離堂未暗排紅燭，別曲含淒颺晚風。才子從今一分散，便將

詩詠向吳儂。

八月十五夜聞崔大員外翰林獨直對酒玩月因懷禁中清景偶題是詩　白居易

秋月高懸空碧外，仙郎靜玩禁闈間。歲中唯有今宵好，海內無如此地閑。皓色分明雙闕牓，清光深到九門關。遙聞獨醉還惆悵，不見金波照玉山。

奉和中書崔舍人八月十五日夜玩月二十韻　劉禹錫

暮景中秋爽，陰靈既望圓。騰精浮碧海，分照接虞淵。迥見孤輪出，高從倚蓋旋。二儀含皎澈，萬象共澄鮮。整御當西陸，舒光麗上玄。從星變風雨，順日助陶甄。遠近同時望，晶熒此夜偏。運行調玉燭，潔白應金天。曲沼凝瑤鏡，通衢若象筵。逢人盡冰雪，遇境即神仙。引素吞銀漢，凝清洗綠烟。皐禽警露下，鄰杵思風前。水是還珠浦，山成種玉田。劍沉三尺影，鐙罷九枝然。象外行無迹，寰中影有遷。稍當雲闕正，未映斗城懸。靜對揮宸翰，閑臨襞彩牋。境同牛渚上，宿在鳳池邊。興掩尋安道，詞勝命仲宣。從今紙貴後，不復詠陳篇。

醉贈劉二十八使君　白居易

為我引杯添酒飲，與君把筯擊盤歌。詩稱國手徒為爾，命壓人頭不奈何。舉眼風光長寂寞，滿朝官職獨蹉跎。亦知合被才名折，二十三年折太多。

酬樂天揚州初逢席上見贈　劉禹錫

巴山楚水淒涼地，二十三年棄置身。懷舊空吟聞笛賦，到鄉翻似

爛柯人。沉舟側畔千帆過，病樹前頭萬木春。今日聽君歌一曲，暫憑杯酒長精神。

送東都留守令狐尚書赴任　　白居易

翠華黃屋未東巡，碧洛青嵩付大臣。地稱高情多水竹，山宜閑望少風塵。龍門即擬為遊客，金谷先憑作主人。歌酒家家花處處，莫空管領上陽春。

同樂天送令狐相公赴東都留守　　劉禹錫

尚書劍履出明光，居守旌旗赴洛陽。世上功名兼將相，人間身價是文章。衙門曉闢分天仗，賓幕初開辟省郎。從發坡頭向東望，春風處處有甘棠。

和令狐相公寄劉郎中兼見示長句　　白居易

日月天衢仰面看，尚淹池鳳滯臺鸞。碧幢千里空移鎮，赤筆三年未轉官。別後縱吟終少興，病來雖飲不多歡。酒軍詩敵如相遇，臨老猶能一據鞍。

附注：《舊唐書‧文宗紀》：「大和三年三月辛巳朔，令狐楚以戶部尚書令，改東都留守。」

寄禮部劉郎中　　令狐楚

一別三年在上京，仙垣終日選羣英。除書每下皆先看，唯有劉郎無姓名。

酬令狐相公見寄　　劉禹錫

羣玉山頭住四年，每聞笙鶴看諸山。何時得把浮丘袖，白日將昇第九天。

送令狐相公赴太原　　白居易

六纛雙旌萬鐵衣，并汾舊路滿光輝。青衫書記何年去，紅旆將軍昨日歸。詩作馬蹄隨筆走，獵酣鷹翅伴鴯飛。北都莫作多時計，再為蒼生入紫微。

令狐相公自天平移鎮太原以詩申賀　　劉禹錫

北都留守將天兵，出入香街宿禁扃。鼙鼓夜聞驚朔雁，旌旗曉動拂參星。孔璋舊檄家家有，叔度新歌處處聽。夷落遙知真漢相，爭來屈膝看儀形。

奉和思黯相公以李蘇州所寄太湖石奇狀絕倫因題二十韻見示兼呈夢得　　白居易

錯落復崔嵬，蒼然玉一堆。峰駢仙掌出，罅坼劍門開。峭頂高危矣，盤根下壯哉。精神欺竹樹，氣色壓亭臺。隱起磷磷狀，凝成瑟瑟胚。廉稜露鋒刃，清越扣瓊瑰。岌嶪形將動，巍峩勢欲摧。奇應潛鬼怪，靈合蓄雲雷。黛潤霑新雨，班明點古苔。未曾棲鳥雀，不肯染塵埃。尖削琅玕笋，窪剜瑪瑙罍。海神移碣石，畫障簇天台。在世為尤物，如人負逸才。渡江一葦載，入洛五丁推。出處雖無意，升沉亦有媒。拔從水府底，置向相庭隈。對稱吟詩句，看宜把酒杯。終隨金礪用，不學玉山頹。疏傅心偏愛，園公眼屢廻。共嗟無此分，虛管太湖來。

和牛相公題姑蘇所寄太湖石兼寄李蘇州　　劉禹錫

震澤生奇石，沉潛得地靈。初辭水府出，猶帶龍宮腥。發自江湖國，來榮卿相庭。從風夏雲勢，上漢古查形。拂拭魚鱗見，鏗鏘玉韻聆。煙波含宿潤，苔蘚助新青。嵌穴胡雛貌，纖鈺蟲篆銘。屏顏傲林薄，飛動向雷霆。煩熱近還散，餘酲見便醒。凡禽不敢息，浮蝥莫能停。靜稱垂松蓋，鮮宜映鶴翎。忘憂常目擊，素尚與心冥。眇小欺湘

燕，團圓笑落星。徒然想融結，安可測年齡？採取詢鄉耆，搜求按舊經。垂鈎入空隙，隔浪動晶熒。有獲人爭賀，歡謠眾共聽。一州驚閱寶，千里遠揚舲。睹物洛陽陌，懷人吳御亭。寄言垂天翼，蚤晚起滄溟。

別柳枝　　白居易

兩枝楊柳小樓中，嬝娜多年伴醉翁。明日放歸歸去後，世間應不要春風。

附注：《白氏文集‧不能忘情吟》：「樂天既老，又病風，乃錄家事。會經費，去長物。妓有樊素者，年二十餘，綽綽有歌舞態，善唱〈楊枝〉，人多以曲名名之，由是名聞洛下。籍在經費中，將放之。馬有駱者，駔壯駿穩，乘之亦有年。籍在長物中，將鬻之。圉人牽馬出門，馬驤首反顧一鳴，聲音間，似知去而旋戀者。素聞馬嘶，慘然立且拜，婉孌有辭。辭畢涕下。予聞素言，亦愍默不能對。且命迴勒反袂，飲素酒，自飲一杯，快吟數十聲。聲成文，文無定句，句隨吟之短長也，凡二百三十五言。噫！予非聖達，不能忘情，又不至於不及情者。事來攪情，情動不可枊，因自哂，題其篇曰《不能忘情吟》。吟曰：
騤駱馬兮放楊柳枝，掩翠黛兮頓金羈。馬不能言兮長鳴而卻顧，楊柳枝再拜長跪而致辭。辭曰：「主乘此駱五年，凡千有八百日，銜橛之下，不驚不逸。素事主十年，凡三千有六百日，巾櫛之間，無違無失。今素貌雖陋，未至衰摧；駱力猶壯，又無疧隤。即駱之力，尚可代主一步。素之歌，亦可以送主一杯。一旦雙去，有去無迴。故素將去，其辭也苦，駱將去，其鳴也哀。此人之情也，馬之情也；豈主君獨無情哉？」予俯而歎，仰而咍，且曰：駱駱，爾勿嘶；素素，爾勿啼；駱反廄，素反閨。吾疾雖作，年雖頹，幸未及項籍之將死，亦何必一日之內，棄騅兮而別虞兮。乃目素曰：素兮素兮，為我歌〈楊柳枝〉，我姑酌彼金罍。我與爾歸醉鄉去來。

楊柳枝詞　　劉禹錫

輕盈嬝娜占年華，舞榭妝樓處處遮。春盡絮花留不得，隨風好去

落誰家。

前有別柳枝絕句夢得繼和云春盡絮飛留不得隨風好去落誰家又復戲答　白居易

柳老春深日又斜，任他飛向別人家。誰能更學孩童戲，尋逐春風捉柳花？

閑園獨賞　因夢得所寄蜂鶴之詠，引成此篇以和之。　白居易

午後郊園靜，晴來景物新。雨添山氣色，風借水精神。永日若為度，獨遊何所親？仙禽狎君子，芳樹依佳人。蟻鬪王爭穴。蝸移舍逐身。蝶雙知伉儷，蜂分見君臣。蠢蠕形雖小，逍遙性即均。不知鵬與鷃，相去幾微塵？

和樂天閑園獨賞八韻前以蜂鶴拙句寄呈今辱蝸蟻妍詞見答因成小巧以取大咍　劉禹錫

永日無人事，芳園任興行。陶廬樹可愛，潘宅雨新晴。傳粉琅玕節，薰香菡萏莖。榴花裙色好，桐子藥丸成。柳蠹枝偏亞，桑閑葉再生。睢盱欲鬪雀，索漠不言鶯。動植隨四氣，飛沉含五情。槍榆與水擊，小大強為名。

哭劉尚書夢得二首　白居易

一

四海齊名白與劉，百年交分兩綢繆。同貧同病退閑日，一死一生臨老頭。杯酒英雄君與操〔1〕，文章微婉我知丘〔2〕。賢豪雖歿精靈在，應共微之地下游。

二

今日哭君吾道孤，寢門淚滿白髭鬚。不知箭折弓何用，兼恐唇亡齒亦枯。窅窅窮泉埋寶玉，駸駸落景掛桑榆。夜臺暮齒期非遠，但問

前頭相見無？

〔1〕曹公曰：「天下英雄，唯使君與操耳。」

〔2〕仲尼云：「後世知丘者《春秋》也。」，又云：「《春秋》之旨，微而婉也。」

感舊　并序　　白居易

　　故李侍郎杓直，長慶元年春薨。元相公微之，大和六年秋薨。崔常侍晦叔，大和七年夏薨。劉尚書夢得，會昌二年秋薨。四君子，余之執友也。二十年間，凋零共盡。唯余衰病，至今獨存，因詠悲懷，題爲〈感舊〉。

　　晦叔墳荒草已陳，夢得墓濕土猶新。微之損館將一紀，杓直歸丘二十春。城中雖有故第宅，庭蕪園廢生荊榛。篋中亦有舊書札，紙穿字蠹成灰塵。平生定交取人窄，屈指相知唯五人。四人先去我在後，一枝蒲柳衰殘身。豈無晚歲新相識，相識面親心不親。人生莫羨苦長命，命長感舊多悲辛。

醉吟先生墓誌銘　并序

　　先生姓白，名居易，字樂天，其先太原人也。秦將武安君起之後。高祖諱志善，尚衣奉御，曾祖諱溫，檢校都官郎中。王父諱鍠，侍御史，河南鞏縣令。先大父諱季庚，朝奉大夫、襄州別駕、大理少卿，累贈刑部尚書右僕射。先太夫人陳氏，贈潁川郡太夫人。妻楊氏，弘農郡君。兄幼文，皇浮梁縣主簿。弟行簡，皇尚書膳部郎中。一女，適監察御史談弘謩。三姪：長曰味道，盧州巢縣丞；次曰景回，淄州司兵參軍；次曰晦之，舉進士。樂天無子，以姪孫阿新為之後。樂天幼好學，長工文，累登進士、拔萃、制策三科，始自校書郎，終以少傅致仕。前後歷官二十任，食祿四十年，外以儒行修其身，中以釋教治其心，旁以山水風月歌詩琴酒樂其志。前後著文集七十卷，合三千七百二十首，傳於家。又著《事類集要》三十部，合一千一百三十門，時人目為《白氏六帖》行於世。凡平生所慕所感，所得所喪，所經所逼所通，一事一物已上，布在文集中，開卷而盡可知也，故不備書。

大曆七年正月二十日，生於鄭州新鄭縣東郭宅。以會昌六年月日，終
於東都履道里私第，春秋七十有五，以某年月日，葬於華州下邽縣臨
津里北原，祔侍御、僕射二先塋也。啟手足之夕，語其妻與姪曰：吾
之幸也，壽過七十，官至二品，有名於世，無益於人，褒優之禮，宜
自貶損。我歿，當斂以衣一襲，送以車一乘，無用鹵簿葬，無以血食
祭，無請太常諡，無建神道碑，但於墓前立一石，刻吾〈醉吟先生傳〉
一本可矣。語訖命筆，自銘其墓云：

　　樂天樂天，生天地中，七十有五年。其生也浮雲然，其死也委蛻
　　然。來何因？去何緣？吾性不動，吾形屢遷。已焉已焉！吾安往
　　而不可？又何足厭戀乎其間？